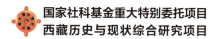

国家社科基金重大特别委托项目
西藏历史与现状综合研究项目

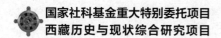
国家社科基金重大特别委托项目
西藏历史与现状综合研究项目

西藏政教合一制度史略

尕藏加 著

社会科学文献出版社
SOCIAL SCIENCES ACADEMIC PRESS (CHINA)

西藏历史与现状综合研究项目
编　委　会

总　序

郝时远

中国的西藏自治区，是青藏高原的主体部分，是一个自然地理、人文社会极具特色的地区。雪域高原、藏传佛教彰显了这种特色的基本格调。西藏地区平均海拔 4000 米，是人类生活距离太阳最近的地方；藏传佛教集中体现了西藏地域文化的历史特点，宗教典籍中所包含的历史、语言、天文、数理、哲学、医学、建筑、绘画、工艺等知识体系之丰富，超过了任何其他宗教的知识积累，对社会生活的渗透和影响十分广泛。因此，具有国际性的藏学研究离不开西藏地区的历史和现实，中国理所当然是藏学研究的故乡。

藏学研究的历史通常被推溯到 17 世纪西方传教士对西藏地区的记载，其实这是一种误解。事实上，从公元 7 世纪藏文的创制，并以藏文追溯世代口传的历史、翻译佛教典籍、记载社会生活的现实，就是藏学研究的开端。同一时代汉文典籍有关吐蕃的历史、政治、经济、文化、社会生活及其与中原王朝互动关系的记录，就是中国藏学研究的本土基础。现代学术研究体系中的藏学，如同汉学、东方学、蒙古学等国际性的学问一样，曾深受西学理论和方法的影响。但是，西学对中国的研究也只能建立在中国历史资料和学术资源基础之上，因为这些历史资料、学术资源中所蕴含的不仅是史实，而且包括了古代记录者、撰著者所依据的资料、分析、解读和观念。因此，中国现代藏学研究的发展，不仅需要参考、借鉴和吸收西学的成就，而且必须立足本土的传统，光大中国藏学研究的中国特色。

作为一门学问，藏学是一个综合性的学术研究领域，"西藏历史与现状综合研究项目"即是立足藏学研究综合性特点的国家社会科学基金重大特别委托项目。自 2009 年"西藏历史与现状综合研究项目"启动以来，中国社会科学院建立了项目领导小组，组成了专家委员会，制定了《"西藏历史与现状综合研究项目"管理办法》，采取发布年度课题指南和委托的方式，面向全国进行招标申报。几年来，根据年度发布的项目指南，通过专家初审、专家委员会评审的工作机制，逐年批准了一百多项课题，约占申报量的十分之一。这些项目的成果形式主要为学术专著、档案整理、文献翻译、研究报告、学术论文等类型。

承担这些课题的主持人，既包括长期从事藏学研究的知名学者，也包括致力于从事这方面研究的后生晚辈，他们的学科背景十分多样，包括历史学、政治学、经济学、民族学、人类学、宗教学、社会学、法学、语言学、生态学、心理学、医学、教育学、农学、地理学和国际关系研究等诸多学科，分布于全国 23 个省、自治区、直辖市的各类科学研究机构、高等院校。专家委员会在坚持以选题、论证等质量入选原则的基础上，对西藏自治区、青海、四川、甘肃、云南这些藏族聚居地区的学者和研究机构，给予了一定程度的支持。这些地区的科学研究机构、高等院校大都具有藏学研究的实体、团队，是研究西藏历史与现实的重要力量。

"西藏历史与现状综合研究项目"具有时空跨度大、内容覆盖广的特点。在历史研究方面，以断代、区域、专题为主，其中包括一些历史档案的整理，突出了古代西藏与中原地区的政治、经济和文化交流关系；在宗教研究方面，以藏传佛教的政教合一制度及其影响、寺规戒律与寺庙管理、僧人行止和社会责任为重点，突出了藏传佛教与构建和谐社会的关系；在现实研究方面，则涉及政治、经济、文化、社会和生态环境等诸多领域，突出了跨越式发展和长治久安的主题。

在平均海拔 4000 米的雪域高原，实现现代化的发展，是中国改革开放以来推进经济社会发展的重大难题之一，也是没有国际经验可资借鉴的中国实践，其开创性自不待言。同时，以西藏自治区现代化为主题的经济社会发展，不仅面对地理、气候、环境、经济基础、文化特点、社会结构等特殊性，而且面对境外达赖集团和西方一些所谓"援藏"势力制造的"西藏问题"。因此，这一项目的实施也必然包括针对这方面的研究选题。

所谓"西藏问题"是近代大英帝国侵略中国、图谋将西藏地区纳入其殖民统治而制造的一个历史伪案，流毒甚广。虽然在一个世纪之后，英国官方承认以往对中国西藏的政策是"时代错误"，但是西方国家纵容十四世达赖喇嘛四处游说这种"时代错误"的国际环境并未改变。作为"时代错误"的核心内容，即英国殖民势力图谋独占西藏地区，伪造了一个具有"现代国家"特征的"香格里拉"神话，使旧西藏的"人间天堂"印象在西方社会大行其道，并且作为历史参照物来指责1959年西藏地区的民主改革、诋毁新西藏日新月异的现实发展。以致从17世纪到20世纪上半叶，众多西方人（包括英国人）对旧西藏黑暗、愚昧、肮脏、落后、残酷的大量实地记录，在今天的西方社会舆论中变成讳莫如深的话题，进而造成广泛的"集体失忆"现象。

这种外部环境，始终是十四世达赖喇嘛及其集团势力炒作"西藏问题"和分裂中国的动力。自20世纪80年代末以来，随着苏联国家裂变的进程，达赖集团在西方势力的支持下展开了持续不断、无孔不入的分裂活动。十四世达赖披着宗教的外衣，一方面在国际社会中扮演"非暴力"的"和平使者"，另一方面则挑起中国西藏等地区的社会骚乱、街头暴力等分裂活动。2008年，达赖集团针对中国举办奥运会组织了大规模破坏活动，在境外制造了抢夺奥运火炬、冲击中国大使馆的恶劣暴行，在境内犯下了打、砸、烧、杀的严重罪行，其目的就是要使所谓"西藏问题"弄假成真。而一些西方国家对此视而不见，则大都出于"乐观其成"的"西化""分化"中国的战略意图。其根本原因在于，中国的经济社会发展蒸蒸日上，西藏自治区的现代化进程不断加快，正在彰显中国特色社会主义制度的优越性，而西方世界不能接受中国特色社会主义取得成功，达赖喇嘛不能接受西藏地区彻底铲除政教合一封建农奴制度残存的历史影响。

在美国等西方国家的政治和社会舆论中，有关中国的议题不少，其中所谓"西藏问题"是重点之一。一些西方首脑和政要时不时以会见达赖喇嘛等方式，来表达他们对"西藏问题"的关注，显示其捍卫"人权"的高尚道义。其实，当"西藏问题"成为这些国家政党竞争、舆论炒作的工具性议题后，通过会见达赖喇嘛来向中国施加压力，已经成为西方政治作茧自缚的梦魇。实践证明，只要在事实上固守"时代错误"，所谓"西藏问题"的国际化只能导致搬石砸脚的后果。对中国而言，内因是变化的依据，外因是变化的条件这一哲学原理没有改变，推进"中国特色、西藏特点"现代化建设的时间表是由中国确定的，中国具备抵御任何外部势力破坏国家统一、民族团结、社会稳定的能力。从这个意义上说，本项目的实施不仅关注了国际事务中的涉藏斗争问题，而且尤其重视西藏经济社会跨越式发展和长治久安的议题。

在"西藏历史与现状综合研究项目"的实施进程中，贯彻中央第五次西藏工作座谈会的精神，落实国家和西藏自治区"十二五"规划的发展要求，是课题立项的重要指向。"中国特色、西藏特点"的发展战略，无论在理论上还是在实践中，都是一个现在进行时的过程。如何把西藏地区建设成为中国"重要的国家安全屏障、重要的生态安全屏障、重要的战略资源储备基地、重要的高原特色农产品基地、重要的中华民族特色文化保护地、重要的世界旅游目的地"，不仅需要脚踏实地地践行发展，而且需要科学研究的智力支持。在这方面，本项目设立了一系列相关的研究课题，诸如西藏跨越式发展目标评估，西藏民生改善的目标与政策，西藏基本公共服务及其管理能力，西藏特色经济发展与发展潜力，西藏交通运输业的发展与国内外贸易，西藏小城镇建设与发展，西藏人口较少民族及其跨越式发展等研究方向，分解出诸多的专题性研究课题。

注重和鼓励调查研究，是实施"西藏历史与现状综合研究项目"的基本原则。对西藏等地区经济社会发展的研究，涉面甚广，特别是涉及农村、牧区、城镇社区的研究，都需要开展深入的实地调查，课题指南强调实证、课题设计要求具体，也成为这类课题立项的基本条件。在这方面，我们设计了回访性的调查研究项目，即在20世纪五六十年代开展的藏区调查基础上，进行经济社会发展变迁的回访性调查，以展现半个多世纪以来这些微观社区的变化。这些现实性的课题，广泛地关注了经济社会的各个领域，其中包括人口、妇女、教育、就业、医疗、社会保障等民生改善问题，宗教信仰、语言文字、传统技艺、风俗习惯等文化传承问题，基础设施、资源开发、农牧业、旅游业、城镇化等经济发展问题，自然保护、退耕还林、退牧还草、生态移民等生态保护问题，等等。我们期望这些陆续付梓的成果，能够从不同侧面反映西藏等地区经济社会发展的面貌，反映藏族人民生活水平不断提高的现实，体现科学研究服务于实践需求的智力支持。

如前所述，藏学研究是中国学术领域的重要组成部分，也是中华民族伟大复兴在学术事业方面的重要支点之一。"西藏历史与现状综合研究项目"的实施涉及的学科众多，它虽然以西藏等藏族聚居地区为主要研究对象，但是从学科视野方面进一步扩展了藏学研究的空间，也扩大了从事藏学研究的学术力量。但是，这一项目的实施及其推出的学术成果，只是当代中国藏学研究发展的一个加油站，它在一定程度上反映了中国藏学研究综合发展的态势，进一步加强了藏学研究服务于"中国特色、西藏特点"的发展要求。但是，我们也必须看到，在全面建成小康社会和全面深化改革的进程中，西藏实现跨越式发展和长治久安，无论是理论预期还是实际过程，都面对着诸多具有长期性、复杂性、艰巨性特点的现实问题，其中包括来自国际层面和境外达赖集团的干扰。继续深化这些问题的研究，可谓任重道远。

在"西藏历史与现状综合研究项目"进入结项和出版阶段之际，我代表"西藏历史与现状综合研究项目"专家委员会，对全国哲学社会科学规划办公室、中国社会科学院及其项目领导小组几年来给予的关心、支持和指导致以崇高的敬意！对"西藏历史与现状综合研究项目"办公室在组织实施、协调联络、监督检查、鉴定验收等方面付出的努力表示衷心的感谢！同时，承担"西藏历史与现状综合研究项目"成果出版事务的社会科学文献出版社，在课题鉴定环节即介入了这项工作，为这套研究成果的出版付出了令人感佩的努力，向他们表示诚挚的谢意！

2013 年 12 月北京

目 录

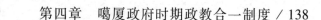

绪　言

西藏政教合一制度（chos srid zung vbrel），是一种政权和神权合而为一的地方行政管理制度，是由出家高僧和世俗官员共同管理一切政教事务的政治体制。因此，西藏政教合一制度具有鲜明的藏传佛教文化属性和浓郁的西藏地方政治文化特色。

从中国历史上看，西藏政教合一制度，经历了元、明、清三个封建王朝。元朝始建以萨迦派和昆氏家族为代表的萨迦达钦（sa skya bdag chen）政权；明朝兴起以帕主噶举派和朗氏家族为代表的帕主第悉（phag gru sde srid）政权；而清朝又历史性地推出了以格鲁派为主导的噶丹颇章（dgav ldan pho brang）政权，后期又改称噶厦（bkav shag）政府，即西藏地方政府（bod ljongs sa gnas srid gzhung）。这三个伴随中央封建王朝的更迭既一脉相承又各具风格的地方政权，是西藏政教合一制度形成、发展和演进的主要标志，也构成西藏政教合一制度发展演进的历史脉络和主要内容，故缺一不可。

西藏政教合一制度与藏传佛教之间有着广泛而紧密的历史因缘关系。从历史上看，藏传佛教的形成与发展经历了两个截然不同的阶段，即所谓"前弘期"阶段和"后弘期"阶段。"前弘期"肇始于7世纪中叶，终于9世纪中叶，历时200年左右，是藏传佛教的起源和形成阶段；而"后弘期"从10世纪开启，至15世纪基本结束，其过

1

程长达近 500 年，是藏传佛教的复兴和发展阶段。然而，"前弘期"和"后弘期"虽为藏传佛教的两个重要历史发展阶段，在其中发挥着承前启后的贯通作用，但又不可视为藏传佛教的完整历史。直至今日，藏传佛教依然在谱写自己的演进历史，与时俱进，走向与中国社会主义社会相适应的康庄大道。

藏传佛教"前弘期"的起始与终结，在学术界已有定论，而"后弘期"肇始的具体时间，前辈高僧史学家却众说纷纭，莫衷一是，许多史籍都没有一致的结论。其中比较一致的观点有两种：佛教在吐蕃或西藏地区中断 70 年之说和 100 年之说。也就是说，吐蕃王朝末代赞普朗达玛于公元 841 年下令灭法，经过 70 年或 100 年之后，到 10 世纪初或中叶，藏传佛教在雪域高原再度弘传起来。而且，此次传教范围之广大，参与民众之多，前所未有。从此藏传佛教进入或转入一个可持续发展的历史新纪元。这一长盛不衰的历史时期，史称"后弘期"。

13 世纪，藏传佛教正好处于"后弘期"的黄金时代，各派宗教势力在西藏地区得到蓬勃发展，而各地方世俗政权依然处于没落时期，同时，又面临新的挑战和机遇。故这一时期是西藏地方政教关系发生巨大变化的历史阶段。《西藏通史·松石宝串》记载：

佛教在西藏地方后弘以来，兴起和分化出许多不同的大小教派，为了将自己的教法推广到全藏的东西南北各地，一些大德和僧人犹如相互竞逐一般前往各地讲说佛法，招收僧徒，建立寺院和尼姑庵，或建立静修地和神殿，使其成为各教派的据点，这就使得纷繁的宗教活动遍及于全藏。另一方面，当时除西部阿里等部分地区是由吐蕃赞普的后裔们分割统治外，整个卫、藏、多康地区没有统一的法度和政权，各地方往昔的赞普后裔和贵族的后代成为或大或小的地方首领，凭借自己的力量

或群众的拥戴，掌管着一些部落或村庄，但各主要的世俗政治
势力正处于衰微之中。①

可以看出，13 世纪的西藏地区以发展藏传佛教为中心工作或核
心事业，一切世俗事务都围绕宗教这一核心或中心而展开。随之从
事宗教职业的出家僧侣队伍得到社会的高度重视和极力推崇，他们
的社会地位进一步提升，政教特权得以充分施展。在这一社会背景
和历史条件下，各个不同地区的世俗政权与宗教团体或寺院集团纷
纷相互结盟，逐渐壮大各自的地方势力，从而在藏族地区形成新的
地方政教格局。《西藏通史·松石宝串》记载：

在这种情形下，各教派的一些高僧因其学识功德和声望，
受到地方首领和群众的信奉，献给他们土地修建寺院，并贡献
田地、人户、牲畜、财物作为供养，甚至有成批的贵贱人家及
其土地、人口、牲畜等成为寺属庄园（chos gzhis，亦译香火
庄）或为寺院供奉布施的部落。由于这种做法日渐风行，使得
一部分教派的主要寺院住持逐渐成为占有土地、牲畜、农牧民
户等生产资料（和劳动力）的领主，而且随着寺庙经济基础的
发展，担任寺主的高僧们的亲属、外甥侄子、为其办事的强佐
等管理财务的人员均变成未经正式封授的没有正式名份的自然
产生的贵族官员。在他们之下，出现了更多的豁涅（gzhis
gnyer）或协本（she dpon，管理庄园属民的人员）、仲译
（drung yig，文书、秘书）、涅巴（gnyer pa，管事）等低一级
的官吏。在他们之中，有不少人是寺院僧团的执事僧人，而且

① 恰白·次旦平措等编著《西藏通史·松石宝串》（上册），陈庆英等译，西藏古籍出
版社，2004，第 344 页。

一些大的寺院，还自行建立了法庭、监狱、不脱离生产的地方军队，以适应管理地方政务的需要。①

当时西藏地区相继形成了许多不同宗派与各地方势力相关联的地方政教势力，诸如智贡巴（vbri gung pa）、萨迦巴（sa skya ba）、帕主巴（phag gru pa）、香蔡巴（zhang tshal pa）、雅桑巴（gyav bzang pa）、达隆巴（stag lung pa）等。这些互不隶属、各自为政的地方势力，无一不是僧俗一体、政教不分的合而为一的政权体制。从中不难判断，这一时期是西藏政教合一制度的萌芽阶段，为以后正式建立或形成西藏政教合一制度，奠定了有章可循的社会组织基础，铺展了广阔的政教文化背景。据此，在西藏地方势力割据时期，萨迦派和昆氏家族相结合，并抓住历史发展机遇，尤其依靠元朝中央政府的直接扶持而正式建立了西藏第一个政教合一的地方政权，即萨迦达钦政权。

总之，西藏地方政教合一的政权不但依赖于中央王朝而建立和运行，而且偎依在中央王朝的保护伞下发展和演进。因此，每次中央王朝的更迭，都会对西藏地方政教合一的政权带来翻天覆地的冲击，甚至推向灭亡而又重新建构地方政教合一政权。在某种程度上，西藏地方政教合一政权的兴衰是伴随中央王朝的更迭而起伏不定。如萨迦达钦政权产生并兴盛于元朝时期，而其后建立的帕主第悉政权则是在明代盛极一时后逐渐衰落，至清代噶丹颇章政权兴起，后为噶厦政府且自始至终受到清中央政府的扶持和管理。显而易见，西藏政教合一制度在元、明、清三代中央王朝的历史长河中不断经受洗礼而得以生存和延续，直至新中国成立后才逐渐退出中国封建社会的历史舞台。

_____

① 恰白·次旦平措等编著《西藏通史·松石宝串》（上册），第 344 ~ 345 页。译文略改。

第一章　萨迦达钦时期
政教合一制度

　　萨迦达钦政权，是在元朝中央政府的直接扶持下建立并由萨迦派与昆氏家族主政的西藏地方政权；同时，又是藏族历史上建立的第一个名副其实的政教合一制度。至于"达钦"这一概念，是藏文"bdag nyid chen po"（达尼钦布）的缩写或简称。从字面上理解，含有"主人""座主"等意义。元朝帝师虽然统领西藏地方政权，是萨迦政权的最高领袖，但是八思巴之后的帝师在地方政权中实际发挥的作用非常有限，在很大程度上只是象征性的，或是名义上的。而历来一直坐镇萨迦寺的住持，即历任座主，方为萨迦政权中有着重要影响力、发挥关键性作用、具有举足轻重地位的实权派人物。因为萨迦寺的住持（达钦）享有整个萨迦派的宗教地位和主导萨迦地方政权的权威，故人们喜欢称"萨迦达钦政权"。萨迦昆氏家族子孙享有继任传承萨迦寺住持这一要职的特权，外族或外人不可干涉，更不许争权篡位。

　　从历史上看，萨迦派由昆氏家族创立并形成在家族内部世袭继任教主的习俗，在此基础上大力推演和发展教派与家族相互渗透的地方政教势力。至元代正式建立萨迦达钦政权，使萨迦派和昆氏家族成为西藏历史上第一个创建政教合一制度的藏传佛教宗派和藏族望门贵族。

一 萨迦派与昆氏家族

萨迦派（sa skya pa）为藏传佛教主要宗派之一，由昆·贡却杰布于1073年创立。其法脉源于卓弥·释迦益西；后经贡噶宁布、索南孜摩、札巴坚赞、萨班·贡噶坚赞和八思巴即萨迦五祖发扬光大；萨迦派以推崇、阐扬和修持道果法（lam vbras）著称。萨迦派的政教势力自元末明初开始逐渐萎缩，至清代则趋向衰落，主要在佛学领域多有成就，以西藏日喀则地区的萨迦寺（sa skya dgon）为宗派祖庭或萨迦派中心寺院。

而昆氏（vkhon）家族是萨迦派的缔造者，与该宗派结成的关系，是一种相互渗透、荣辱与共的密不可分的亲缘关系。换句话说，昆氏家族的精心培育和建设壮大了萨迦派，而萨迦派又维护和衬托着昆氏家族的悠久传统世系。

（一）昆氏家族

根据历史文献，萨迦派创始人昆·贡却杰布是吐蕃时期的贵族昆氏家族的后裔。特别令萨迦派自以为豪的是，吐蕃赞普赤松德赞时的大臣（内相）昆·班波切的儿子、吐蕃时期的七觉士（ser mi bdun）之一，即昆·鲁旺布（vkhon klu dbang po）成为昆氏家族中第一位出家僧人，而与之同期的僧人也是藏传佛教史上第一批僧侣。关于昆氏家族的历史渊源，《红史》记载：

> 古代，当蕃地遍布天神与罗刹娑之时，雅隆东面的玗邦杰和司礼玛二者交会，那些罗刹娑虽无热血但对她又贪恋，因而对他们的交会产生仇怨，他们在（罗刹娑们的）仇怨中生下了一个王子，取名叫觉卧昆巴杰（意为仇怨中出生的王子），由

此传出昆氏家族的系统。在赞普赤松德赞时任内相的昆·班波切有四个儿子：赤则拉勒、泽拉旺秋、昆·鲁旺布松瓦、泽真。第三子鲁旺布松瓦为"七试人"中的第六人。第四子泽真的儿子多吉仁钦传出的后代依次为：喜饶云丹、云丹迥乃、慈臣杰布、多杰祖道、格嘉、格通、泊布、释迦洛哲，他们都是精通旧派密宗的人。释迦洛哲有两个儿子，长子喜饶慈臣坚守梵净行，次子昆·贡却杰布生于阳木狗年，在水阳鼠年修建了萨迦寺，享年六十九岁，逝于水阳马年。①

昆氏家族不仅有一个声名显赫的族系，而且为佛教的传播和藏传佛教的形成做出过重要贡献。昆氏家族自前弘期（吐蕃时期）至后弘期一直信奉藏传佛教旧密系统。也就是说，昆·贡却杰布未创立萨迦派之前，昆氏家族一直信奉宁玛派。至昆·释迦洛哲的两个儿子（喜饶慈臣和昆·贡却杰布）时代，这一家族的信仰对象发生细微变化。喜饶慈臣是昆·贡却杰布的兄长，是一名宁玛派出家僧人，而且学识渊博、持戒严谨、精通密法，他当时既是昆氏家族中的教主，又是昆氏家族自信奉宁玛派教法以来最后一位大师。因此，藏传佛教史籍以喜饶慈臣为节点，他以前昆氏家族信奉宁玛派，他之后从昆·贡却杰布开始建立并信奉新派萨迦派。

可以说，昆氏家族调整信仰对象的决策者，是喜饶慈臣和昆·贡却杰布。喜饶慈臣认为当时是自决信仰对象的好时机，决定将昆氏家族原先拥有的旧教典、旧神佛和旧法器等供奉对象，均封存起来，以成为伏藏。然而，传说他们在付诸实施、封存旧密法的过程中，马头明王和金刚橛二尊护法神，由于法力无比、神秘莫测而没能降伏。

---

① 蔡巴·贡噶多杰：《红史》（deb ther dmar po），东噶·洛桑赤列校注，陈庆英、周润年译，西藏人民出版社，1988，第41~42页。

至今萨迦派依然供奉或修持这二尊从旧密续中一直传承下来的怒相护法神或本尊，同时还保留了白品日月姊妹施食仪轨。因此，萨迦派依然传承向号称白色护法神的日月姊妹神抛掷朵玛食子等宗教仪轨，并成为萨迦派特有的一种季节性的宗教仪式。

特别是喜饶慈臣身为昆氏家族的教主，他劝告小弟昆·贡却杰布去亲近当时在后藏地区享有盛名的卓弥·释迦益西，学习藏传佛教后弘期内兴起的新派密法或新密续，为昆氏家族建立新的宗派法系做好准备。后来昆·贡却杰布实现了兄长的意愿，为昆氏家族创立了新的宗派或教法体系，即萨迦派及其"道果法"（lam vbras）。

（二）昆·贡却杰布

根据《萨迦世系史》记载，昆·贡却杰布（vkhon dkon mchog rgyal po，1034～1102），从小跟随父亲释迦洛哲和兄长喜饶慈臣学习佛法，在两位座前得到昆氏家族的密法传承灌顶。然而，昆·贡却杰布长大后，则对当时流行的新密法很感兴趣。有一次，昆·贡却杰布去参加在卓举行的大型庆典会，该庆典会不拘一格，热闹非凡，就表演的节目而言，名目繁多，使人眼花缭乱，但其中最引人注目的便是那些持密咒师们表演的剧目，他们头戴28位自在母面具，手持各种法器，简直是一群女性装扮，甚而以散发天女之鼓舞姿态，手舞足蹈或翩翩起舞。昆·贡却杰布回家后，将看到的情景如实告知兄长，并请教为何出现这种现象等问题。兄长回答道：现在旧密法正处在没落时代，将来很难在修持旧密法中产生德才兼备的大成就者。[①]

当昆·贡却杰布遵照兄长喜饶慈臣的举荐，前往卓弥·释迦益

---

① 阿旺·贡噶索南：《萨迦世系史》（sa skyavi gdung rabs ngo mtshar bang mdzod），民族出版社，1986，藏文版，第18页。

西处学法时，在途中遇到一位名叫钦译师（vkhyin lo tsav ba）的大德，便决定先在这位大德处学习新密法。钦译师向他授予喜金刚灌顶，并讲授其密续。当密续尚未全部讲授完毕之时，钦译师不幸逝世，昆·贡却杰布才不得不直接赴后藏拉堆地方的聂谷隆寺，亲近在那里传授佛法的卓弥·释迦益西。最初昆·贡却杰布在卓弥处，继续学习在钦译师处未完成的喜金刚密续。之后，昆·贡却杰布将自家的部分田地出售后，购买 17 匹马，连同一串作为饲草款项的珍珠，一起献给卓弥作为传法的报酬，希望给他传授完整的大宝经论。卓弥给昆·贡却杰布传授了部分大宝经论，特意传授了密宗三续的经论。因而昆·贡却杰布成为卓弥五大弟子中最优秀的教法继承者。此外，昆·贡却杰布还拜其他大师学习新密法，在桂译师（vgos lo rsav ba）处学习有关密集的教法，在邬杖那的班智达智密（shes rab gsang ba）处学习关于五明点（thig le lnga）的教法，在玛译师（rma lo tsav ba）处学习有关胜乐等教法。所以，昆·贡却杰布成为当时通晓新旧密法的著名人物。①

昆·贡却杰布在佛学上取得成就后，首先在香域绛雄（zhang yul vjag gshong），为已故父亲和兄长建造了一座灵塔。塔内供放具有加持力的檀香木金刚橛。之后，在札沃隆（bra bo lung）创建了一座小型寺院，后来被称为萨迦果波寺（sa skya gog po）。昆·贡却杰布在该寺居住数年，有一次师徒一起外出休闲，突然发现波布日山（dpon po ri）酷似一头卧象，其腰间右侧有一块吉祥之白点，前面还有一条向右奔流的小河，整个地方充满吉祥福泽的景象。于是，昆·贡却杰布想到如在此地建一座寺院，会使教法兴隆，给众生带来好运，并将此建造寺院的想法，首先向当地总管东那巴

---

① 参见阿旺·贡噶索南《萨迦世系史》（sa skyavi gdung rabs ngo mtshar bang mdzod），第 19 页。

（gdong nag pa）做了请示，得到允许，接着又特意与土地拥有者香雄古热巴主人、四部僧庄，以及施主七村等协商，愿出资购买这块充满瑞祥之土地。幸运的是，这些与土地有关的主人们，不但没抬高价格，而且将土地赠送给昆·贡却杰布。为了今后不出任何意外，昆·贡却杰布还是向他们赠送一匹白骡、一串珍宝念珠和一套女装等作为回赠礼品，并划界摩卓以下柏卓以上所有土地，归自己使用。①

1073 年，昆·贡却杰布在犹如卧象腰间白点般的这块灰白色之土地上破土兴建了一座寺院，这就是著名的萨迦寺。该寺位于今后藏仲曲河谷北岸的波布日山脚下，因这一寺院建筑位置正好处在一块灰白色的土地之上，因而取名为萨迦寺。"萨迦"一词为藏语"Sa skya"两字的音译，意为灰白色的土地。以此体现建筑寺院的地方，是一块充满吉祥之土地。然而，许多学者以萨迦寺围墙等建筑物上刷红、白、蓝三种颜色为由，将萨迦派俗称为"花教"，而且该称呼大量出现于各类论著之中，这种称呼极其不妥。

昆·贡却杰布就以萨迦寺作为昆氏家族的家庙和自己传教的场所，开始向以昆氏家族为主的信众传授新密法，并逐步建构以道果法为密法传承的新的教法体系，从而建立了藏传佛教萨迦派。也就是说，昆·贡却杰布在萨迦寺任寺主并传法近 30 年，为萨迦派的形成和发展，奠定了良好的基础。就昆·贡却杰布自身而言，他遵循昆氏家族的世袭制度，没有正式出家为僧，始终保持居士身份。因而昆·贡却杰布娶有两位妻子，大妻子无子后，又娶小妻子才得一子，他后来成为萨迦派的教主。根据史料记载，萨迦派是从昆·贡却杰布开始就决定其法位以家族相传的形式继任，其政教两

---

① 参见阿旺·贡噶索南《萨迦世系史》（sa skyavi gdung rabs ngo mtshar bang mdzod），第 19～20 页。

权都集中在昆氏家族手中。因此，在梳理萨迦派的历史传承时，掌握萨迦五祖的历史事迹极为重要。而且，萨迦五祖为萨迦派的发展做出过巨大贡献，他们在藏传佛教史上享有盛誉。除了萨迦派寺院外，还有不少其他宗派的寺院供有萨迦五祖的塑像和唐卡，这充分说明萨迦五祖在藏传佛教史上占据显赫地位。

（三）萨迦五祖

萨迦五祖是萨迦派发展史上具有承前启后作用的五位著名人物，通过他们的生平事迹大致可以了解萨迦派在藏族地区发展壮大的历史进程。根据藏文史料，萨迦五祖中的前三祖称为白衣三祖，因为他们都没有正式出家受比丘戒，而是身着俗衣以居士身份自居，故称白衣三祖。后二祖称为红衣二祖，因为他俩正式出家为僧，受过比丘戒，身着红色袈裟，故称红衣二祖。萨迦五祖之后，仍有许多高僧大德为萨迦派的不断发展做出贡献。

1. 萨钦·贡噶宁布

萨迦五祖中的第一祖是萨钦·贡噶宁布（sa chen kun dgav snying po，1092～1158），他幼年时随父亲学法，但他是昆·贡却杰布晚年时期出生的，长到10岁时，父亲便与世长辞。当时萨迦寺主持由拔日仁青札译师暂时担任，而贡噶宁布的主要任务则是学习佛法，他广拜印、藏名师，遍学佛教显密二宗包括"道果法"在内的全部教法仪轨。当时贡噶宁布主要拜拔日仁青札译师为师，修习佛法，他在修持文殊法时，亲自面见文殊菩萨之显身，由此导师给他特别传授了《离四耽著》等般若教法。《离四耽著》后来成为萨迦派的一种教诫，也就是一种修心而远离四个执著的教法。如耽著今生非佛徒，耽著轮回非出离，耽著自利非菩提心，耽著实执非正见。另外，贡噶宁布拜章德达玛宁布为师学习《俱舍论》，拜琼仁钦札巴和党美朗材两位大德为师学习《中观》与《因明》，拜南库瓦兄弟为师修习《密集》和

7

《大黑天》等密法，在居曲瓦札拉巴座前修习《喜金刚》法，在贡唐瓦麦罗座前求学《胜乐》和《明王》教法，在布尚洛琼座前修学《胜乐》等密法，特别在香顿座前居留四年，专心修学教言（道果法）教法。此外，天竺大成就者布瓦帕，为了开启法门，亲自抵达萨迦，向贡噶宁布传授七十二部密续之教法，尤其传授了不越围墙之十四部深奥教法。总之，天竺大师向贡噶宁布传授了丰富圆满的近传深奥教言大法，即道果法。最后，贡噶宁布学业有成，果然成为一名神通广大的密宗大师，如他能一身显现六种不同之神相，从而被公认为观世音菩萨之化身。《红史》记载：

> 贡却杰布的儿子萨钦·贡噶宁布曾亲眼见到文殊、毕尔哇巴等菩萨。并从菩萨处听受经教，身体变轻能够幻化。他生于阳水猴年，住持夏尔拉章，享年六十七岁，死于土阳虎年。[①]

贡噶宁布20岁时，接任萨迦寺住持，行使萨迦派教主之权力，大力宣扬显密教法，尤其重视教言道果法的教授。贡噶宁布住持萨迦寺达47年之久，为萨迦派的教法体系趋于完善以及宗派势力不断壮大，均做出了重要贡献。因此，后人将贡噶宁布尊称"萨钦"（sa chen），即萨迦派的第一大师。可以说，由于贡噶宁布的不懈努力，萨迦派这一时期，得到飞速发展，并在藏传佛教界崭露头角。换句话说，萨迦派不仅其宗派势力急剧增强，而且其社会影响力也迅速扩大。

贡噶宁布在世弘法期间，培养了诸多弟子。诸如获得最殊胜成就者三名、获得能忍成就者七名、通达经论讲说之心传弟子十一名、精于讲解文句之心传弟子七名等。

---

① 蔡巴·贡噶多杰：《红史》，第42页。

贡噶宁布也是以居士身份自居的一位大德，他有四个儿子，依次是贡噶跋、索南孜摩、札巴坚赞、柏钦沃波。贡噶跋赴印度求法，22 岁时卒于天竺摩揭陀；索南孜摩继任父亲贡噶宁布的法位，成为萨迦派第二祖；札巴坚赞继任索南孜摩的法位，成为萨迦派的第三祖；柏钦沃波（1150～1203）没有出家为僧，他娶妻成家，繁衍昆氏家族后嗣。

2. 索南孜摩

萨迦派的第二祖索南孜摩（bsod nams rtse mo，1142～1182），幼年时期跟随父亲贡噶宁布学习萨迦派教法，年长后赴桑浦寺拜噶当派高僧恰巴·却吉僧格为师，学习慈氏五论及因明学等显宗教法。贡噶宁布去世后，索南孜摩继任父亲法位，成为萨迦派第二祖。但继任法位后不久，又将法位让给弟弟札巴坚赞，不问政教事务，集中精力，专心修习佛法。索南孜摩主要在前藏的桑浦寺研习佛学奥义，因而博通显密教法，成为一代宗师。他尤以注重密宗修炼和严守佛教戒律而誉满当时藏传佛教界。同时，索南孜摩娴熟声明、工巧明、医方明、因明和内明，即五明学科，为推动佛教文化在青藏高原进一步发展起到积极作用。

3. 札巴坚赞

萨迦派第三祖札巴坚赞（grags pa rgyal mtshan，1147～1216）继任兄长索南孜摩的法位后，为萨迦派的发展付出毕生精力。札巴坚赞幼年时期，跟随父亲贡噶宁布学法至 12 岁。他 8 岁时在绛森·达瓦坚赞处受梵行优婆塞戒，至 10 岁时能够闻记《律仪十二颂》《修法·莲花》等，从小养成在睡梦中修习三续密法之习惯，冠以不学自通之神童称号，自 11 岁时向众人宣讲《喜金刚》等密法而震惊远近佛教学僧，尤其修习道果法而使其产生很深的感悟。据史料记载，札巴坚赞 13 岁时继任萨迦寺住持，自幼年就肩负起萨迦派的教务重任，且尽职尽责，先后主持增建佛殿，扩大寺院规模，用金汁书写大藏经《甘珠尔》部。

札巴坚赞不食酒肉，严守佛教戒律，将广大信徒布施的财物全部用于建造佛像、佛殿和佛塔以及救济贫困农牧民。他住持萨迦寺长达 57 年之久，对萨迦派的发展壮大呕心沥血，多有贡献。当他去世时，其财产只有一个坐垫、一套袈裟，别无他物，表现了一个严守清规戒律的出家僧人所具备的高尚品德。

4. 萨班·贡噶坚赞

萨迦派第四祖是贡噶坚赞（kun dgav rgyal mtshan，1180 ~ 1251），他是贡噶宁布最小的儿子柏钦沃波的长子，从小跟随叔叔札巴坚赞学佛习法，打下良好的佛学基础。比如，贡噶坚赞幼年时，在叔叔札巴坚赞座前受了优婆塞戒，同时深入学习佛教文化。贡噶坚赞在 24 岁那年（1204 年），从克什米尔大师释迦室利处受了比丘戒，并学习法称的《量释论》等因明七论以及《现观庄严论》等经论，同时还学习工艺学、星象学、声律学、医学、修辞学、诗歌、歌舞等印藏文化。因此，贡噶坚赞成为藏传佛教后弘期内的一位博通藏族十明学科的大学者，他既娴熟因明学、医药学、工艺学、声律学和佛学（包括般若、中观学、戒律学、俱舍论等显宗经典）以及行、事、瑜伽和无上瑜伽密宗四续，又精通修辞学、辞藻学、韵律学、戏剧学和星象学。当时藏族地区称精通十明学科的学者为班智达，意即学富十明学的大学者。贡噶坚赞因获得这一称号而成为第一位享誉整个藏族地区的大班智达，被尊称"萨迦班智达"。

贡噶坚赞获得萨迦班智达这一大学者称号后，印度南方的绰切噶瓦等 6 名婆罗门学者，闻声前来西藏同贡噶坚赞辩论。他们当时在芒域吉仲的圣瓦第桑布寺附近的一个集市辩经 13 天，最后 6 位印度学者败北，他们以削发出家为僧的方式来承认自己的失败，并皈依藏传佛教。从此，萨迦班智达的名声在藏族地区传扬并家喻户晓。

萨迦班智达作为一名大学者，给后人留下丰富的有关佛学和文化方面的论著。诸如《三律仪论》《正理藏论》《贤哲入门》《乐器的论典》《修辞学》《声明学》《萨迦格言》等名著。其中《三律仪论》是萨迦班智达的一部重要著作，书中判定当时佛教界存在的各种佛学观点的是非，阐述自己对佛教的理解或见解，此书一直是萨迦派僧人必读的经论之一；《正理藏论》是萨迦班智达以陈那《集量论》和法称的以《释量论》为主的七部因明经典为重要依据，并运用自己的认识论和逻辑思维体系，撰写而成的一部具有创新意义的因明学著作，在藏传佛教因明学领域有着举足轻重的学术地位；另外，《萨迦格言》是一部脍炙人口的格言集，其内容主要是结合佛教义理论述社会伦理和为人处世的道理，在藏族地区流传范围广大，并深受藏族人民的喜欢。

萨迦派第五祖是八思巴·洛哲坚赞（blo gros rgyal mtshan，1235～1280），他作为元代第一位帝师，其主要事迹在元代萨迦达钦政权时期。故在本章第二节中做具体介绍。

（四）萨迦班智达与蒙古阔端王

萨迦班智达不仅是一名博通佛学的高僧，而且是一位帮助元朝中央政府进一步完善对西藏地方管辖和治理的重要政治人物。由于萨迦班智达在藏族地区享有崇高的声望，被当时的元朝统治阶级看中，遂成为西藏与元朝中央政府之间建立隶属关系的关键性历史人物。

1. 萨迦班智达与阔端王会晤

阔端王是成吉思汗之后的继位者窝阔台汗的第二子。1229 年，窝阔台即位蒙古大汗后，集中精力攻灭金朝，遂将西夏故地及甘青部分藏族地区封给阔端，阔端率部驻守河西走廊凉州（今甘肃武威）一带。1235 年，窝阔台出兵大举南下，攻打南宋，又命其子阔端负责指挥西路军，于是阔端率领的军队攻入成都后，又不得不退回到凉州驻屯。1240 年，阔端王派遣多达那波率领一支蒙古军队进入西藏境内。当蒙古军队抵达拉萨河上游的智贡寺时，其宗教首领京俄扎巴迥乃感到军事上无法与蒙古军对抗，便把西藏木门人家的户口名册献给了多达那波，以使地方获得安宁。不久，多达那波率军北返，向阔端王如实汇报了西藏地方的政教格局。《西藏通史·松石宝串》记载：

> 将军多达那波采用武力进攻和招抚相结合的办法将全藏纳入统治之下后，按照王子阔端的命令在西藏对各派高僧进行考察，并写信向阔端报告说："在边地西藏，僧伽以噶当派最大，最讲脸面的是达隆的法主，最有声望的是智贡派的京俄，最精通教法的是萨迦班智达，从他们当中迎请哪一位，请颁明令。"阔端在给他的回信中说："今世间的力量和威望没有能超过成吉思汗的，对来世有益的是教法，这最为紧要，因此应迎请萨迦班智达。"①

实际上，阔端王派遣多达那波领兵进入西藏地区，是一次试探性的军事行动，其目的并不在攻城略地或武力征服，而是想深入实地考察西藏地区的政治格局和宗教情况，从互不统属的各个地方势力中寻找一位可代表西藏全局的著名人物，并与其商谈西藏地区归附蒙古大汗的事宜。当时阔端王召请萨迦班智达的令旨中说：

> 长生天气力里，大福荫护助里，皇帝圣旨。

---

① 恰白·次旦平措等编著《西藏通史·松石宝串》（上册），第 356 页。

晓谕萨迦班智达贡噶坚赞贝桑布。朕为报答父母及天地之恩，需要一位能指示道路取舍之喇嘛，在选择之时选中汝萨班，故望汝不辞道路艰难前来。若是汝以年迈（而推辞），那么，往昔佛陀为众生而舍身无数，此又如何？汝是否欲与汝所通晓之教法之誓言相违？吾今已将各地大权在握，如果吾指挥大军（前来），伤害众生，汝岂不惧乎？故今汝体念佛教和众生，尽快前来！吾将令汝管领西方众僧。

赏赐之物有：白银五大升，镶缀有六千二百粒珍珠之珍珠袈裟，硫磺色锦缎长坎肩，靴子，整幅花绸二匹，整幅彩缎二匹，五色锦缎二十匹等。着多尔斯衮和本觉达尔玛二人赍送。

龙年八月三十日写就。①

萨迦班智达接到阔端王的召请函后，高度重视，不顾自己年事已高，为了全藏区民众的利益，同意前往凉州阔端王驻地，并做积极准备，同西藏各个地方势力的政教领袖型人物沟通，谋划归顺蒙古大汗的大计。《西藏通史·松石宝串》记载：

萨迦班智达动身前委派喇嘛威佑巴·索南僧格（vo yug pa bsod nams sen ge）和夏尔巴·喜绕迥乃（shar pa shes rab vbyung gnas）负责萨迦派的宗教事务，委派囊涅（nang gnyer，内务管事）仲巴·释迦桑布（grum pa shakya bzang po）负责萨迦派的总务，代摄法座。当时萨迦班智达的侄子八思巴年仅10岁，恰那多杰年仅6岁，萨迦班智达还是带着他们二人于藏历第四绕迥木龙年（1244）的年底从萨迦动身去内地。在他们抵

---

① 《元以来西藏地方与中央政府关系档案史料汇编》第一册，中国藏学出版社，1994，第4页。

达前藏时，智贡巴、蔡巴、达隆巴等宗派的首领人物会见了他们，各自赠送了大量礼品，并希望萨迦班智达为了西藏的佛教及众生的利益前去蒙古地方后，在宗教方面对自己加以护持。①

萨迦班智达一行经过近两年的长途跋涉，于 1246 年 8 月抵达凉州，当时恰逢阔端去参加贵由继位蒙古大汗的庆典，他们在凉州暂且等候。1247 年初，阔端返回凉州，即与萨迦班智达会面，开始了具有重大历史意义的商谈。

2. 萨迦班智达"致蕃人书"

萨迦班智达应蒙古阔端王之邀请到达凉州时，已经 66 岁高龄了，他同阔端王共同商定西藏归顺蒙古大汗国的条件，双方达成一致意见后，萨迦班智达立即向西藏各个地方势力写信，劝说他们接受条件归顺蒙古大汗国。这封告吐蕃（西藏）人民的信，在《萨迦世系史》中有详细记载：

具吉祥萨迦班智达致书乌思、藏、阿里各地善知识大德及众施主：

我为利益佛法及众生，尤其为利益所有讲蕃语的众生，前来蒙古之地。召请我前来的大施主（指阔端）甚喜，（对我）说："你领如此年幼的八思巴兄弟与侍从等一起前来，是眷顾于我。你是用头来归顺，他人是用脚来归顺，你是受我的召请而来，他人是因为恐惧而来，此情我岂能不知！八思巴兄弟先前已习知吐蕃的教法，可以让八思巴依旧学习，让恰那多杰学习蒙古的语言。只要我以世间法扶持，你以出世间法扶持，释迦牟尼的教法岂能不在四海之内普遍宏传！"

---

① 恰白·次旦平措等编著《西藏通史·松石宝串》（上册），第 356～357 页。

这位菩萨汗王对于佛教教法，尤其是对三宝十分崇敬，能以善巧的法度很好地护持所有臣下，而对我的关怀又胜于对其他人，他曾对我说："你可以安心地讲经说法，你所需要的，我都可以供给，你作善行我知道，我的作为是不是善行有上天知道。"他对八思巴兄弟尤其喜爱。他怀有（为政者）自知法度并懂得执法，定会有益于所有国土的良善心愿，曾对我说："你可教导你们吐蕃的部众习知法度，我可以使他们安乐。"所以你们众人都应当努力为汗王及各位王子的长寿作祈祷法事！

当今的情势，此蒙古的军队多至无法计数，恐怕整个赡部洲都已归入他们的统治之下。与他们同心者，就应当与他们同甘共苦。他们性情果决，所以不准许有口称归顺而不遵从他们的命令的人，如果有，就必定要加以殄灭。（由此缘故）畏兀儿（回纥）的境土未遭涂炭而且比以前昌盛，人民和财富都归他们自己所有，必者赤、财税官都由他们（畏兀儿人）自己担任。而汉地、西夏、阻卜等地，在未被攻灭之时，（蒙古）将他们与蒙古一样看待，但是他们不遵从（蒙古的）命令，在攻灭之后，他们无处逃遁，只得归顺蒙古。不过在那以后，由于他们听从（蒙古的）命令，现今在各处地方也有任命他们中的贵族担任守城官、财税官、军官、必者赤的，我等吐蕃的部民愚钝顽固，或者希望以种种方法逃脱，或者希望蒙古人因路程遥远不来，或者希望（与蒙古军作战）能够获胜。凡是（对蒙古）施行欺骗的，最终必遭毁灭。各处归顺蒙古的人甚多，因吐蕃的人众愚顽之故，恐怕（被攻灭之后）只堪被驱为奴仆贱役，能够被委派担任官吏的，恐怕百人之中仅数人而已。吐蕃现在宣称归顺（蒙古）的人很多，但是所献的贡赋不多，这里的贵族们心中颇不高兴，这很关紧要。

从去年上推的几年中，西面各地没有（蒙古）军队前来。

我带领白利（bi ri）的人来归顺，因看到归顺后很好，上部阿里、乌思藏的人众也归顺了，白利的各部也归顺了，因此至今蒙古没有派兵来，这就是归顺已经受益。不过这一道理上部的人们还有一些不知道。当时，在东部这里，有一些口称归顺但不愿很好缴纳贡品的，未能取信于蒙古人，他们都遭到攻打，人民财富俱被摧毁，此等事情你们大概也都听说过。这些被攻打的往往是自认为自己地势险要、部众勇悍、兵卒众多、盔甲坚厚、善射能战，认为自己能够抵御蒙古的军队，但是最终都被攻破。

众人通常认为，蒙古本部的乌拉及兵差较轻，其他人的乌拉和兵差较重，其实，与其本部相比较，反而是他部的乌拉和兵差较轻。（汗王）又（对我）说："若能遵从命令，则你们地方各处民众部落原有的官员都可以委任官职，由萨迦的金字、银字使者把他们召来，可以任命为我的达鲁花赤等官员。"为举荐官员，你等可选派能充当来往信使的人，然后把本处官员的名字、民户数目、贡品数量等缮写三份，一份送到我这里，一份存放在萨迦，一份由本处官员自己保存。另外，还需要绘制一幅标明哪些地方已经归顺、哪些地方还没有归顺的地图。若不区分清楚，恐怕已归顺的会受未归顺者的牵连，也遭到毁灭。萨迦的金字使者应当与各地的官员首领商议行事，除利益众生之外，不可擅作威福，各地首领也不可未与萨迦的金字使者商议就自作主张。若不经商议就擅自妄为，即是目无法度，目无法度者遭到罪责，我在这里也难以为其求情。我只希望你们众人齐心协力，遵行蒙古法度，这必定会有好处。

对金字使者的接送侍奉应该力求周到，因为金字使者返回时，汗王必先问他："有无逃跑或拒战的？对金字使者是否很好接待？有无乌拉供应？归顺者是否坚定？"若是有人对金字使者不恭敬，他必然会（向汗王）进危害的言语；若对金字使者恭敬，他也能（在汗王处）护佑他们；若不听从金字使者之言，则后果难以补救。

此间对各地贵族及携带贡品前来的人都给以礼遇，若是我等也想受到很好待遇，我等的官员们就都要准备上好的贡品，派人与萨迦的人同来，商议进献何种贡品为好，我也可以在这里计议。进献贡品后再返回各自地方，对自己对他人都有好处。总之，从去年起我就派人建议你们这样做最好，但是你们并没有这样做，难道你们是想在被攻灭之后再各自俯首听命吗？你们对我说的话只当作没听见，就请不要在将来说：萨迦人去蒙古后对我没有帮助。我是怀着舍弃自身而利益他人之心，为利益所有讲蕃语的众人而来到蒙古的，你们听从我所说的，必得利益。你们未曾目睹这里的情形，对耳闻又难以相信，因此仍然企望能够（抵抗住蒙古），我只怕会有谚语"安乐闲静梦魇来"所说的灾祸突然降临，会使得乌思藏地方的子弟生民被驱赶来蒙古。我对本人的祸福怎样，都没有可后悔的，有上师、三宝的护持和恩德，我可能还会得到福运。你们众人也应该向三宝祈祷。

汗王对我的关怀超过对其他任何人，所以汉地、吐蕃、畏兀儿、西夏的善知识大德和各地的人众都感到惊异，他们前来听法，十分恭敬，你们不必顾虑蒙古对我们来这里的人会如何对待，（他们）对我们全都关心和照应。听从我的人全都可以在此放心安住。贡品以金、银、象牙、大粒珍珠、银朱、藏红花、木香、牛黄、虎（皮）、豹（皮）、草豹（皮）、水獭（皮）、蕃呢、乌思地方的氆氇等物品为佳品，这里对这些物品都喜爱。此间对一般的物品不那么看重，不过各地还是可以用自己最好的物品进献。

有黄金即能如其所愿，请你们深思！

愿佛法宏传于各方！祝愿吉祥！①

萨迦班智达不负重托，通过"致蕃人书"，圆满完成西藏归顺蒙古大汗国的政治任务。萨迦班智达在信中反复讲述阔端王尊重他们伯侄和信奉佛教的实例，以此解除西藏僧俗对蒙古统治者的疑虑；同时，又强调蒙古军队的强大势力，如不归顺蒙古人，只会遭到毁灭。这封充满肺腑之言的"致蕃人书"，奠定了元朝对西藏行使行政管理权力的基础。其结果是，经过萨迦班智达的不懈努力，西藏地区最终以和平的方式归顺元朝中央政府。

另外，萨迦班智达在凉州给阔端治病，讲经传法，扩大了藏传佛教的社会影响。同时，在凉州新建一座寺院，命名幻化寺（sprul pavi sde），还调整了萨满教与佛教的地位。陈庆英说："萨迦班智达在阔端宫廷中的活动，主要是传播佛法和商谈真正实现吐蕃归附蒙古汗国的办法。在他到凉州以前，阔端身边已有一些西藏、西夏和回纥的佛教僧人，但是佛教在阔端的宫廷中不占主要地位，在举行祈祷仪式时，是由也里可温（景教，古代基督教在东方的一支）教徒和蒙古的萨满坐在僧侣的上首。经过萨迦班智达向阔端讲经说法，使阔端对佛教增加了理解，更重要的是他为阔端治好了病，并在治病的过程中提出阔端是以前西夏的一位被臣下害死的国王转世，蒙古军在攻打西夏的战争中杀戮破坏，是为其前世复仇，阔端得病是因为触犯西夏地方神祇，可用佛教法事禳解的说法，从宗教的转世理论对阔端统治西夏故地提出了一种解释，对阔端统治西夏

① 引自陈庆英《蒙藏关系史大系·政治卷》，西藏人民出版社、外语教学与研究出版社，2002，第33～36页。可参见阿旺·贡噶索南《萨迦世系史》，第135～140页。

故地很有好处，因而得到阔端的信任。因此，阔端下令以后在祈祷法会上由萨迦班智达坐首位，并由佛教僧人首先祈愿，也就是在阔端的宫廷中，把藏传佛教的地位提高到也里可温和蒙古萨满之上。阔端还特地在凉州为萨迦班智达修建了一座幻化寺，作为萨迦班智达驻锡之地，此寺的遗址近年在甘肃武威市的白塔村被发现。"①1251 年，萨迦班智达在凉州幻化寺圆寂，享寿 71 岁。他虽然没能返回故里西藏萨迦寺，但是他为中国的统一大业做出了巨大贡献，在中国历史上有着浓墨重彩的一笔。

3. 蒙哥汗在西藏分封诸王子领地

1248 年，蒙古大汗贵由病逝；1251 年，阔端王在凉州去世；同年，持续多年的汗位纷争以拖雷长子蒙哥获胜而继任大汗位，蒙古大汗的核心权力从窝阔台系转入拖雷系。阔端王后代只保持在凉州的封地，昔日的权势已削弱，不复存在，故不能管控西藏地区。虽然蒙哥汗即位后，还是采纳阔端时期的治藏办法，免除僧人的差税劳役，保护寺院及萨迦派统领藏传佛教各教派的权力，但是蒙哥汗将西藏地方分封给诸王子作为领地。藏文文献记载：

> 当窝阔台和贵由汗升天后，（蒙古）王室兄弟们集中在一起，磋商由谁继汗位，一致认为蒙哥汗适宜，于是拥立蒙哥汗登位。此时，西藏是由在凉州的王子阔端治理，（蒙哥汗）从阔端阿哈（蒙古语对兄长的称呼）那里迎取了供奉的喇嘛，由蒙哥汗管理智贡噶举派，忽必烈管理蔡巴噶举派，王子旭烈兀管理帕主噶举派，王子阿里不哥管理达隆噶举派。由四位王子分别管辖（西藏各万户）。

> 后来，在蒙哥汗升天后，忽必烈承袭汉地的皇位时，撤

---

① 陈庆英：《蒙藏关系史大系·政治卷》，第 31~32 页。

消了在西藏的蒙古（诸王）的守卫领地的军队。因为忽必烈和旭烈兀兄弟之间关系特别亲密，所以守卫我们（帕竹）地方的蒙古军全部留驻。王子旭烈兀（在西藏）管领的地方是：门地鲁果顶以内、上下聂（列）地、菊徐、洛若噶那、加尔波、叶切哇地区中迥巴在今哥甲地区内，叶琼诸部归我们领有……

王子旭烈兀还管辖下列地方：塘波且、琼洁、厥、门嘎尔青、喀达多涅、扎德、沃那囊协阿、桑耶寺东门以下、洛扎以东的雄泊、哇西农牧两部、阿里的果绒多以下博日拉山脚以上的地区。[①]

蒙哥继位大汗后，派人进藏清查户口，划定藏传佛教各派势力范围，在此基础上将西藏各地分封给自己和兄弟诸王。有学者认为："蒙哥汗在西藏推行的分封制，符合蒙古取得一个地方后，即以该地的民户分赐宗室的传统制度，在当时教派林立、互不统属的情况下，这是实现按蒙古汗国的制度统治西藏的易行办法。分封制的推行，使西藏地方政教势力将主要的注意力放在争取蒙古王室的支持、放在与内地建立密切关系上来，而蒙古统治者也需要扶植和依托这些地方势力，保证边疆的安定和推进全国的统一，从而形成一种西藏地方和蒙古王室间政治上相互依托的利益机制。"[②]

二 元代帝师八思巴

八思巴（vgro mgon vphags pa，1235～1280），是萨迦派五祖中

---

① 《元以来西藏地方与中央政府关系档案史料汇编》第一册，第8页。
② 谢铁群编著《历代中央政府的治藏方略》，中国藏学出版社，2005，第35页。

的最后一位，也是社会地位和宗教声望远胜于前四位的萨迦派法
王。他是藏传佛教史上第一位担任中央王朝国师和帝师的高僧，故
人们尊称八思巴，意为"圣人"，本名洛哲坚赞（blo gros rgyal
mtshan）。他是萨迦派第四祖萨迦班智达的弟弟索南坚赞的儿子。
八思巴在少年时期，不仅聪慧而且好学，上进心十足。《蒙古佛教
史》记载：

> 八思巴幼年时聪明颖悟，对于读写等毫不费力地通晓，对
> 于大多数学识一看即能熟记于心，并具有能无碍记忆起前世情
> 形的神通。他三岁时就凭心中记忆讲诵莲花修行法，使众人大
> 为惊异，说："这一定是位圣贤！"从那儿以后他就被人称为八
> 思巴（藏语意为圣贤）。他八岁时即能凭记忆讲佛本生经，九
> 岁时讲喜金刚续第二品，因他在僧众集会上讲经，使大德都抛
> 弃傲慢倾向。他十岁时作为萨迦班智达的随从前往凉州，路上
> 在拉萨大昭寺觉沃佛像前由萨迦班智达担任亲教师、苏浦巴担
> 任规范师剃度他出家，起法名为洛哲坚赞。他还从觉摩隆堪布
> 喜绕僧格听受沙弥学处。他十三岁时随同萨迦班智达到达凉州
> 府，其后学得萨迦班智达所有的全部教法，萨迦班智达十分高
> 兴，将自己所用的钵盂和声传一闻距的白色海螺传给他，并将
> 教法托付给他。当萨迦班智达去世时，他很好地完成了超荐
> 法事。①

由于八思巴先天性聪慧，加之伯父萨迦班智达的良好教育，年
纪轻轻时就成为一位精通各种宗教知识的高僧。同时，八思巴少年

---

① 固始噶居巴·罗桑泽培：《蒙古佛教史》，陈庆英、乌力吉译注，台湾全佛文化事业
有限公司出版，2004，第106～107页。

时期跟随伯父萨迦班智达赴凉州与蒙古汗王商谈，开始接触政治，为他以后的政治生涯打下了基础，后来在政治上成为一名显赫的人物。萨迦班智达在凉州临终前将自己的衣钵和法螺等法宝传给八思巴，让他成为自己的法位继承人，即萨迦派第五位（祖）教主。1251 年，萨迦班智达在凉州圆寂，随即年仅 16 岁的八思巴开始了他的政教活动。

根据《萨迦世系史》（sa skyvi gdung rabs ngo mtshar bang mdzod）①记载，1253 年，薛禅汗忽必烈在六盘山与萨迦派法王八思巴会见，就西藏历史和藏传佛教状况进行了广泛交谈。当时八思巴虽只有 18 岁，但已在凉州（今甘肃武威）生活多年，得到萨迦班智达（sa skya pan di ta）的亲自教导，又熟悉蒙古宫廷的生活，还接触过汉地、西夏、畏兀儿等地的佛教僧人，其佛学和社会各方面的知识超出一般西藏僧人很多，更重要的是，他对于蒙古贵族对宗教的需要以及他们能够给予宗教领袖多大程度的尊崇有深刻的体会。因此，他在忽必烈要求他直接为蒙古军征集差役贡赋时加以拒绝，并在忽必烈要求传授灌顶时坚持上师对弟子的支配权。当八思巴与忽必烈的会谈遇到困难时，忽必烈的王妃察必（cha bu，后来成为忽必烈的皇后）出面协调，提出：听法及人少时，上师可以坐上座。当诸王、驸马、官员臣民聚会时，（上师坐上座）恐不能镇服，（所以）由汗王坐上座。吐蕃之事悉听上师之教，不请教于上师不下诏命。其余大小事务因上师心慈，如误为他人求情，恐不能镇国，故上师不要讲论和请求。这实际上是确定了蒙古皇室和藏传佛教领袖处理他们之间关系的一种原则，即在宗教上是上师和弟子，但是在国事上是君臣，汗王高于上师，在处理吐蕃事务时，汗王要征求藏传佛教领袖的意见，但是其他的国家政务，藏传佛教领袖不能干预。这

---

① 阿旺·贡噶索南：《萨迦世系史》（sa skyvi gdung rabs ngo mtshar bang mdzod）。

种原则是在忽必烈还是亲王时与八思巴商定的，后来到忽必烈即位以后，又基本上贯彻于整个元代，成为元朝的宗教政策和统治藏族地区的政策的基础。在双方达成这样一种约定之后，八思巴给忽必烈传授了萨迦派的喜金刚灌顶，明确建立了宗教上的师徒关系。蒙古的一位统率大军的亲王通过宗教仪式成为藏传佛教领袖的弟子，这在历史上还是第一次。《萨迦世系史》说忽必烈接受灌顶时，还赐给八思巴羊脂玉制成的印章以及镶嵌珍珠的袈裟、法衣、伞盖、金鞍、乘马等，可见忽必烈对于接受灌顶之事是十分重视的。[①]

总之，1253 年，八思巴 18 岁，应召谒见忽必烈薛禅汗于六盘山，当时忽必烈夫妇及其子女以世俗人拜见上师的礼节会面八思巴，他们共 25 人先后在八思巴前受藏传佛教密宗灌顶。忽必烈向八思巴奉献财宝作为密法灌顶的供养和酬谢。

（一）"扎撒博益玛"诏书

1254 年，八思巴再次去会见忽必烈汗王，忽必烈极为高兴，并以亲王的身份颁赐八思巴一份诏书。诏书名为"扎撒博益玛"（vjav sa bod yig ma），全文如下：

> 依上师三宝之护佑、天命之主成吉思汗及大汗蒙哥之福德，为利益佛法，忽必烈诏曰：
>
> 善逝佛陀释迦牟尼具有不可夺移之智能及无边慈悲，其福德与智能犹如满月，又如日光破除无明黑暗，又如兽王狮子战胜邪魔外道。对其功德、圣业、教法，吾与察必可敦已生起信仰，此前已任教法及僧伽之施主。现今，复由法主萨迦巴及上

[①] 陈庆英：《蒙藏关系史大系·政治卷》，第 47～48 页。

师八思巴获得信仰，皈依佛法，于阴水牛年接受灌顶，听受甚
多教法，更以为当任教法及僧伽之施主。故此，特赐给上师八
思巴此项保护藏地方三宝之所依处及僧伽不受侵害之诏书，作
为对教法之奉献。此外，先前已赐给上师黄金及珍珠镶嵌之袈裟、
诸宝装饰之佛塔、衣衫、僧帽、靴子、坐垫等，器具有黄金伞盖、
金座、金杵、银爵、珍宝镶嵌刀柄之宝刀等，还有黄金一大锭、银
四大锭、乘驼、骡子等，俱带黄金鞍鞯缰绳等。在此虎年（1254
年）又赐给白银五十六大锭、茶叶二百包、锦缎一百一十四。总
之，诏书及器物俱已作为对教法的供养而奉献。汝藏地方之僧众当
知此情，不然如何尊奉圣旨。

汝等僧人不可争夺官位，官多并非善事，亦不可依仗圣旨
欺凌他人。汝等僧人已免兵差征伐，当依释迦牟尼之法规，懂
得经典的讲，不懂的听，于问法、学经、修行等勤奋着，敬奉
上天，为我祈祷。或有人谓：不必学经，修行即可。如不学经
啊如何修行？懂得教法方可修行也。请老僧当以言语为青年僧
人讲经，青年僧人当听老僧之言语。汝僧人们已免兵差税役，
岂有不知此乃上师三宝之恩德者乎？若汝等不照释迦牟尼之法
规行事，蒙古诸人岂不怀疑释迦牟尼之教法、治罪于汝等乎？
汝等不可以为蒙古之人不察此情，一次两次或有不察，久后必
知之。汝僧人们不可行恶行，不可使我在众人面前丢脸。汝等
当依教法而行，为我告天祝祷，汝等之施主由我任之。[①]

藏文史籍称这份诏书为"扎撒博益玛"（vjav sa bod yig ma），
意为"藏文诏书"，其内容主要表述了蒙古亲王与八思巴所代表的

---

① 阿旺·贡噶索南：《萨迦世系史》（sa skyavi gdung rabs ngo mtshar bang mdzod），第 165～
166 页；引自陈庆英《元朝帝师八思巴》，中国藏学出版社，1992，第 64～65 页。

后藏地区的寺院僧人的关系；同时，又表达了蒙古亲王对藏族僧人的规劝引导。出台这份诏书的目的，陈庆英认为："它主要是向后藏僧人宣告忽必烈与八思巴结成的宗教上师与施主的关系，宣告忽必烈承担起八思巴为首的萨迦派的施主和保护者的职责，这一宣告对当时处境困难的萨迦派和八思巴无疑具有重要的意义。"①

1255 年，八思巴 20 岁，他遵照佛教的教规，从藏族地区邀请严守比丘戒律传承的高僧大德，在汉蒙交界处的河州隆重接受了比丘戒。《土观宗派源流》记载：

> 八思巴二十一岁由元返藏，至汉蒙交界处，请聂塘巴·扎巴僧格（称狮子）为亲教师，觉丹·索南坚赞（福幢）为羯摩师，亚隆·绛曲坚赞（菩提幢）为屏教师，受比丘戒。回归吉祥萨迦寺，以所富有的佛法和财物普施藏地，使上下尊卑人等皆得满足。②

按照佛教戒律的规则，出家僧人过了 20 岁之后，可以接受比丘戒。而且，授予比丘戒，既是出家僧人生活中最庄严的仪式，又是出家僧人需要接受的最高戒律。受戒后不久，八思巴从萨迦寺返回上都。当时蒙古汗王对佛教、道教等不同派别的宗教，还能够比较公平地对待。所以，佛教与道教之间常发生辩论事件。蒙哥汗为了解决此事命忽必烈主持并判定两派优劣。根据藏文史料③，1258年，在上都的宫殿隆重举行了佛道辩论会，两派各参加了 17 人，佛教方以时年 23 岁的八思巴为首组成。其辩论以道教一方承认自

① 陈庆英：《元朝帝师八思巴》，第 65 页。
② 土观·洛桑却吉尼玛：《土观宗派源流》，刘立千译，民族出版社，2000，第 99 页。
③ 在《萨迦世系史》《蒙古佛教史》《萨迦五祖文集》等藏文文献中记有佛道两家辩论的情景和结局。

己辩论失败而告终，17 名道士削发为僧，少许道观也随之改造成佛教寺院。陈庆英认为，通过在汉地的活动和参加释道辩论，八思巴对汉地佛教、道教的情形有了进一步了解，为此后担任国师、领总制院事、掌管全国佛教事务准备了条件。①

南宋景定元年（1260），忽必烈继任蒙古大汗位，立即封八思巴为国师，授以玉印，令其统领全国佛教。1264 年，忽必烈迁都，改燕京（北京）为"中都"，改年号为"至元"；在中央政府机构中设立"总制院"，并受领于国师；同时，将藏族地区划归总制院管辖，使国师兼有政教双重权力。至元二年（1265），八思巴返回西藏，对萨迦寺进行了修缮，如新造佛像、灵塔，以及用金汁书写大量大藏经中的《甘珠尔》部。同时，分别拜克什米尔班智达希达塔噶大巴札、罗沃译师喜饶仁钦、纳塘堪钦青南喀札等 20 多位大德为师，研习佛教因明学、显宗教义和密宗修持等佛教显密宗教理仪轨，以及五明学等文化知识。尤其是八思巴此次回藏居留 3 年期间，奉忽必烈之命，创制"蒙古新字"。蒙古新字是八思巴仿照藏文 30 个字母创制的由 41 个字母构成的一种新文字，其语音拼读均按蒙语，后来蒙古新字又称八思巴蒙古文。八思巴向忽必烈呈献蒙古新字后，忽必烈极为高兴，并于 1269 年下诏，凡是诏书及各地方公文等均必须使用蒙古新字，试图在全国范围内推行这种新文字。

由于八思巴为元朝中央政府创制新文字，为元朝皇帝授予神圣密宗灌顶，深得元朝皇帝器重。元世祖至元七年（1270），八思巴第二次向忽必烈授予密宗灌顶，传授了喜金刚密法。根据史书记载，当时忽必烈奉献了六棱玉印和专门的诏书作为供养和酬谢，封八思巴为"普天之下，大地之上，西天佛子，化身佛陀，创制文

———————

① 陈庆英：《元朝帝师八思巴》，第 83 页。

字，护持国政，精通五明班智达八思巴帝师"，并赐给白银一千大银、绸缎五万九千匹段等大量物品。① 与此同时，新任元朝帝师的八思巴在西藏建立了政教合一的萨迦地方政权，由萨迦派高僧和昆氏家族（vkhon）俗官本钦（dpon chen）共同执掌西藏广大地区的政教事务。史书记载：

当时设的行政官职务有：基巧本钦（最高行政官）一人，每万户设万户长一人，下设千户长、百户长、宗本、庄头等。内侍人员的职务有：司膳、司寝、司祭、卓尼（接待宾客的官员）、秘书、管家、厨师、奉茶人员、管坐垫人员、仪仗人员、厩吏、牲畜管理人员、守门人员等十三种。②

元世祖至元九年（1272），元朝在西藏新设了吐蕃宣慰司元帅府。除重大事务需禀报萨迦法王外，一般的可由基巧本钦（spyi khyab dpon chen）处理。基巧本钦由元朝皇帝任免。从藏历第四绕迥木牛年（1264）开始，直至第六绕迥木马年（1354），自八思巴至大元洛追坚赞共九代法王和二十余任基巧本钦，执掌全藏政教大权。③

（二）《彰所知论》

八思巴最后一次从西藏前往内地是在 1268 年，大约年底抵达元大都，居住 8 年，圆满完成各项政教事务之后，又从内地启程返回西藏地区。《蒙古佛教史》记载：

———————

① 固始噶居巴·罗桑泽培：《蒙古佛教史》，第 113 页。
② 西藏自治区政协文史资料研究委员会编《西藏文史资料选辑》（十三），民族出版社，1991，第 2 页。
③ 西藏自治区政协文史资料研究委员会编《西藏文史资料选辑》（十三），第 2 页。

八思巴在汉地和蒙古广利佛法和无数众生后，又为慈悲护佑雪域西藏之人众，率领大批随从弟子，与大地之主忽必烈皇帝的皇太子真金率领的大军一起，渐次向萨迦大寺进发。在途中各地，八思巴都受到人和非人等有情众生的欢迎、送行、供养和敬礼。在难以通过的各条大河，由人和非人架起桥梁，许多奇异事迹，使见到或听到的人都感动得毛发耸动，热泪覆面。八思巴还根据他们各自的心智和身体为他们教示佛法，使他们走向成熟和解脱。①

1276 年，八思巴抵达萨迦寺。此次八思巴返藏，由太子真金护送。八思巴在途中专为真金讲述佛法，在此基础上撰写了《彰所知论》（shes bya rab gsal）②。该书是一部佛学论著，共分五品：器世间、情世间、道法、果法、无为法。有汉译本，收录在汉文大藏经之中。在《汉藏史集》中有专门章节引述《彰所知论》曰：

情世界者，有如下之说。情世界之有情，总共有六种，一为地狱，二为饿鬼，三为牲畜，四为人，五为非天，六为天神。此等六种之名义为：砍坏肢体，故名地狱；饥渴所逼，故名饿鬼；俯身而行，故名牲畜；意多分别，故名为人，梵语称摩奴沙；身及受用，略与天神同，唯无梵身，微分鄙劣，故名非天，梵语称阿修罗；从梵身生，游戏娱乐，或应受供养，故名天神，梵语称提婆。③

特别是《彰所知论》中对六道轮回包括地狱、饿鬼、牲畜、人

---

① 固始噶居巴·罗桑泽培：《蒙古佛教史》，第113页。
② 《彰所知论》汉文译本收录在《大正新修大藏经》第三十二卷中。
③ 达仓宗巴·班觉桑布：《汉藏史集》，陈庆英译，西藏人民出版社，1986，第340页。

类、非人（阿修罗）和天神做了具体的描述：

> 人者，居于四大洲、八中洲及诸岛屿上。人之寿量，赡部洲之寿量无定，胜身洲人寿五百岁，牛货洲人寿二百五十岁，俱卢洲人寿一千岁。除俱卢洲外，其余各洲之人，间或有夭折横死。人之身量，赡部洲人高八肘尺，胜身洲人高十六肘尺。牛货洲人高三十二肘尺，俱卢洲人高六十四肘尺。北俱卢洲人食自然生长之米，衣服装饰俱出于如意树。其余三洲之人食耕种之谷及肉，有珍宝、牛等资财受用。人类之脸型亦与其所在大洲之形状相仿。胜身洲、牛贺洲、赡部洲之人，为避暑热，筑有土屋，有君臣之分，嫁娶之事，有交媾配合之事，喜爱财货。俱卢洲之人无此诸事，交配之事，不过佯作其状，有风入于阴处。该洲虽有四季之名，但寒热无别。各中洲、岛屿之人与大洲相仿。①

以上只是列举《彰所知论》中关于人类的描述。从整个《彰所知论》的内容上看，它涉及佛教的基本知识，包括宇宙论、人生论、认识论和解脱论，都在《彰所知论》中得到具体的阐释和发挥。达仓宗巴·班觉桑布说："此是法王八思巴依据诸种经典之圣义集其精要，写成之《彰所知论》，犹如太阳，驱除我心中之愚暗，故将其器世间、情世间、道法三品摘录于此。祈愿因此善业，众生速得智慧。"② 实际上，八思巴撰写此书，是向忽必烈之子真金太子介绍佛教，是在向贤达贵人讲经说法。

（三）"曲弥"大法会

1276 年，八思巴抵达萨迦寺之后，前来拜见、求法和献礼的各

---

① 达仓宗巴·班觉桑布：《汉藏史集》，第 341 页。
② 达仓宗巴·班觉桑布：《汉藏史集》，第 345 页。

方僧俗贤达，络绎不绝。甚至有印度、克什米尔等地的大德学者，不辞辛苦，千里迢迢来到萨迦寺拜会八思巴。对此情景，《蒙古佛教史》记载：

> 鼠年（1276），八思巴伴随着诸种奇异征兆抵达具吉祥萨迦大寺。当时，住在西藏各地的高僧大德以及修习佛法的各部弟子、各地的官员贵族都来聚集，从印度和克什米尔也有一些班智达闻讯前来。聚合的大家都以自己的财物对八思巴奉献供养、礼拜尊崇，生起善根，请求八思巴说法。八思巴说："我这里有法主萨迦班智达所传授的各种灌顶和加持、说法教诫以及各种经咒等，你们各人希望得到什么教法，都可以向我请求。"为大家直截了当地传授了各种深广的教法，颁赐了广大的布施，使雪域之人众在教法上和礼仪上都得到满足。八思巴就这样在萨迦大寺不分昼夜地传授佛法，引领众生走上成熟和解脱。①

1277 年，八思巴在后藏的曲弥仁摩（chu mig ring mo）地方（纳塘寺附近），举行聚集 7 万僧众的盛大法会，史称"曲弥大法会"（chu mig chos vkhor chen mo）。这是继古格王孜德于藏历第一绕迥火龙年（1076）在阿里地区举办"丙辰大法会"（me vbrug chos vkhor chen mo）之后的又一次规模空前的藏传佛教大法会。《蒙古佛教史》记载：

> 此后，在阴火牛年（1277）春三月，由皇太子真金担任施主，在后藏曲弥仁莫地方召集大法会。八思巴对七万多名僧人供给丰盛的食品，并给每一名僧人布施一钱黄金，转动佛教深

---

① 固始噶居巴·罗桑泽培：《蒙古佛教史》，第114页。

广大法轮，使得聚集在当地的七万名僧人、数千精通各部大论的讲经说法的格西以及世俗民众等总数达十万的众生对诸佛指示的唯一殊胜正道——大乘菩提道生起信仰心，众人亦一心努力于成就无上正果的菩提道之中。最后，八思巴在聚集的广大僧伽之中作回向，赞颂功德。[①]

此外，许多藏文史书声称参加曲弥大法会的人数达 10 万之众，时间持续半个月之久。八思巴在法会期间向僧俗信众宣讲深广的教法和赐予难以计量的物品。此次曲弥大法会的隆重举行，不仅提升了八思巴在西藏僧俗信众中的宗教威信，而且在西藏地区大力传扬了元朝皇帝忽必烈的声望。

（四）八思巴辞世及历任帝师

1277 年举行的声势浩大、规模空前的曲弥大法会，历时半个月，圆满结束。然而，元朝帝师八思巴却没能长久住世弘法，在西藏短短留居四年之后，便突然辞世。《蒙古佛教史》记载：

此后，八思巴四十六岁的阴铁龙年（1280 年）十一月二十二日上午，八思巴命侍从陈列广大供品。在铃声之中，八思巴为使执常见的众生努力佛法而示现涅槃。在火化他的遗体时，出现了一大捧舍利子，还有许多奇异征兆。以前阿底峡大师来到西藏时，看到萨迦的山上有两头野牛，曾预言说："将来会有两位大黑天神在此建立功业。"又对萨迦的灰白崖致礼后预言说："这里有七个'迪'字和一个'吽'字，将有文殊菩萨的七位化身和金刚手菩萨的一位化身共计八人在此利益众生。"萨钦

---

① 固始噶居巴·罗桑泽培：《蒙古佛教史》，第 114 页。

贡噶宁布兄弟四人以及萨迦班智达、桑察·索南坚赞、八思巴是文殊菩萨的化身，八思巴的弟弟恰那是金刚手菩萨的化身。贡噶宁布是观世音菩萨的密教三部化身，由他开始有文殊菩萨的七位化身。他们当中，贡噶宁布、索南孜摩、札巴坚赞三人被称为白色三祖，萨迦班智达和八思巴被称为红色二祖，他们合称为萨迦五祖。①

1280 年，八思巴在萨迦寺拉康拉章，英年早逝，享年 45 岁。八思巴在萨迦寺突然离开人世间，对元朝政府来说，失去了一位极其重要的人物。当时，忽必烈对八思巴又赐封号为"皇天之下一人之上开教宣文辅治大圣至德普觉真智佑国如意大宝法王西天佛子大元帝师"。

1320 年，元仁宗下诏，在全国各路建造八思巴帝师殿，以此永远纪念这位元朝功臣。八思巴在世任国师或帝师期间，除了推动藏族地区的经济文化全面发展之外，为元朝的稳定或发展以及全国各民族之间的团结及文化交流，均做出了巨大贡献。王森说："看起来，八思巴首先是继承了他伯父萨班贡噶坚赞的内向政策，进一步巩固了西藏地区和祖国中央的关系，而且还带动了汉藏、蒙藏之间的经济、文化交流，虽然实际上他们只是蒙藏两族统治者之间的结合，但是在客观上他也起了密切祖国人民之间的关系的作用。"②

特别是忽必烈作为元世祖，他很重视八思巴的宗教身份和特殊作用，授予八思巴"帝师"尊号以及对佛法的护持。据说 1265 年忽必烈将除了安多（Aa mdo）、阿里（mngav ris）等地以外的卫藏（dbus gtsang）13 万户封给八思巴，作为第一次密宗灌顶的供养；

---

① 固始噶居巴·罗桑泽培：《蒙古佛教史》，第 114~115 页。
② 王森：《西藏佛教发展史略》，中国社会科学出版社，1997，第 82 页。

第二次密宗灌顶后，忽必烈又将藏族三区（chol kha gsum）作为上师的供养封赐给八思巴；第三次密宗灌顶时，作为条件八思巴要求忽必烈停止大量杀害元朝管辖生灵的极端行为。同时，忽必烈把曾握于自己手中的对西藏的支配权委让给八思巴，从此历代萨迦法王掌握了西藏地方政教大权。因此，八思巴去世后，元朝中央设立的帝师制没有改变，帝师职位仍由萨迦派高僧继任而延续。

元朝历任帝师依次为：第一任帝师为八思巴（1235～1280）、第二任帝师为仁钦坚赞（rin chen rgyal mtshan，1238～1279）、第三任帝师为达玛巴拉（ngha rmav pha la，1268～1287）、第四任帝师为益西仁钦（ye shes rin chen，1248～1294）、第五任帝师为札巴沃色（grags pa vod zer，1245～1303）、第六任帝师为绛洋仁钦坚赞（vjam dbyangs rin chen rgyal mtshan，1256～1305）、第七任帝师为桑杰贝（sangs rje dpal，1267～1314）、第八任帝师为贡噶洛智坚赞贝桑布（kun dgav blo gros rgyal mtshan dpal bzang po，1299～1327）、第九任帝师为旺出儿监藏（dbang phyug rgyal mtshan，生卒年不详）、第十任帝师为贡噶勒贝迥乃坚赞贝桑布（kun dgav legs pavi vbyung gnas rgyal mtshan dpal bzang po，1308～1330）、第十一任帝师为仁钦扎西（rin chen bkra shes，生卒年不详）、第十二任帝师为贡噶坚赞贝桑布（kun dgav rgyal mtshan dpal bzang po，1310～1358）、第十三任帝师为喇钦索南洛智坚赞贝桑布（bl chen bsod nams blo gros rgyal mtshan dpal bzang po，1332～1362）、第十四任帝师为喃迦巴藏卜（南色坚赞贝桑布，rnam sras rgyal mtshan bzang po，1360～1408）。[①]

帝师具有多重身份，既是皇帝的宗教导师，又是皇室成员的精神领袖；既是全国佛教僧众的领袖，又是西藏地方政教合一制度的首领。史书记载："元起朔方，固已崇尚释教。及得西域，世祖以

---

① 元朝历任帝师主要依据是陈庆英《蒙藏关系史大系·政治卷》一书。

其地广而险远，民犷而好斗，思有以因其俗而柔其人，乃郡县土番之地，设官分职，而领之于帝师。乃立宣政院，其为使位居第二者，必以僧为之，出帝师所辟举，而总其政于内外者，帅臣以下，亦必僧俗并用，而军民通摄。于是帝师之命，与诏敕并行于西土。"① 所以，元代帝师拥有极强的政教权力和崇高的社会地位。这就决定帝师担负着重要而特殊的职责。

第一，给皇帝讲经说法、授戒灌顶，带领僧众做佛事，为皇帝及其家族禳灾祛难，祈福延寿。元朝皇帝即位登基前后，都要由帝师为之授戒，举行灌顶仪式。除为皇帝授戒灌顶外，史书中有关帝师为皇后、皇子、公主灌顶授戒的记载不乏其例。作为帝师，遇到军国大事和皇帝出行、生病以及天旱、雷击、海啸等自然灾害，往往要率领僧众做佛事。元代帝师在宫廷所做佛事名目繁多，有些佛事规模甚大，相沿成俗。

第二，统领天下僧尼，管理全国佛教事务。帝师要负责校勘佛经，颁行戒律，管理僧众及寺产等。1264 年忽必烈在中央设立释教总制院，作为统管全国佛教事务的机构，由当时身任国师的八思巴管领。帝师通过颁布法旨管理全国佛教事务成为元朝的定制。

第三，管理包括西藏在内的藏族地区的政教事务。《元史·释老传》载："土番之地，设官分职而领之帝师。"帝师作为元朝中央政权的重要官员，常年居京师供职，是西藏地方与元朝中央政权关系中的重要环节。元代，帝师向西藏地方和中原地区颁行的法旨，至今存录的虽只有几件，但当时数量肯定不在少数。皇帝授予帝师管理佛教大权，强调"僧人们不可违了上师之法旨"，为帝师以法旨管理西藏各教派僧人提供了依据。②

---

① 《元以来西藏地方与中央政府关系档案史料汇编》第一册，第 16 页。

② 谢铁群编著《历代中央政府的治藏方略》，第 38～39 页。

帝师在世时享有极高的政治权力和宗教地位，即使去世后，又在全国各地建造专门的佛殿或庙宇，用于祭奠和供奉帝师。犹如八思巴去世后，忽必烈先后下旨拨专款在各郡造帝师殿，立八思巴塑像，诏示各地方首领定期举行纪念活动。元代总共产生十几位帝师，随着元朝的灭亡才终止了帝师制。

三 萨迦达钦政权的兴衰

萨迦达钦政权是在元朝中央政府的直接扶持下建立起来的实行政教合一制度的西藏地方政权。正如东噶·洛桑赤列所做的分析：萨迦派的宗教上层人士为了巩固和发展自己的势力，以元朝的政治力量作为靠山，而元朝为了进一步统治西藏地方的政治力量，需要利用当时在西藏社会上有较大名声的萨迦派的上层人士，在这两方面利益叠加的情况下，萨迦派才能够成为西藏的政教双方的领主。也就是说，萨迦派掌握西藏地方政权，是在元朝中央政府的直接治理下实现的。[①] 因此，萨迦达钦政权时期，亦基本上与元朝兴衰历史相一致。根据史书，从藏历第四绕迥木牛年（1264）开始，直至第六绕迥木马年（1354），由八思巴至贡噶坚赞十几代帝师和20余任基巧本钦，执掌西藏地方政教大权。可以说，萨迦达钦政权在元朝中央政府的大力扶持和元代帝师的宗教领袖之光环笼罩下，在西藏政教合一制度史上留下了近百年印记。

（一）《珍珠诏书》

1264 年，忽必烈从大都派八思巴和他的弟弟恰那多杰前往西

---

① 东噶·洛桑赤列：《论西藏政教合一制度/藏文文献目录学》，陈庆英译，中国藏学出版社，2001，第 39 页。

藏，临行之际，应八思巴的请求，忽必烈赐予一份《珍珠诏书》；
同时，恰那多杰"朝见薛禅皇帝后，薛禅皇帝封他为白兰王，赐给
金印，并为他设置左右衙署，委派他治理整个吐蕃地区"[①]。恰那多
杰成为萨迦派乃至西藏割据时期最早得到王的封号和职位的藏族
人，但他没能长期协助八思巴治理藏区政教事务，不幸于1267年
在萨迦寺英年早逝。

《珍珠诏书》全文如下：

> 长生天气力里，大福荫护助里，皇帝圣旨。
> 谕示僧人每根底、俗民各部：
> 求今世之福乐，当依成吉思汗之法度而行；求来世之利
> 益，当依止佛陀之教法。故此，朕已对释迦牟尼之道生起正
> 见，向善解教义并明白宣示于人之上师八思巴请求灌顶，封其
> 为国师，并命其管领所有僧众。上师奉行佛法，管教僧众，对
> 讲经、听法、修行颁降法旨。僧众们不可违了上师的法旨。佛
> 法乃是根本，懂得教法的众人讲经，年幼诚实者学法，懂得教
> 法而不能讲经者可照律修行，佛教之教法正应如此。朕担任僧
> 众之施主并敬奉三宝之意，亦在此也。汝等僧众如不讲经、听
> 法、照律修行，则佛教教法何在？佛陀曾言："我之教法如兽
> 中之王狮子，若非体内生害，外部无物能毁也。"朕住于大道
> 之上，对尊奉圣旨、通晓教法之众僧，不分派别，一体尊崇供
> 养。对依法而行的僧人们，其余军官、军人、守城官、达鲁花
> 赤、金字使者等，不论何人俱不得欺侮，不得摊派兵差、赋
> 税、劳役。汝等僧人不可违了释迦牟尼之道，应当祈愿祷告上
> 天，为朕祈福。朕颁发札撒与汝等持有，僧人们的殿堂、僧

---

① 达仓宗巴·班觉桑布：《汉藏史集》，第206页。

舍，金字使者不可住宿，不得征派供应及乌拉。属于寺院的土地、水流、水磨等，任何人不得抢夺，不得征用，不得倚势强令出售。僧人们亦不可因为有了札撒，做不遵释迦牟尼教法之事。皇帝于鼠年（1264 年）夏五月一日，写于上都。①

　　这封诏书明确规定了元朝金字使者和蒙古军人等不得干扰寺院或住宿僧舍，也不许向寺院或僧人派乌拉差役等；同时，要求僧人严守戒律，弘法利民。此次八思巴兄弟回藏，主要任务是建构以萨迦派和昆氏家族为核心的政教合一的地方政权。陈庆英说，八思巴回到萨迦以后，经过与各地政教首领商谈，在建立西藏行政体制的第一个步骤上划分俗人民户和寺属民户，也就是藏文史籍中所说的划分"米德"和"拉德"。②

　　在划分米德（mi sde）、拉德（lha sde）和十三万户（khri skor）的基础上，八思巴在萨迦建立起管理西藏地方政教事务的萨迦地方政权，即通常所说的萨迦达钦政权。这个政权的性质是政教合一制度，最高首领就是八思巴，八思巴以后是历任帝师。当帝师住在大都时，萨迦达钦政权即由萨迦寺的住持或通常所说的萨迦达钦负责。萨迦达钦政权首领的职权，主要有以下几个方面。一是依据元朝皇帝的封授，作为藏传佛教的最高首领对各教派的寺院、僧人、拉德行使管辖权，帝师颁布法旨与皇帝诏旨并行于西藏，就是这种管辖的一种方式。二是依据元朝皇帝的授权，掌管西藏行政机构如万户、千户的设置划分，给有功人员赏赐农奴、庄园等，对反抗元朝和萨迦达钦政权的贵族与寺院，则没收其庄园和农奴。三是举荐和委任西藏各级官员，萨迦达钦政权的本钦、朗钦（囊钦）和

---

① 陈庆英：《蒙藏关系史大系·政治卷》，第 60～61 页。
② 陈庆英：《蒙藏关系史大系·政治卷》，第 63 页。

各万户长，由帝师举荐皇帝任命，千户长以下官员以及萨迦的拉章和勒参的官员由帝师任命。四是通过萨迦本钦处理西藏的行政、户籍统计及诉讼等事务。[①]

（二）萨迦本钦

除了帝师和萨迦寺住持之外，在萨迦达钦政权中最重要的长官，则是萨迦本钦（dpon chen）。而且，萨迦本钦具有较长的历史传承。《红史》记载：

> 萨迦派的本钦最早是释迦桑布，当喇嘛法王（萨班）去凉州时，任命他代摄法位，并让除喇嘛威佑巴、喇嘛协迥以外的善知识大德都向他敬礼叩拜。到八思巴的时候，薛禅皇帝下令，赐给他卫藏三路管民万户的印信，任命他为本钦，他修建萨迦康赛大殿，并修建萨迦大殿的内外围墙，运来木料还未上房梁时，即逝世。由任近侍的贡噶桑布继任本钦，他修建了仁钦岗、拉康拉章，完成了拉康的围墙。以后贡噶桑布将本钦的职务依次交给本钦尚尊、秋波岗噶瓦、强仁等，他们由喇嘛（八思巴）的援引，担任本钦之职。又因喇嘛（八思巴）不喜欢贡噶桑布，由薛禅皇帝下令将贡噶桑布杀死。强仁之时，得到薛禅皇帝的喜爱，赐给宣慰使印及水晶石印信。以后，在本钦兖宣、本钦宣旺二人之时为大清查时，卫藏的详细法律大都制定。此后本钦强多、本钦阿兰二人修建了萨迦外围墙、本波日山的围墙、康赛寺院。这三人的时代曾与智贡派作战。此后，本钦勒巴贝、本钦僧格贝、本钦沃色僧格得到过宣政院的印信。以后依次为本钦贡噶仁钦、本钦顿月贝，本钦云尊、沃

---

① 陈庆英：《元朝帝师八思巴》，第118页。

色僧格复任本钦，本钦嘉瓦桑波、本钦旺秋贝、本钦索南贝、本钦嘉瓦桑波（复任）、本钦旺尊、本钦南喀丹巴、本钦札巴坚赞、本钦贝本、本钦洛钦、本钦扎旺。[①]

萨迦达钦政权中的本钦官职，源于萨迦班智达时期设立的总管家一职。萨迦班智达临行凉州时任命释迦桑布为萨迦派的总管家。后来正式设立本钦官职，释迦桑布自然成为第一任本钦。《汉藏史集》也记述了萨迦历任本钦的事迹，八思巴在世时期，忽必烈赐给释迦桑布三路军民万户的名号和印章，任命他为乌斯藏的本钦。从一个教派或家族的管家，升迁到管理乌斯藏（西藏地区）的本钦（长官），反映了萨迦达钦政权的崛起。

根据《汉藏史集》，萨迦本钦共任职24人，加上3人重任，共有27任乌斯藏本钦。他们依照上师的法旨和皇帝的圣旨，从政教两方面护持，使得国土安宁、教法兴隆。[②] 另外，《新红史》对历任萨迦本钦的事迹也作了较详记述。

萨迦本钦之外，在萨迦达钦政权中尚有一个命名为"囊钦"（nang chen）的要职。这一官职虽在本钦之下，但行使着大管家的职权。《红史》记载：

> 萨迦派的囊钦涅巴（大管家）依次是，本勤贡噶桑波、本宣奴贝、本兖宣、本顿珠贝、本洛追、夏鲁·本喜敦巴仁钦贝、本珠桑，大侍从官却桑波、侍从绛嘉、敦巴仁钦贝又奉旨复任，此后为敦巴仁磨、觉尊贡喜、侍从贡噶培、本云尊札巴达由敕命委任的，赐给司徒印信，重新委任的，仁山

---

① 蔡巴·贡噶多杰：《红史》，东嘎·洛桑赤列校注，陈庆英、周润年译，西藏人民出版社，1988，第49页。

② 达仓宗巴·班觉桑布：《汉藏史集》，第227页。

都元帅由敕命委任，侍从南喀坚赞由敕命委任，本充仁、侍从布嘉、南喀贝都元帅、侍从桑布贝、本波却嘉、本僧格坚赞、喜饶沃色都元帅，其后是本波官却仁钦，朗巴贡噶布等人。①

萨迦本钦和囊钦是萨迦达钦政权中的两个重要官职。陈庆英说：在帝师和萨迦寺住持之下，在萨迦地方政权中职权最大、最为重要的职官莫过于萨迦本钦和朗钦。"本钦"一词意为大官，疑源于汉语将断事官（蒙语为札鲁忽赤），一译"官人"，又有大断事官或大官人之称，"本钦"一词即为其藏语的转译。萨迦本钦一职的设置，应源于八思巴对当时的大断事官一职的仿制，属于萨迦地方职权系统职官，而非元朝中央正式系统职官，在各种汉文典籍中都没有关于萨迦本钦的记载。萨迦本钦的职责与大断事官也十分相仿，略为不同的是，萨迦本钦除了管理行政事务之外，还兼有一些为宗教领主服务，如兴建寺院、绘制佛像、负责供应佛教法事活动的物资等宗教内容。② 至于囊钦，也是萨迦地方政权系统中的一个重要职官，与萨迦本钦一样，也不属于朝廷的正式职官系统，因此在汉文文献中不见记载。萨迦朗钦（囊钦）一职的设置，有可能是参照吐蕃时期职官而来。吐蕃时期，在中央职官系统中设有"囊论钦波"即内大相一职，主管王朝的内部事务。"朗钦"（囊钦）为"囊论钦波"的缩称，也应为主管萨迦政权的内务官员。③

朗钦（囊钦）在萨迦达钦政权中主管内务。历任朗钦官职者，《汉藏史集》记载：

---

① 蔡巴·贡噶多杰：《红史》，第48页。
② 陈庆英：《蒙藏关系史大系·政治卷》，第95页。
③ 陈庆英：《蒙藏关系史大系·政治卷》，第102页。

最先是朗钦贡噶桑布，他任本钦后，由本宣努贝接任朗钦。此后依次是：本顿珠贝、本洛、夏鲁本西、敦巴仁钦贝，他是由圣旨任命的。以后是敦巴仁莫、觉尊贡西、近侍贡噶培、本云尊扎巴达，他是由圣旨任命的，得到珊瑚印，并重新任命一次。以后是仁山都元帅，是由圣旨任命的。以后是近侍南喀坚赞，是由圣旨任命的。以后是本贡仁、近侍本嘉布、南喀贝都元帅、近侍桑波贝、温波曲嘉、本僧格坚赞、喜饶俄色都元帅。其后依次是温波官却仁钦、朗巴·帕巴贝桑布、朗巴·贡噶本，朗钦贡噶帕、朗钦热觉帕等。以上历任朗钦共计二十九人，加上有两人重任一次，共计有三十一任朗钦。①

除了萨迦本钦和朗钦（囊钦）之外，在萨迦达钦政权中尚有称为"拉章"（bla brang）的机构，源于八思巴帝师时期。1267年八思巴入朝时，设置了十三种侍从官员，这些官员的名称在后世史书中的说法略有不同，诸如索本，意为司膳，管理饮食的官员；森本，意为司寝，管理起居服饰的官员；却本，管理宗教事务的官员；协本，管理接待宾客事务的官员；仲译，管理文书信件等事务的官员；造本，管理财务仓库的官员；塔本，管理厨房灶具等的官员；詹本，管理接引仪仗等的官员；丹本，管理营帐住房座次等的官员；甲本，管理驮畜车辆等的官员；达本，管理马匹等的官员；佐本，管理犏牛奶牛等的官员；奇本，管理狗的官员。陈庆英认为："八思巴仿照古代吐蕃的部分职官和先蒙古汗国的怯薛组织为自己创建了一个私人侍从官署——拉章，其中的官员均由帝师自行任命。据藏文史籍记载，拉章含有十三种官员，分别是：索本（管理饮食）、森本（管理起居）、却本（管理宗教仪式）、司宾、仲译

---

① 达仓宗巴·班觉桑布：《汉藏史集》，第227页。

（主管文书）、司库、司厨、司引贝、司营帐、管鞍具、管马匹、管牛、管犬。从表面上看，这些官员均不像是一个地方政府官员。但通过与蒙古的怯薛组织进行对比，不难看出他们的性质。蒙古汗国早期的职官十分简单，除万户、千户等管理其部民外，只任命了一位大断事官，掌管民户分配、主持清查户口和征收赋税、司法诉讼之权。同时建立了护卫军四怯薛组织。"①

（三）西藏十三万户

当元朝统一藏族大部分地区之后，将西藏地区先后划分为十三个万户，并授予万户长职衔。不难看出，蒙古人借助自己强大的军事力量，将四分五裂的藏族地区统一起来，在此基础上，又为了便于治理和纳税，对藏族地区的人口和土地进行了数次清查。《西藏通史·松石宝串》记载：

> 对西藏地区来说，大的清查进行了三次。第一次是薛禅汗忽必烈即皇位之初的藏历第四绕迥的铁猴年（1260），在皇帝派大臣答失蛮到藏区的三个却喀设立驿站之时，清查了土地和人口。第二次是藏历第五绕迥的土龙年（1268），由薛禅皇帝派遣的大臣阿衮和米林二人，与萨迦本钦释迦桑布一起，对吐蕃乌思藏、纳里速（阿里）各地的土地人口户数进行了详细的清查，确定了建立十三万户的体制。第三次是藏历第五绕迥的火猪年（1287），由元朝皇帝派遣的大臣托肃阿努肯和格布恰克岱平章等人与萨迦本钦宣努旺秋一起，再次清查了户口，恢复了驿站，并重新写造了被称为大清册（phye gsal chen mo）

---

① 陈庆英：《蒙藏关系史大系·政治卷》，第93页。

的户口登记册。①

元朝在西藏地区三次清查户口，划定并确立了西藏十三万户（长）的行政区域。在此基础上，制定了各万户应纳贡税的品数目等，推行了"乌拉"（vu lag，税收）制度。至于西藏十三万户的名称及分布情况，在《西藏通史·松石宝串》中有记载：

后藏地区六个万户的名称和各自的霍尔堆数如下：

1. 阿里芒域万户［mngav ris mang yul khri skor，主要在今吉隆县（skyid grong rdzong）境内］，有二千六百三十五个霍尔堆。

2. 拉堆洛万户［la stod lho pavi khri skor，主要在今定日县（ding ri rdzong）境内］，有一千零八十九个霍尔堆。

3. 拉堆绛万户［la stod byang pavi khri skor，主要在今拉孜县（lha rtse rdzong）和昂仁县（ngam ring rdzong）境内］，有二千二百五十个霍尔堆。

4. 曲弥万户［chu mig khri skor，主要在今日喀则市（gzhis rtse grong khyer）境内的嘉措区（rgya mtsho shar）东部和切甲（bya lcags）等地］，有三千零三个霍尔堆。

5. 夏鲁万户［zha lu khri skor，在今日喀则南部和巴堆（pa vdus）、江孜（rgyal rtse）等地］，有三千八百九十二个霍尔堆。

6. 绛卓万户［byang vbrog khri skor，主要在今南木林县（rnam gling rdzong）境内以及牧区］，有三千六百三十个霍尔堆。

前藏地区六个万户的名称和各自的霍尔堆数如下：

1. 智贡农牧万户（vbri gung zhing vbrog khri skor，在智贡南北各地），有三千六百三十个霍尔堆。

---

① 恰白·次旦平措等编著《西藏通史·松石宝串》上册，第402页。

2. 蔡巴万户（tshal pa khri skor，以蔡贡塘为中心，包括拉萨地区和山南的一些地方），有三千七百零二个霍尔堆。

3. 帕主万户［phag gru khri skor，以今乃东县（sne gdong rdzong）为中心，辖地分布各处］，有二千四百三十八个霍尔堆。

4. 雅桑万户［gayav bzang khri skor，在今隆子县（lhun rtse rdzong）等地］，有三千个霍尔堆。

5. 嘉玛万户［rgya ma khri skor，在今墨竹工卡县（mal gung）和温区（von）等地］，有二千九百五十个霍尔堆。

6. 嘉域万户［bya yul khri skor，在山南嘉域地区（lho kha bya yul）］，有二千九百五十个霍尔堆。

前藏和后藏之间的羊卓万户（yar vbrog khri skor，今浪卡子县等地），有十六个勒卜（leb），七百五十个霍尔堆。①

以上引文中的"霍尔堆"（hor dud），意为"蒙古户"。对此史书做了详细解释。当时统计户籍的办法是：有六根柱子面积的房子，有能下十二蒙古克种子的土地，有夫妻、子女、仆人共计六人，牲畜有乘畜、耕畜、乳畜等三种（乘畜指马、毛驴，耕畜指犏牛、牦牛、黄牛，乳畜指母黄牛、母犏牛等），以及山羊、绵羊两种，黑白杂畜二十四头。这样一户人家称为一个"霍尔堆"，五十个蒙古户称为一个达果（马头），两个达果称为一个百户，十个百户为一个千户，十个千户为一个万户。按照规格建立的万户，都要有拉德四个千户、米德六个千户，十个万户称为一个路，十个路称为一个行省。② 由于藏族地区地广人稀，西藏十三万户，还达不到元朝的一个行省的人户标准。而且，西藏十三个万户各自的管辖范

① 恰白·次旦平措等编著《西藏通史·松石宝串》（上册），第404～405页。
② 恰白·次旦平措等编著《西藏通史·松石宝串》（上册），第403页。

围之间存在很大的差别。

此外，西藏还有许多不属于任何一方万户管辖的民户。在西部阿里有属于赞普后裔管辖的七百六十七个霍尔堆。在后藏地区有属于萨迦家族公共管辖的拉德六百零六个霍尔堆，有属于萨迦囊巴的格如地方的牧民（sa skya nang pavi dge ru vbrog pa）三十个霍尔堆。此外在如参（ru mtshams）等地有拉德和米德九百三十多个霍尔堆。

在前藏地区不属于万户管辖的有绛达隆（byang stag lung）管辖的五百个霍尔堆，山南有塘波切（thang po che）管辖的一百五十个霍尔堆。周巴（vbrug pa）管辖的二百二十五个霍尔堆。此外在桑耶（bsam yas）等前藏地方有拉德、米德共计一千二百二十个霍尔堆。①

元朝初期，八思巴一如既往地兼管藏族地区的政教事务，包括西藏地方事务。《萨迦世系史》记载："上师八思巴给以汗王为首的请求传授灌顶的25人完整地传授了三次萨迦派特有的教法喜金刚灌顶，这是在蒙古地方最早传播金刚乘的教法。据说作为第一次灌顶的供养，奉献了十三万户，每1个万户有拉德（寺院或宗教首领的属民）4000户，米德（政府或世俗贵族的属民）6000户。作为第二次灌顶的供养，奉献了著名的大白色法螺为代表的藏区3个却喀，是将3个却喀算作一个行省奉献的。这3个却喀是，从上部阿里三围（元代译作纳里速古鲁孙）到索拉甲沃（在今西藏那曲专区索县境内）以上是教法的却喀，从索拉甲沃以下到黄河河曲以上是黑头人的却喀，从黄河河曲以下到汉地白塔以上为良骏马的却喀。至于'省'这一名词的含义是：有6根柱子地面的房屋，夫妻2人、子女2人、男女仆人2人，共计6人，牲畜有马、驴两种及黄牛、绵羊、山羊等，有可下12克种子的田地，称为1个小户，

① 参见恰白·次旦平措等编著《西藏通史·松石宝串》（上册），第405～406页。

这样的 25 户称为 1 个大户，两个大户称为 1 个'达果'，两个达果为 1 个百户，10 个百户为 1 个千户，10 个千户为 1 个万户，10 个万户为 1 个'路'，10 个路被称为 1 个'省'。在蒙古薛禅汗统治下有 11 个省，藏区 3 个却喀虽不足一个省，但因为是上师的住地及教法弘扬之区，所以也算做一个省奉献。"①

总之，元朝在后藏地区设立六个万户：阿里芒域万户（gur mo khri skor），拉堆洛万户（la stod lho khri skor），拉堆绛万户（la stod byang khri skor），曲弥万户（chu mig khri skor），夏鲁万户（zha lu khri skor），绛卓万户（shangs vbrog khri skor，南木林县一带）；在前藏地区设立六个万户：智贡万户（vbri gung khri skor），帕主万户（phag gru khri skor），蔡巴万户（tshal pa khri skor），雅桑万户（gyav bzang khri skor），达隆唐伯切万户（tstag lung thang po che khri skor），嘉玛万户（rgya ma khri skor，墨竹工卡一带）；另外，加上羊卓万户（yar vbrog khri skor），共计西藏十三个万户。各个万户境内均有各宗派的代表性著名寺院，它们蕴含着政教合一的文化特质。

四 萨迦四大拉章的建立

萨迦派自创始以来，教派领袖实行昆氏家族世袭制。至元朝后期，昆氏家族内部又分为细脱拉章（gzhi thog bla brang）、仁钦岗拉章（rin chen sgang bla brang）、拉康拉章（lha khang bla brang）和迪却拉章（dus mchod bla brang）四大拉章（bla brang）②，各领属民、土地与教权。至明朝中期，前三个拉章世袭断绝，唯有迪却拉章独家掌管萨迦派教主职权，其后又分成彭措颇章（phun tshogs）

---

① 转引自恰白·次旦平措等编著《西藏通史·松石宝串》（上册），第 325～326 页。
② "拉章"意为拥有一方政教权力的高僧大德的府邸或宫府。

和卓玛颇章（sgrol ma），两家嫡系轮流担任萨迦派法王一职，在名义上统领萨迦派系，实际上其号召力和掌管范围十分有限。

（一）四大拉章的缘起

萨迦四大拉章起源于元朝帝师贡噶洛智坚赞贝桑布（kun dgav blo gros rgyal mtshan dpal bzang po，1299～1327）时期，他将自己同父异母的众多兄弟，分成四个拉章单位，由他们分别担任各个拉章的主持或负责人。《汉藏史集》记载：

> 萨迦昆氏的清净家和事业无人继承，由夏尔巴·绛洋仁钦坚赞护持法座，掌管说法、听经、修行，利益他人，广作弘扬佛法之事业。后来，由康萨传承的帝师桑结贝为达尼钦布桑布贝向朝廷善为申辩，元成宗完泽笃皇帝将达尼钦布桑布贝从江南迎请回来，承认他是萨迦昆氏家族血统。皇帝说："若我朝上师后嗣断绝，令人痛惜，你回乌斯藏去，繁衍后裔。"……上师达尼钦布桑布贝返回乌斯藏以后，按照皇帝的圣旨，娶了五个妻子。又因为除他以外，没有人能继承萨迦教派的法座，所以他又修习父祖先辈们传下来的教法。[1]

由于萨迦昆氏家族面临断子绝孙的境地，元朝皇帝下令召回流放在江南的昆氏家族后裔达尼钦布桑布贝，让他返回萨迦主持西藏地方政教事务，同时承担起繁衍昆氏家族后嗣的重任。因此，达尼钦布桑布贝先后娶了 7 位妻子，其中汉族、蒙古族各 1 位，藏族 5 位，共生育 13 男 2 女，使萨迦昆氏家族人丁兴旺；同时，养育过多的子女，也造成了昆氏家族内部走向四分五裂的局面，最终形成

---

① 达仓宗巴·班觉桑布：《汉藏史集》，第209页。

四大拉章的政教格局。《西藏通史·松石宝串》记载：

> 桑布贝的第四个妻子是朗措的那贝地方人，名叫南喀杰摩，她生了3个儿子，长子为阔尊钦波南喀勒贝坚赞贝桑布，次子为南喀喜年，幼子为国师南喀坚赞贝桑布，他们获得玉印，分为细脱拉章。

> 桑布贝的第五个妻子是夏鲁地方人，名叫玛久宣努本，她生了3个儿子，长子为大元贡噶仁钦，次子为绛阳顿悦坚赞，幼子为国师索南坚赞，他们获得玉印，分为仁钦岗拉章。

> 桑布贝的第六个妻子是热隆地方人，名叫贡噶南杰玛，她生了两个儿子，长子为帝师贡噶勒贝坚赞贝桑布（元史，作公哥列思巴冲纳思坚藏班藏卜），幼子为帝师贡噶坚赞（佛祖历代通载，作公哥儿监藏班藏卜），他们获得金印，分为拉康拉章。

> 桑布贝的第七个妻子是仁达地方人，名叫拉久尼玛仁钦，她生了兄妹三人，长子为尼玛贝，女儿为贡噶本，幼子为贡噶勒贝迥奈（他受封为白兰王），他们获得金印，分为迪却拉章。①

以上引文中的桑布贝是指达尼钦布桑布贝，他的前三位妻子所生儿子或是帝师或是白兰王，后四位妻子所生儿子分得四大拉章。这里所说的金印、玉印等，是指八思巴、恰那多杰、达玛巴拉、达尼钦布桑布贝等历辈萨迦派领袖分别从元朝皇帝那里获得的印章，象征着政教权力。

1324年，达尼钦布桑布贝去世，由其子时任帝师的贡噶洛智坚

---

① 恰白·次旦平措等编著《西藏通史·松石宝串》（上册），第436～437页。

赞贝桑布，将自己众多的兄弟分为四个拉章（府邸），分享萨迦派
乃至整个西藏地方的政教权力。陈庆英说，帝师贡噶洛智坚赞主持
下的四个拉章的划分，实际上是帝师贡噶洛智坚赞把萨迦昆氏家族
从朝廷得到的权势和封爵分配给了他四个庶母的儿子们。细脱拉章
得到了萨迦寺的法座，拉康拉章得到了帝师的职位，仁钦岗拉章似
乎是与细脱拉章分享萨迦法座的继承权，迪却拉章得到的是白兰王
的封爵。从继承的世系看，这一分配原则可能得到元朝皇室的认
可。在萨迦寺总的法座之下，各个拉章又有自己的座主，父子相
承。①

可以说，达尼钦布桑布贝之前，是萨迦派政教事业兴盛时期。
萨迦法王在元朝中央政府的大力扶持下，有条不紊地治理西藏地方
政教事务。之后，萨迦四大拉章及其住持高僧，又成为萨迦派持续
发展的四大支柱和中坚力量。

（二）四大拉章的兴衰

萨迦四大拉章各有自己的座主，一般以父子相承。因而各个拉
章各自繁衍后裔，子孙相继。只有各个拉章的家族人丁兴旺，才能
保证各大拉章的维持和延续。同时，萨迦四大拉章的权势和地位相
对平衡，故相互之间形成竞争，拉帮结派，扩大势力和聚敛财富，
致使内部不和，政局动荡，从而开启了萨迦四大拉章的兴衰历史。

1. 细脱拉章

萨迦四大拉章中的细脱拉章（gzhi thog bla brang）是在南喀勒
贝洛智坚赞（nam mkhav legs pavi blo gros rgyal mtshan, 1304 ~
1343）任萨迦寺住持时开始建立的，其子贡噶仁钦坚赞贝桑布
（kun dgav rin chen rgyal mtshan dpal bzang po, 1331 ~ 1399）继任细

---

① 陈庆英：《蒙藏关系史大系·政治卷》，2002，第 113 页。

脱拉章主持时，又将该拉章从萨迦迁址到曲弥地方，并由其子嗣相继担任拉章主持。《汉藏史集》记载：

> 细脱拉章的贡噶仁钦娶尼托本英为妻，生有一子，幼年天逝。又娶年麦本莫为妻，生有二子。长子为洛追坚赞，汉地大明皇帝封他为大国师，赐金印，执掌法座。其弟为札巴洛追，住在后藏曲弥仁莫及下部夏布等地。①

贡噶仁钦坚赞贝桑布之后，由其子洛智（追）坚赞（blo gros rgyal mtshan，1366~1420）主持细脱拉章。之后，由洛智坚赞之子贡噶旺秋（kun dgav dbang phyug，1418~1462）继任细脱拉章主持。如《汉藏史集》记载，细脱拉章的洛追坚赞生有一个儿子，由历任朗钦保护和服事，完成听经修法的学业，当是细脱拉章的法座的继承人。② 贡噶旺秋去世后，细脱拉章趋向衰落。

2. 拉康拉章

萨迦四大拉章中的拉康拉章（lha khang bla brang）开始于贡噶坚赞贝桑布（kun dgav rgyal mtshan dpal bzang po，1310~1358），他是拉康拉章的第一任主持；其子却吉坚赞贝桑布（chos kyi rgyal mtshan dpal bzang po，1332~1359）为拉康拉章第二任主持。之后，却吉坚赞贝桑布之子贡噶扎西坚赞贝桑布（kun dgav bkra shes rgyal mtshan dpal bzang po，1349~1425）掌管拉康拉章。《汉藏史集》记载：

> 拉康拉章的却吉坚赞在未受比丘戒之前娶了大元绛巴家的

---

① 达仓宗巴·班觉桑布：《汉藏史集》，第215页。
② 达仓宗巴·班觉桑布：《汉藏史集》，第217页。

女儿为妻，生了四个儿子。长子为法主贡噶扎西坚赞贝桑布，生于阴土牛年（己丑，公元1349年），具足学识、尊贵、良善三方面的功德。在他六十四岁的阳水龙年（壬辰，公元1412年），汉地的大明皇帝派遣金字使臣大达云和阿努指挥等人专门前来迎请，他去到南京皇宫以及汉地五台山，担任皇帝的喇嘛帝师，皇帝封他为"正觉大乘法王西天上善金刚大光明佛"，译成藏文的意思是："广建各种功业，佛法最为殊胜，具有正智慧，大慈悲，广利众生，护持国土，讲说佛法，有正学识，大乘法王，西方尊胜，遍入金刚，具大光明的佛陀。"赐给玉印，诏书，以及以黄金千辐法轮为首的无数供养布施。他为萨迦大殿制定修习仪轨，为萨迦法座的长远作出精心安排，使得萨迦派教法犹如将要熄灭的灰烬又重新燃烧起来，因此他的恩德十分重大。他在汉地住了三年，于阳木马年（甲午，公元1414年）返回吐蕃，继续广利佛法和众生，于七十七岁的阴木蛇年（乙巳，公元1425年）七月十日在萨迦大殿的楼上圆寂。

第二子为上师索南扎西坚赞贝桑布，此密行大瑜伽师长期利益佛法和众生，于阳土鼠年（戊子，公元1408年）在吉祥拉孜宗的寝殿去世。在他们的后面还生了一个女儿。却吉坚赞还娶了本钦旺秋贝家的女儿本莫吉为妻，她生了两个精通教法的儿子，分别叫做喇嘛多吉仁钦和喇嘛达玛多吉。①

贡噶扎西坚赞贝桑布之后，由索南扎西坚赞贝桑布之子扎西坚赞大师掌管拉康拉章，如《汉藏史集》记载，拉康拉章的拉孜哇·喇钦索南扎西娶了尼谢本莫南喀杰莫，生了一子，名叫扎西坚赞大

---

①　达仓宗巴·班觉桑布：《汉藏史集》，第214～215页。

师，他继承了大乘法王的法座，住在萨迦大殿。① 至16世纪左右，拉康拉章趋向衰落。

3. 仁钦岗拉章

萨迦四大拉章中的仁钦岗拉章（rin chen sgang bla brang）开始于绛阳顿悦坚赞（vjam dbyangs don yod rgyal mtshan，1310～1344）。绛阳顿悦坚赞之后，由其子喇钦·贡噶坚赞（bla chen kun dgav rgyal mtshan，? ～1420）掌管仁钦岗拉章。据《汉藏史集》记载，绛阳顿悦坚赞在受比丘戒之前娶玛久夏鲁玛为妻，生一子名叫喇钦·贡噶坚赞，他们父子叔伯等人执掌的是仁钦岗拉章。② 此后，仁钦岗拉章的喇钦·贡噶坚赞娶了涅莫古尚的女儿玛久南喀杰莫为妻，她生了南喀坚赞大师兄弟二人，他们住在夏布、格顶等地。她还生了一个女儿。③ 喇钦·贡噶坚赞之后，由其子南喀坚赞（nam mkhav rgyal mtshan，1398～1472）掌管仁钦岗拉章。之后，由南喀坚赞之子喜饶坚赞（shes rab rgyal mtshan，1444～1495）掌管仁钦岗拉章。大约在16世纪初期，仁钦岗拉章的法位传承中断。

4. 迪却拉章

迪却拉章（dus mchod bla brang）是萨迦四大拉章中的嫡系拉章，也是唯一没有中断传承的拉章。迪却拉章始于贡噶勒贝迥奈坚赞贝桑布（kun dgav legs pavi vbyung gnas rgyal mtshan dpal bzang po，1308～1336），元顺帝封他为白兰王，并赐以金印和颁付有统领藏区三个却喀的诏书。迪却拉章的主持，以父子世袭的方式继任。贡噶勒贝迥奈坚赞贝桑布的长子索南洛智坚赞贝桑布（bsod nams blo gros rgyal mtshan dpal bzang po，1332～1362），在元朝顺帝时立为帝师；幼子为札巴坚赞贝桑布（grags pa rgyal mtshan dpal bzang po，

---

① 达仓宗巴·班觉桑布：《汉藏史集》，第217页。
② 达仓宗巴·班觉桑布：《汉藏史集》，第214页。
③ 达仓宗巴·班觉桑布：《汉藏史集》，第217页。

1336～1376），在元朝顺帝时封为白兰王。《汉藏史集》记载：

迪却拉章的白兰王札巴坚赞娶强巴·玛久拉莫仁钦为妻，生有二子。长子为贡噶勒贝坚赞贝桑布，生于其父二十二岁的阴火鸡年（丁酉，公元 1357 年），妥欢帖睦耳皇帝封他为大元国师，并赐诏书，他于二十八岁的阳木鼠年（甲子，公元 1384 年）在达那静修地的塞卡拉章去世。次子为南色坚赞贝桑布，生于其父二十五岁的阳铁鼠年（庚子，公元 1360 年），妥欢帖睦耳皇帝授给他与自己的长子相等的职位，封他为日章王，赐给他金印、金牌、银牌，为他设置王傅、傅尉、尚使、司马等左右八种属官。任命他为御史台一品副使，赐给掌领西土的诏书。他在政教两方面都建立了大功业，于四十九岁的阳土鼠年（戊子，公元 1408 年）四月二十四日伴随诸种异兆，在门康泽冬宗的寝殿去世。此外，白兰王札巴坚赞又娶了泽冬巴家的女子玛久色赞为妻，生有一子，为却吉索南坚赞贝桑布大师。他生于阴土猪年（己亥，公元 1359 年），从幼年时起，他就努力学习父祖所传教法，精通新旧密法、显密经咒，具足内外功德，尤其是他从法主贝丹喇嘛丹巴（即喇嘛丹巴·索南坚赞贝桑布）那里学到他的全部教法，受任掌管属于仁钦岗拉章的藏地方的所有宗和豁卡。这位对深密二次第毫无散乱放逸、对众生慈悲护持之法主，乃是菩萨之化身。他于七十岁的阳土猴年（戊申，公元 1428 年）三月八日，伴随着虹光、花雨等异兆，在叶如森波日南杰岗的红色寝殿去世。却吉索南坚赞贝桑布还有一个同父同母的妹妹，为女大师扎西本。此外，白兰王札巴坚赞还娶了同知本莫，生了一个女儿，名叫女大师绛山索南杰莫。①

① 达仓宗巴·班觉桑布：《汉藏史集》，第 215～217 页。

札巴坚赞贝桑布的儿子南色坚赞贝桑布（rnam sras rgyal mtshan dpal bzang po，1360～1408）即摄帝师南迦巴藏卜，其长子为贡噶勒贝洛智（追）坚赞（kun dgav legs pavi blo gros rgyal mtshan），次子为南喀勒贝洛智（追）坚赞贝桑布（nam mkhav legs pavi blo gros rgyal mtshan dpal bzang po，1399～1444）。《汉藏史集》记载：

> 王南色坚赞有两个儿子和五个女儿。他的一个妻子玛久尼玛本生了贡噶洛追大师。他于阳土鼠年（戊子，公元1408年）在仁钦岗拉章上殿去世。南色坚赞的另一个妻子是羊卓巴·玛久索南本，她生的儿子为南喀勒贝洛追坚赞贝桑布，他生于其父四十岁的阴土兔年（己卯，公元1399年）十月十五日。在他十六岁的阳木马年（甲午，公元1414年），由于大乘法王的恩德，汉地的大明皇帝封他为辅教王，赐给金印及掌领吐蕃事务的诏书，准其入贡，他在政教两方面都建立了广大功业。①

可以说，萨迦四大拉章中唯有迪却拉章主持法位或嫡系传承一直在延续。大约在19世纪，迪却拉章又分为二房，即彭措颇章（phun sthogs pho brang）和卓玛颇章（sgrol ma pho brang），由二房长子轮流担任萨迦寺住持法位。

总之，自从萨迦派在政治上得势以后，萨迦派人在中央和西藏地方多据要津，声势显赫。这一派的人，除了几个在宗教史上著名的僧人以外，其他多是在家学法，纵令晚年出家，也已娶妻生子，所以出家、在家的分别并不太严格。特别是他们进入宦途以后，往往改着蒙古官服，贪求享受，追逐利禄，形同俗人。② 虽然萨迦派

---

① 达仓宗巴·班觉桑布：《汉藏史集》，第217页。
② 详见王森《西藏佛教发展史略》，中国社会科学出版社，1997，第92页。

及其地方政权最终不可避免地走向衰落，但是他们同元朝中央政府的隶属关系，对后世西藏政教合一制度的演进或走向起到了示范作用。其后的西藏地方政教领袖都无一例外地继承萨迦派及其政权的传统，心向中央王朝，借助中央王朝的扶持，以壮大自己的地方势力，增加自己的社会声望，巩固自己的政教地位。同时，元朝对西藏政教合一制度的决策和管理，充分顺应了当时西藏地方的社会历史发展状况，也充分体现了元朝治理西藏地方的多元性理论和实际运作能力，对以后的明清两代治理西藏地方的政教事务产生了深远的影响。

第二章 帕主第悉时期
政教合一制度

　　帕主第悉（sde srid，第司）政权，是在元末明初建立起来的以帕主噶举派教主为首脑的西藏地方政权，是继萨迦达钦政权之后产生的又一政教合一的西藏地方政权。它在西藏政教合一制度史上具有承前启后的划时代的历史意义。1354 年，大司徒·绛曲坚赞彻底推翻萨迦达钦政权，在前藏建立帕主第悉政权；至 1618 年，藏巴·噶玛彭措南杰攻占前藏，又彻底推翻帕主第悉政权，在后藏建立第悉藏巴政权。帕主第悉政权统治西藏地方达 260 余年，传承 12 代帕主第悉。帕主第悉时期，藏族地区与以往相比较，社会安宁、经济发展、文化繁荣。同时，这一时期也是藏传佛教大发展、大繁荣的黄金时期，不仅产生了后起之秀格鲁派，而且在佛学领域百花齐放、百家争鸣，在各个宗派中高僧大师辈出，许多传世著作问世，宗教文化高度繁荣发展。

一　帕主噶举派与帕主第悉政权

　　帕主噶举派与朗氏家族的结盟，不但增强了帕主万户长辖区的政教势力，而且促成了第悉政权的诞生。从历史上看，帕主万户长大司徒·降曲坚赞（1302～1364），是帕主第悉政权的缔造者。据《西藏通史·松石宝串》记载，大司徒·降曲坚赞能结束萨迦巴的统治并建立帕主政权，是经过曲折的道路而最终战胜各种反对势力才得以实现的。① 在某种程度上，新兴的帕主第悉政权，代表着当时藏区社会的进步力量。

（一）帕主噶举派与朗氏家族

帕主噶举派（phag gruvi bkav brgyud），是藏传佛教噶举派四大支系之一②，创立于 12 世纪中叶。同时，帕主噶举派，又是噶举派四大支系中对当时藏族社会产生深远影响的宗派，在其宗派内部衍生了相对独立自主的八个分支宗派。后世的帕主噶举派与朗氏家族相结合，政教双方都得以蓬勃发展，至元末建立了政教合一的帕主第悉政权，成为萨迦派之后又一个掌管西藏地方政教的宗派。

1. 帕莫主巴

帕主噶举派的创始人，是达布拉杰的四大著名弟子之一的帕莫主巴（phag mo gru pa，1110~1170）。至于帕莫主巴的家世和族系，在藏文史书中有各种说法。如《红史》认为，善逝帕莫主巴，他的家族属于美多瓦族中的韦那氏家族，父亲韦那阿塔尔。③《新红史》说，对于帕莫主巴之族系，《青史》虽说是韦氏（dbas），但是，《教诫金鬘》（bkav rgyud gser phreng ba）则主张是朗拉斯族系（glangs lha gzigs）。④ 显而易见，后世噶举派史书将帕莫主巴纳入朗氏家族的谱系之中，是为帕主噶举派与朗氏家族的结合寻求历史渊

---

① 恰白·次旦平措等编著《西藏通史·松石宝串》（上册），第451页。
② 噶举派有四大支、八小支之说。四大支分别指帕主噶举（与朗氏家族关系密切）、噶玛噶举（后来与仁蚌巴家族建立密切关系，成为格鲁派的主要竞争对手）、蔡巴噶举（与噶尔家族关系密切）、拔绒噶举（小家族世代相传，后家族纷争不息，逐渐衰退）。
③ 蔡巴·贡噶多杰：《红史》，第106页。
④ 班钦·索南札巴：《新红史》，黄颢译，西藏人民出版社，1984，第74页。

源关系。但是，藏文史书中未过多研究帕莫主巴的族系。文献记载：

帕莫主巴·多吉杰波系第二绕迥铁虎年（1110）诞生于多康南部智垅美雪。父名培阿达；母名且萨尊聂。幼年父母双亡。九岁，于恰基寺堪布楚巴尊前出家，取名多吉杰波。后渐读书写字，学画绘像。在康区。依止亲近十六位经师善知识，闻思显密经义。二十二岁，赴前藏，入桑浦寺，于格西堆垄·嘉玛哇尊前. 认真究习般若、因明、中观理聚论等。二十五岁，拜恰·堆增钦波为亲教师、堆垄·嘉玛哇为轨范师、阿尔为屏教师，于足数之僧侣中受具足戒。于亲教师与轨范师前，认真究习律藏经典，誉满四方。此后，从玛·曲吉杰波、绛森·达瓦坚赞、贝钦噶洛巴、萨钦·贡噶宁布、布贡、觉莫拉杰等敬聆密咒金刚乘诸法。第三绕迥铁羊年（1151），偕舅父同抵塔拉冈波。第四天，拜谒无等上师塔波仁波且，殊胜之信念，充满心怀。于是禀告自己之情况及修行成就之事。塔波仁波且边作手势边道："这点功德，只算是一点糌粑团团而已。"故满以为昔日修行颇有成就之念，顿然破灭。时塔波仁波且言道："汝可去那边山上一心修定。"似此，一经修定，即证得大手印之智矣。在冈波三年，称多吉杰波、噶玛·杜松钦巴、冈巴·夏敦三人为成道三康巴人，系塔波仁波且弟子中之佼佼者。无等上师塔波仁坡且圆寂后，在塔拉冈波滞留一年。主持追荐法事。后遵上师授记，赴贡杜桑波那措，该地即帕摩竹。扎喀哇之领主为施主，建吉祥帕摩竹寺，上师遂以寺名冠之，成为帕莫主巴·多吉杰波。利生事业与佛教事业蓬勃发展。享有华盖之弟子达五百之众。直工、达隆、竹巴、蔡巴、亚桑、绰浦、玛耶等各噶举派皆源于斯，此后帕主噶举派昌盛发达。

四十九岁之后，每月上旬闭关，下旬则上午闭关，下午宣讲深广佛法，广收弟子，开创帕主噶举派宗规。谆谆教诲众虔信弟子。第三绕迥铁虎年（1170）七月二十五日，出现诸多异兆，乃于是日圆寂。[①]

实际上，帕莫主巴出生在多康南部的智垅美雪（vbri lung rme shod）地方，9岁时出家，取法名多杰嘉布，少年时代在家乡拜师学经。19岁时有机会侍从一位富商进藏游方参学，不拘一格，广泛修习宁玛派、噶当派、萨迦派等不同宗派的教法。25岁受比丘戒，42岁拜达布拉杰为师，在达拉冈波寺专门修习达布噶举派教法达3年，心生证悟，成为达布拉杰的著名弟子。随后返回自己的故乡康区，并在那里广收门徒，传授以达布拉杰所传密法为主要内容的教法，其讲授独具风格，名声大振。不久，他放弃在家乡的传教活动，又返回前藏帕莫主地方潜心修行，并寻求弘法时机。

藏历第二绕迥土虎年（1158），帕莫主巴在山南帕莫主这个地方创建一座小寺院，后称丹萨提寺（gdan sa mthil）。他就在丹萨提寺，收徒传法，名震四海，闻声前来求法者与日俱增，遂形成一支独立自主的派系，并以地名命名宗派称谓，即"帕主噶举派"，其创始人多杰嘉布亦冠以"帕莫主巴"尊号。后来达布噶举派衰微，而帕主噶举派枝繁叶茂，正如第五世达赖喇嘛在《西藏王臣记》中所讲："此雪山环绕之大域中，达布噶举教法如茂密丛林，林中之如意宝树者，乃帕莫主巴·多杰嘉布也。"[②] 帕莫主巴在丹萨提寺传教达13年，最后在该寺逝世，享年60岁。帕莫主巴以自奉俭朴、

---

① 民族图书馆编《藏文典籍目录》（shes byavi gter mdzod smad cha）下册，民族出版社，1997，第28页。

② 第五世达赖喇嘛：《西藏王臣记》（deb thar dpyid kyi rgyal movi glu dbyangs），民族出版社，1981，第116～117页。

戒行谨严、学识渊博等杰出的学识德行而名扬四方，常聚集在丹萨提寺求法的僧众达800人之多，其中有10余名著名弟子。《红史》记载：

> 他的上首弟子有四人，即：圆满福泽智贡巴、圆满感戴达隆巴，圆满智慧巴普瓦、圆满证悟那普瓦。他有近侍四名弟子，即：甘丹益喜森格、贡丹藏巴热穷巴、多丹米涅贡仁和成就者涅日赛卧。其他还有堪布香松托巴、绰浦·坚查仁钦、却杰杜、朗森格坚赞、莫敦却罗、森格丁巴、森敦丁巴、娘献村巴、香敦堪布寨日瓦、色卧格瓦贝、格西敦降杰恰、麦贡等。临终之年，有僧人八百。[①]

上述帕莫主巴的大弟子中智贡巴、达隆巴等著名人物后来在藏族地区建寺传教，又从帕主噶举派中衍生出八个小支系[②]，使噶举派在藏传佛教诸多宗派中又成为支系繁多的宗派。

帕莫主巴于藏历第三绕迥铁虎年（1170）逝世后，在六七年时间里丹萨提寺没有正式的住持。之后，由香蔡巴、智贡巴（仁钦贝）、达隆唐巴（扎西贝）等高僧分别住持丹萨提寺。藏历第三绕迥土龙年（1208），出身朗氏家族的京俄札巴炯奈（spyan snga grags pa vbyung gnas，1175～1255）被其上师时任智贡寺座主的觉巴·久丹贡布（仁钦贝）大师推举为丹萨提寺住持，他住持丹萨提寺至1235年。从此，丹萨提寺的住持由朗氏家族的叔侄兄弟或家

---

① 蔡巴·贡噶多杰：《红史》，第106页。

② 八支系分别指智贡噶举（与居热"Skyu Ra"家族关系密切）、达隆噶举（与札斯章布"Dbr Zi Vbring Pu"家族的鲁格"Glu Dge"支系关系密切）、周巴噶举（有上周巴、下周巴之说，与不丹关系密切）、雅桑噶举（与山南地方势力关系密切，如雅桑万户长）、绰浦噶举（14世纪衰微）、秀赛噶举（据说修习息解派教法，后来衰微）、耶巴噶举、玛仓噶举（与宁玛派白玉寺关系密切）。

族主要成员承袭。《红史》记载：

> 智贡法王委任其司膳者京俄仁波且为帕主寺住持，京俄仁
> 波且出自拉赛家族，他建帕主经堂，以后在他任智贡寺住持
> 时，委派他的侄子杰瓦托杜巴任帕主的住持。杰瓦托杜巴在后
> 半生接受旭烈兀之大供养，十七天后，杰瓦仁波且去世。其侄
> 子仁波且居尼巴继任住持，并塑了很多杰瓦仁波且之像。仁波
> 且居尼巴的弟子称为布多。仁波且居尼死后，由布多及其侍从
> 建立果芒（十六门塔），并委任居尼巴的侄子坚·札巴益喜为
> 住持，札巴益喜的弟子称为堆普，从此就出现了"布堆"（即
> 布多和堆普）之间的争端。堆普请求仁波且札巴益喜和喇嘛八
> 思巴授教诫，并把自己的侄子那查扎赖瓦送给喇嘛夏巴益仁
> 巴，萨迦巴正准备任命那查扎赖瓦为住持时，峻加卧杀死了那
> 查扎赖瓦。此后，仁波且札巴益喜逝世，由仁波且峻加卧札巴
> 仁钦任住持。[①]

京俄札巴炯奈之后，丹萨提寺的住持依次为：杰瓦托杜巴［杰
瓦仁波且（rgyal ba rin po che）］，又名札巴尊智（grags pa brtson
vgrus，1203～1267），1235～1267 年在位；仁波且居尼巴，又名居
尼巴·仁钦多杰（bcu gnyis pa rin chen rdo rje，1218～1280），1267～
1280 年在位；坚·札巴耶西（grags pa ye shes，1240～1288），1280～
1288 年在位。

藏历第五绕迥土牛年（1289），京俄札巴炯奈的侄子札巴仁钦
（grags pa rin chen，1250～1310）担任丹萨提寺住持，并兼任帕主
万户长职位，成为集帕主教权与政权于一身的政教领袖。札巴仁钦

---

① 蔡巴·贡噶多杰：《红史》，第 107 页。

之后，札巴坚赞（grags pa rgyal mtshan，1293～1360），又名却西巴宁玛（chos zhis pa rnying ma），继任丹萨提寺住持，1310～1360 年在位。

2. 朗氏家族

朗氏（rlangs）家族与帕主噶举派的结合，有一段循序渐进的历史过程。首先，认定帕主噶举派的创始人帕莫主巴大师确属朗氏族系；其后，朗氏家族成员承袭帕主噶举派的祖庭丹萨提寺的座主。而且，朗氏家族极为看重自己的家族身份。如《朗氏家族·灵犀宝卷》云："若人不知自己所出之家世，犹如林中之猿猴；不知自己之高贵种性，犹如虚假之苍龙；不知父祖业绩之史传，犹如被弃之门巴孤儿。"① 实际上，藏族地区未陷分崩离析之前的吐蕃时期，无论王臣，其种性族氏，不容紊乱，有着极为重视出身及谱写族氏之习俗。《朗氏家族史》记载：

> 如此之天神神姓朗氏家族就门第而言，地位高如苍穹，就事业而言，宛如灿烂的日月之光辉，以举止而言，犹如坚固不坏的须弥山，就渊源而言，好似深沉的大海。其统治的情况，建树的业绩，（保存的）珍贵文献等等，如详史所祝福的一样。详史有载：天神神姓富足的朗氏家族之根源可追溯至赛琼惹。他首先娶赞莎盖丹玛，生子惹察渥。惹察渥之子是琼如噶波。琼如噶波之子是崩吉谢米。崩吉谢米之子是惹吉朱松。惹吉朱松之子是芒冬达赞。芒冬之子是拉日潘波切。潘波切之子是巴多。巴多之子是董多。董多之子是朗·桂丁。桂丁之子是董格。董格之子是董赤。董亦之子是帕仓。帕仓之子是宕热。宕

---

① 大司徒·绛曲坚赞：《朗氏家族·灵犀宝卷》（rlangs kyi po ti bse ru rgyas pa），西藏人民出版社，1986，藏文版，第 7 页。

热之子是朱宁孔宗。朱宁孔宗之子是赞巴达学。赞巴达学之子
是囊年孔烈。囊年孔烈之子是芒波切卓卡。芒坡切卓卡之子是
答波切达贝烈。答波切达见烈之子是措尚拉思。措尚拉思之子
是调伏世间所有鬼神者大阿阇梨莲花生的化身证果者绛求浙
桂。绛求浙桂娶噶丹玛为妃，生子年团阿充。年团阿充之子是
尼雅果赤。尼雅果赤之子是朗敦·加徐那波。加徐那波之子是
阿桑。阿桑之子是阿赛。阿赛之子是云钦杰瓦郊。杰瓦郊之子
是云达贡波杰。贡波杰之子是长官绰渥潘。绰渥潘之子是长官
仁钦郊。仁钦郊之子是索南桑波。索南桑波之子是长官仁钦多
吉和仲钦释迦仁钦。他俩之子不在此赘述。①

可见朗氏家族是一有着光祖耀宗之后裔，无论前身后世，门第
高贵，谱系源远流长的大家族。这为朗氏家族成员世袭丹萨提寺住
持（京俄）职位创造了历史依据和现实基础。至元朝时期，执掌丹
萨提寺座主的朗氏家族人，又获得了帕主万户长之头衔。至此，朗
氏家族与帕主噶举派结为联盟，相辅相成，共同支撑着一方政教合
一势力。《红史》记载：

帕主万户历任官员为：在京俄仁波且之时，由智贡巴官巴
夏仁兼总管，京俄之近侍官尊归顺于蒙古。此后为本多杰贝。
本多杰贝是多康地方一青年，他自称属拉赛家族，故委任他为
司膳官，此后邀请他到内地，皇帝赐给他帕主万户和虎头牌。
他长时间内任万户长，建乃东城堡，本多杰贝死后，由其弟宣
努坚赞继任万户长，宣努坚赞死后，由其侄子嘉雅卓巴绛宣任
万户长，此时萨迦派与智贡派正进行战争，降宣唯萨迦派之命

---

① 大司徒·绛曲坚赞：《朗氏家族史》，第 66～67 页。

是从，此后萨迦本钦阿兰焚毁帕主寺时，由降宣出面劝阻。降宣死后，由宣努坚赞的侄子宣努云丹任万户长，皇子铁穆尔不花驻军西藏时，宣努云丹曾做过铁穆尔不花的随军侍从，他不但在外不中用，而且在内也受到农民的反对。故仁波且峻加卧不高兴，请求皇子父母免去宣努云丹的万户长，而后派遣他去朝廷。在未任命新万户长期间，由王子玛阔甲、萨迦派的审判官仁钦扎西、仁波且的近侍尊祖贝、宣努云丹的侄子沃玛札巴沃色及以前旭烈兀委任的地方官阔阔赤之子多杰森格和觉卧扎仁等人处理日常事务。以前的喇嘛扎沃巴在朝廷中作主，使仁波且峻加卧得到了万户长之敕书，并兼任拉本，把却门宗交给宣努云丹。峻加卧死后，仁波且札巴坚赞之兄坚赞贝到朝廷，按拉杰帕莫竹巴的请求，敕封坚赞贝为万户长，坚赞贝卸职后，他请萨迦任命其弟扎桑为帕主万户长。扎桑卸职后，宣努坚赞之子坚赞嘉受敕封为万户长。仁波且扎杰巴之弟绛曲坚赞住在萨迦派喇嘛达尼钦波身边，依止涅麦巴学习教法，喇嘛贡罗回西藏时，坚赞嘉被撤职，任命绛曲坚赞为万户长。比后，他得到晋王（元泰定帝也孙铁木儿）的敕封，坚赞嘉的孙子索南坚赞也受到敕封，因封地的大小、职位的高低发生了多次争执，但谁也不能使对方屈服。帕主万户的首领即是上述这些人。①

按上述帕主万户长的顺序：第一位是智贡巴官巴夏仁，又名仲钦·释迦仁钦；第二位是丹玛官尊（vdan ma sgom btsun），此人最初为京俄札巴炯奈的近侍，后治理帕主管辖有突出成绩，遂获帕主地方大管家职位；第三位是多杰贝（rdo rje dpal），此人最初是丹萨提寺住持札巴尊智手下管理牧业的官员，他奉札巴尊智之命，曾

---

① 蔡巴·贡噶多杰：《红史》，第107～108页。

三次进京请封官职，遂元朝任命为帕主万户长。因此，帕主万户长头衔应从多杰贝正式开始，同时，多杰贝本人扮以出家人装束，并遵守戒律，因而博得帕主管辖僧俗人等的敬重。同时，多杰贝在帕主辖区建立 12 个豁卡（gzhis ka，庄园），而且善于管理豁卡，他的权力不断增强。之后，帕主万户长依次为多杰贝之弟宣努坚赞、雅卓巴绛曲宣努、宣努云丹、仁波且峻加卧（又名居尼巴·仁钦多杰兼任）、坚赞贝、札巴桑布、坚赞嘉和绛曲坚赞。至元末明初，朗氏家族在前藏乃东地方建立了帕主第悉政权。

（二）大司徒绛曲坚赞

大司徒绛曲坚赞（ta si tu byang chub rgyal mtshan，1302 ~ 1364）20 岁时（1322 年）继任帕主万户长，经过他艰苦卓绝的经营，帕主万户地区逐渐发展壮大。1349 年，萨迦派四大拉章之间的矛盾进一步激化，以本钦旺秋尊哲为首的拉康拉章一派同以本钦嘉瓦桑布为首的其他三个拉章一派斗争，最后拉康拉章取胜。大司徒绛曲坚赞首先打败了与雅桑和蔡巴万户联合的势力最大的智贡万户；之后，联合本钦嘉瓦桑布攻打本钦旺秋尊者，随之萨迦达钦政权掌管在帕主万户长手中。1353 年，大司徒绛曲坚赞派遣扎格瓦喜饶扎西带着四爪齐全的狮子皮等供品到北京向元朝皇帝进贡，元顺帝封他为大司徒，赐予世代执掌西藏地方政权的诏册和印信。至于他的简略生平，《西藏通史·松石宝串》记载：

> 大司徒绛曲坚赞生于藏历第五绕迥水虎年（1302）。他从三岁起开始学习读写，到七岁时在京俄策细巴札巴坚赞（spyan snga tshes bzhi pa grags pa rgyal mtshan）身前接受了居士戒，起名绛曲坚赞。九岁时在堪钦楚达瓦（mkhan chen tshul dar ba）身前出家，十四岁时前往萨迦寺学经，在萨迦依止上师达尼钦

波桑波贝和喇嘛年麦巴 (bla ma mnyam med pa)，闻习《二观察续》等经论，经过五年的学习，获得了萨迦派格西资格，还担任过达尼钦波桑波贝的管印侍从官 (dam gnyer)。在那一时期，西藏的一些万户长、地方首领送了许多子弟到萨迦去学习，在这些子弟中帕主绛曲坚赞是最受达尼钦波桑波贝等上师重视的一个。他在受到其他同学的欺侮时从不低头，又精明机警，富于计谋，是一个有思想的出众少年。在萨迦期间学习和掌握了许多宗教方面和行政方面的知识，对他后来担任万户长等高级官职起了很好的作用。[1]

大司徒绛曲坚赞天资聪慧、好学上进、精明能干，而且受过良好的教育，所以，他不但在青年时代就成为帕主万户长中最优秀的一位，而且后来成为西藏地方政教合一政权的最高领袖人物。他有诸多丰功伟绩和传奇故事。《新红史》记载：

> （大司徒绛曲坚赞）十四岁时赴萨迦，与达尼钦波桑波贝 (bdag nyid chen po bzang po dpal) 相见。二十岁阴铁鸡年时，大王妥懽帖睦尔 (rgyal po chen po to gan te mur) 赐予他三等珍宝虎头 (印)，并委任其为万户长。他扩建了乃东孜宫堡 (sne gdong rtsevi pho brang)，环绕宫堡还筑起了著名的巨大泥墙，在乃东孜宫堡前方的祥曲河 (sham chu) 上建造了罕见的大桥。为了按照佛法护持政权，他还放弃了酒和午后段食等，并令其跟前之诸官员人等亦照此而行。[2]

---

① 恰白·次旦平措等编著《西藏通史·松石宝串》（上册），第446页。
② 班钦·索南札巴：《新红史》，第78~79页。

尤其是大司徒绛曲坚赞于藏历第六绕迥水龙年（1352）建造了
泽当寺（rtse thang bshad graw），从其他各寺迎请高僧和僧众到该
寺，宣讲和研习佛法。后来丹萨提寺和泽当寺成为帕主第悉政权的
左膀右臂，历代京俄（spyan snga）法王住持倚重以密宗修学为主
的丹萨提寺，而第悉（sde srid）法王座主倚重主修显宗教理的泽
当寺，两座姐妹寺院共同维护和主持帕主第悉政权。

有关史料分析，萨迦达钦政权从鼎盛走向衰落，主要原因是昆
氏家族内部出现纷争，其内讧最终将萨迦达钦政权推向灭亡之边
缘。而当时霸主前藏山南地区的帕主万户长绛曲坚赞审时度势，抓
住了这一千载难逢的历史机遇，轻而易举地推翻了萨迦达钦政权，
开始掌握西藏地方政教大权。据文献记载：

> 公元14世纪，萨迦王室内讧，政权落入帕莫主巴·绛曲
> 坚赞之手。元朝将绛曲坚赞册封为大司徒。[①]

藏历第六绕迥水蛇年，即元惠宗至正十四年（1354）始，时任
帕主万户长（西藏十三万户之一）的绛曲坚赞完全取代萨迦派高僧
法王掌管西藏地区的政教权力，在前藏乃东（sne gdong）地方新建
帕主第悉政权（phag gru sde srid），简称"帕主政权"，设立第悉职
位，"第悉"意为执掌政务的官员，是对帕主政权行政首脑的称呼；
并制定只有担任过泽当寺住持的出家僧人才有资格担任第悉职位的
制度，遂建立了集族权、神权和政权于一身的新一代法王体制。同
时，"帕主政权"得到元朝中央政府的承认，并封绛曲坚赞为"大
司徒"（tavi si tu），赐予印信，从而成为名副其实的"大司徒绛曲

---

① 西藏自治区政协文史资料研究委员会编《西藏文史资料选辑》（十三），民族出版社，
1991，第3页。

坚赞"。西藏地方的政教合一政权中心，从后藏（今西藏日喀则市萨迦县境内）移入前藏（今西藏山南地区乃东县境内）。

（三）帕主第悉政教合一体制

帕主第悉政权，以朗氏家族为中心，实行"双首脑制"，行政首脑称"第悉"（sde srid），住乃东城堡；宗教首脑称"京俄"（spyan snga），住丹萨提寺；二者相辅相成，是一种神权政教体制；两位首脑虽有分工区别，但其权力往往取决于俗王与僧王谁更有威望；因"京俄"大都由第悉卸任后担任，故有资历，影响更大。《西藏通史·松石宝串》记载：

> 首先，规定朗氏家族的后裔中掌权者为三人（帕主第悉、丹萨提寺的京俄、泽当寺的座主），即使是担任帕主第悉的，也应该出家，学通显密经论，没有酒色过失，知识广博，抛弃各种放逸行为。担任丹萨提寺和泽当寺的座主的，应该逐步学习和精通佛法，并树立起修行的幡幢，也即是要专心于护持教法的事业。他们不得私自占有穷苦百姓，不得独断专行滥用权力。[①]

在帕主第悉政教合一体制中有三位掌权的核心人物，而且他们的继任者必须是出家僧人。同时，我们也看到在世俗行政事务领域，只有座主乃东城堡的第悉方具备发号施令的权力。虽然规定丹萨提寺和泽当寺座主不得干预行政事务，但是他们在帕主第悉政权中依然具有崇高的宗教地位和社会影响力。

实际上，帕主第悉政权，是一个具有浓郁藏族文化特色的政教

---

① 恰白·次旦平措等编著《西藏通史·松石宝串》（上册），第464页。

合一的地方政权。最高领袖为帕主第悉，继任者须具备两个条件：其一，由朗氏家族世袭，其二，曾任泽当寺住持的高僧。只有一身具备此两种条件，方可继任帕主第悉职位。而且，大司徒绛曲坚赞对继任第悉的候选人提出了严格而具体的要求。《朗氏家族史》记载：

> 居此高位者（指第悉法王）负责管理以乃东为代表的寺属和非寺属百姓、新老诸豁卡。此人年青时就应出家，不同妇人厮混，戒行整洁，根本不饮酒，过午不食，研究从前的箴言和古老的史籍，听从知识渊博和有理智的长者们的意见，眼光不朝下瞅，不做放肆的举动，闲暇之际闭关诵读本尊礼赞应达到一定数次，向护法神不断献以供品和朵玛施食。此人不应亲近身旁的年青人，不可白昼嬉戏和赌博，夜晚讲故事，行为放荡不羁。不可私自占有本政权属下的穷苦百姓，处事偏私不公，使士卒、人民失望。若出现失误，应听从有头脑的知识广博的人的提醒，这叫做迷途知返，做到大丈夫有所长进。[①]

大司徒绛曲坚赞从小出家为僧，苦读佛经，佛学功底深厚；广泛涉猎各门学科，文化知识渊博；自20岁担任帕主万户长，至荣升帕主第悉，从政经验丰富。以上引言就是他从自己掌政多年的经验教训中或站在出家僧人的宗教情怀，对帕主第悉政权的后继者所提出的既理性又苛刻的从政要求。

1. 设立十三个宗寨

大司徒绛曲坚赞建立帕主第悉政权后，始设宗寨（城堡）和宗

---

① 大司徒·绛曲坚赞：《朗氏家族史》，第248页。

69

本（县官）制度。这一制度不同于萨迦达钦政权时期的万户千户制，以设立十三个宗寨来打破原先十三万户的权利分配格局。《西藏王臣记》记载：

> 使此清凉雪域，如白绢哈达笼罩其上，一切不守本分之罪魁恶首，咸令其俯首听命，革面洗心。于卫部地区，关隘之处，建立十三宗寨：贡噶、扎嘎、内邬、沃孜、桑珠孜、隆珠孜、仁蚌等等是也。复于乃东孜王宫，作内、外、中三城门，内城严禁醇酒妇人。司徒亦戒酒，过午不食，守持出家戒规，住持沙门律仪，示现为僧俗大众顶冠珠王之相。①

宗（rdzong）的原义为堡垒、要塞、山庄、城堡等。而宗寨（rdzong mkhar）和宗本（rdzong dpon）制度，类似于内地的郡县制，是大司徒绛曲坚赞推翻萨迦达钦政权后，在世俗政权方面推行的新体制，在西藏政教合一制度发展历史上具有开创性意义。当时兴建了嘉孜哲古宗（lcags rtse gri gu rdzong）、沃卡达孜宗（vol kha rtag rtse rdzong）、贡噶宗（gong dkar rdzong）、内邬宗（snevu rdzong）、扎嘎宗（brag dkar rdzong）、荣仁蚌宗（rong rin spungs rdzong）、日喀则桑珠孜宗（gzhis ka rstevi bsam vgrub rtse）、聂隆珠孜宗（gnyal lhun grub rtse rdzong）、白朗宗（spa nam rdzong）、琼结达孜县（vphyongs rgyas stag rste rdzong）等 13 个宗及大城堡；每个宗"设置宗本，任期三年"②。也就是说，当时建立了各宗的长官宗本三年一任的制度。而且，各宗宗本皆由第悉直接委派，他们又

---

① 第五世达赖喇嘛：《西藏王臣记》（deb thar dpyid kyi rgyal movi glu dbyangs），民族出版社，1981，藏文版，第 139 页。

② 西藏自治区政协文史资料研究委员会编《西藏文史资料选辑》（十三），民族出版社，1991，第 3 页。

切实地为第悉政权效力。最初每三年一换的宗本都是由帕主第悉政权崛起时立下汗马功劳的绛曲坚赞属下有功之人担任。这一建制与萨迦达钦政权时期的万户制相比，在加强西藏地方集权方面，有它进步的一面。

2. 颁布《法典十五条》

大司徒绛曲坚赞建立帕主第悉政权后，又鉴于以往西藏地方法律之欠缺，在已有的法律基础上编制并颁布了新的《法典十五条》（khrims yig zhal lce bco lnga）等一系列法律法规。《西藏王臣记》记载：

> 司徒欲以吐蕃先代法王所制十善法规作为准绳。若能如此遵行，则既不舍弃贫弱，亦不纵容强悍，洞察真伪，分清皂白，则能使全藏安宁，虽老妪负金于途，亦可坦然无虑。其所制之律有：英雄猛虎律（dpav bo stag gi zhal lce）、懦夫狐狸律（sdar ma lawvi zhal lce）、职官制度律（sne mo las vdzin gyi zhal lce）、听讼是非律（zhu bzhes bden rdzin gyi zhal lce）、逮解法庭律（bzung bkyigs khrims ravi zhal lce）、重罪肉刑律（nag can khrag bcor gyi zhal lce）、警告罚款律（dran vdzin chad las kyi zhal lce）、胥吏供应律（hor vdra za rkang gi zhal lce）、杀人命价律（bsad pa stong gi zhal lce）、伤人处刑律（rmas pa khrag gi zhal lce）、狡赖赌咒律（smyon ham mnav dag gi zhal lce）、盗窃追赔律（brkus pa vjal gyi zhal lce）、联姻离婚律（nye vbrel vbral bzlums kyi zhal lce）、奸污赔偿律（byi byas byi rin gyi zhal lce）、过时愈约律（nam bar tshur gyi zhal lce）等十五条法规。①

---

① 第五世达赖喇嘛：《西藏王臣记》（deb thar dpyid kyi rgyal movi glu dbyangs），第139～140页。

《西藏王臣记》只是提供了《法典十五条》的条目而已，没有描述详细的法典内容。近来有学者专门研究西藏政教合一制度下的相关法律法规，给我们提供了很好的参考和借鉴依据。不妨转引如下：

一、杀人命价律。根据蒙古法典，杀人要偿命，藏区依据佛教精神，杀人偿命等于杀了两条人命，所以杀人要赔偿命价。规定了赔命价的等级，普通人的命价又分了二十七级；详细规定了命价的赔偿标准；交付命价的时限；命价以实物交付时的换算标准。

二、伤人流血抵罪律。规定了按受害人的等级不同血价也不同；伤口大小的认定标准、实物与钱的换算标准和比例。

三、盗窃追赔律。详细规定了盗窃者赔偿的数额，一般是8倍再加原物。但盗窃本地、外地、邻里财产以及寺院财产和佛的贡品的赔偿数额不同。

四、赌咒昭雪律。这是有关神裁的法。具体规定了赌咒神裁时的除外主体、赌咒的方法、发誓赌咒神裁费用的负担、赌咒神裁的适用范围、神裁作为终裁的不可反悔的保证金的缴纳等内容。

五、奸污罚锾律。规定对奸污别人的妻子、母亲或妹子者，剁手指或脚趾后驱逐，对奸污者分不同情况予以罚款。

六、离异调解律。规定了夫妻离异时分过错情况进行赔偿，男女因过错向对方赔付的金额不等。

七、听诉是非律。调解人要用三天时间从知情人处了解情况，然后考虑三天，弄清纠纷双方的是非。有过错方要赔偿标准的三分之二，也有赔四分之一的。

八、诽谤侮辱律。当众污辱人或以势欺人，或以假借法律的名义实施抢劫，均视为当众污辱人，处以下跪罚款的惩罚。

九、平衡度量衡。买卖双方首先要确定在自愿的基础上进行公平交易，详细列举了主要交易物的交易价及金与银的换算比价。

十、多少清算率。买卖中的计算错误，当事人有三年的追溯期。对借贷利息、买卖中出现的计算错误，双方意见不一致时，须拿出算子当面核算。

十一、损失平摊律。例如，某人翻山去实施抢劫，被追赶人抓住，称在双方交接被抢物资过程中又丢失了牲畜，对此有异议时，经协商同意后发誓。现有失主发誓说："我的牲畜是在这里丢失的。"抢劫者说："我抢到的就是这些。"相互间取得信任后，至于损失则由双方平均分摊。

十二、半夜前后律。邻里间相互借用马、牛、驴，傍晚时还给了主人。如果该牲畜死于前半夜，损失由借用者承担；若牲畜先前有毛病，损失则由双方平均分担。

十三、英雄猛虎律。以防止双方误会（误解、失误、错误）为前提。如双方之间曾有过大契约或大怨恨（仇），然而难以强制（硬性）决断（判定）之诸事，经交换（变更）诉讼书（争辩词）而涉及不利于一方时此方收受一定的赎金等，先派调解人调解（或放弃原起诉，或不再坚持原起诉），使之符合贤哲之成规。

十四、懦夫狐狸律。例如某人曾盗窃别人的财物，事后自觉惭愧，主动交还所偷财物，或者在未引起失主怀疑的初期，立即归还财物者，叫做"自首的盗贼胜过亲子"。所以直追还被盗财物获赔偿相当于被盗物本身值的钱物外，不予追究罪责。

十五、诉讼费用律。本条对诉讼费用的承担进行了规定。

包括诉讼费、润笔费、办案官员的报酬；收集证据等过程中的其他费用等，按照过错所在方而承担相应的费用。①

以上引文对《法典十五条》的内容做了较为全面的阐释，对每个条目所包含的内容细节进行了逐一解读，基本上反映了法典的内涵结构体系。大司徒绛曲坚赞在制定新的《法典十五条》时，显然站在佛教徒的立场上，废除了元朝萨迦达钦政权时期实行的死刑，取而代之采纳了杀人赔偿命价的法律条款。《西藏王臣记》记载：

> 对难于调伏而心怀邪恶之敌党，为实施予计策略，挫败敌方势力，而行武力作战之法；外敌进攻时而行坚守寨堡之法；委任治理民事之官吏奉行善业，无亲疏爱憎，而行公正不阿之法；有杀人者不作抵命，不作使二命同尽等造罪之事，而行赔偿命价之法。②

显而易见，大司徒绛曲坚赞在制定《法典十五条》法律的同时，对帕主第悉政权的领导层和继承者提出了具体的要求，他不但在战略战术上做了重要指示，还强调了以法律为依据的重要性，并从佛教的角度对废除死刑的缘由做了说明。

（四）历代帕主第悉

历代帕主第悉既是朗氏家族成员，又都担任过泽当寺住持，而且历代帕主第悉均为出家僧人。第一代帕主第悉为大司徒绛曲坚赞

---

① 转引自牛绿花《试论西藏政教合一体制下相关法律框架及其特点与启示》，《西藏大学学报》（社会科学版）2009 年第 4 期。

② 第五世达赖喇嘛：《西藏王臣记》（deb thar dpyid kyi rgyal movi glu dbyangs），第 140 页。

（1354～1364 在位），其简历在上文已做过介绍，在此不赘述。

第二代帕主第悉是释迦坚赞（shv kya rgyal mtshan，1340～1373），1365～1373 年在位。关于他的简历，《西藏通史·松石宝串》记载：

> 释迦坚赞幼年时跟从喇嘛鲁龙札巴（bla ma klu lung grags pa）学习读写，在策细巴札巴坚赞前受了居士戒，起名为札巴桑波（grags pa bzang po）。九岁时，他又跟从堪钦宣努旺秋（mkhan chen gzhon nu dbang phyug）和轨范师宣努尊追（gzhon nu brtson gros）受戒出家，起名为释迦坚赞。藏历第六绕迥水龙年（1352），他十三岁时出任泽当寺的座主，还在丹萨提寺讲说《喜金刚续第二品》，又讲说四部大论，因此被众人称为贤哲。此后，在布顿·仁钦珠（bu ston rin chen grub）的身前听受四续部的教诫、灌顶、咒语等教法。十九岁时，在萨迦仁钦岗拉章喇嘛丹巴索南坚赞座前受了比丘戒，后到拉萨游学讲经。他任泽当寺座主到二十六岁，共护持该寺僧众十三年。①

大司徒绛曲坚赞去世后，释迦坚赞继任帕主第悉职位，时年 25 岁（1365 年）。同年，元朝皇帝妥懽帖睦尔赐予他国师之敕封，并任命其为乃东（帕主）万户长。又宣诏，赐其封诰：令其在卫藏地区执掌官员之任免职务以通晓属民事务。② 1368 年，明朝中央政府建立；1372 年，明朝在西藏设立被称为"乌斯藏指挥司"的中央机构，向第悉政权的上层执政者封给官职，加强西藏地方政教合一

---

① 恰白·次旦平措等编著《西藏通史·松石宝串》（上册），第 466～467 页。
② 班钦·索南札巴：《新红史》，第 84 页。

政权。《西藏通史·松石宝串》记载：

> 藏历第六绕迥水鼠年（1372），明朝皇帝明太祖朱元璋封
> 给他大司徒、靖国公（chang guvi gung）、灌顶国师的官职、印
> 章及世代管领吐蕃三个却喀（chol kha）的诏书。从这以后，
> 他的名字被统称为绛漾国师释迦坚赞（vjam dbyangs gu shri）。
> 这是明朝皇帝首次给帕主第悉赐给的诏书和官爵，帕莫主巴朗
> 氏家族统治西藏的根本文书依据也就是这份诏书。①

以上引言主要介绍了大明皇帝册封释迦坚赞的详情。释迦坚赞
自 1365 年继任帕主第悉，直至 1373 年去世为止。他在位时期虽然
没有做出惊天动地的大事业，但是帕主第悉政权相对稳固，因而藏
区社会经济文化得以发展和进步。如《西藏通史·松石宝串》所
云：

> 国师释迦坚赞担任帕主第悉期间，执行的是他伯父大司徒
> 绛曲坚赞规定的行政办法，除了尽力奉行以外，没有做出什么
> 显著的改变。在他执政期间，后藏曾有几个地方首领不听号
> 令，故他集合军队前去平息，此外没有发生过什么大的战乱事
> 件。因此，这是帕主政权兴盛向上的一段时期。②

然而，释迦坚赞在宗教方面做过一件大事，值得后人纪念。藏
历第六绕迥水牛年（1373），释迦坚赞迎请班丹喇嘛寨吾（dpal
ldan bla ma gral dbur），在乃东举行了称为"乃东大法会"（sne

---

① 恰白·次旦平措等编著《西藏通史·松石宝串》（上册），第 469 页。
② 恰白·次旦平措等编著《西藏通史·松石宝串》（上册），第 469 页。

gdong chos vkhor chen mo) 的大型法会。《新红史》曰：此正是火牛年"曲弥大法会"（chu mig chos vkhor chen mo）后的第九十七年。萨迦巴政权最高标志是"曲弥法会"，帕莫主巴政权之最高标志是"乃东法会"。其时为僧人布施财物，其规模极大。此后，有所谓"如做随喜，可获同享福泽"之说。[1] 乃东大法会的主持者是宗吉·坚赞桑波（rdzong spyi rgyal mtshan bzang po），其后裔形成格莫瓦官系（dge mo ba dpon rabs）。乃东大法会结束之后，1373 年 9 月 30 日，国师释迦坚赞去世，享年 33 岁。他是比丘僧身份。

第三代帕主第悉为札巴绛曲（grags pa byang chub, 1356 ~ 1386），1374 ~ 1381 年在位。他的简历在《西藏通史·松石宝串》中记载：

京俄札巴绛曲即札巴仁钦的弟弟，生于藏历第六绕迥火猴年（1356），四岁时开始学习读写，此后跟从兄长札巴仁钦听习《喜金刚续第二品》，十二岁时跟从京俄札巴喜饶听受六支教法等，并到泽当寺广说《喜金刚续第二品》。

绛漾国师释迦坚赞曾坚持要求札巴绛曲（娶妻生子）繁衍朗氏家族后裔，但是他没有接受，而在十五岁时由法主索南坚赞任堪布、堪钦宣旺任轨范师、曲果哇尊追桑波任报时师，给他授了出家戒。后来他又依止以上堪布、轨范师受了比丘戒，在以前受近事戒时起的名字札巴绛曲上加上贝桑布三个字，称为札巴绛曲贝桑布，十六岁时担任了丹萨提寺的法座。

京俄札巴绛曲只愿努力修习显密教法，执掌佛法的幡幢，而把地位崇高的官职和财富享乐看得如同芭蕉树一样（据说芭

---

① 班钦·索南札巴：《新红史》，第 84 页。

蕉树结一次果后即枯萎），没有意义。但是到他十九岁时，喇嘛丹巴索南坚赞和帕主议事会成员们坚持请求他兼任因释迦坚赞去世而空缺的帕主政权的第悉职位和丹萨提寺的法座，即出任承担政教重任的"喇本"（bla dpon），所以他不得不同意在京俄索南札巴成年以前暂时兼任京俄和第悉。这样，他于藏历第六绕迥木虎年（1374）出任京俄兼第悉，任职八年后，在二十六岁藏历第六绕迥铁鸡年（1381）时，扶植京俄索南札巴担任帕主第悉的职位，他则继续任丹萨提寺法座，护持僧众，总共任丹萨提寺法座十六年。在他担任帕主第悉的期间，规定在神变月（藏历正月）内各个宗及上下所有地方禁止杀生，努力建立佛教法王的功业，他还努力讲经和修行，尽力树立佛法事业的典范。①

按照第一代帕主第悉绛曲坚赞制定的规则，京俄札巴绛曲不完全具备担任第悉的资格，因他没有担任过泽当寺住持。所以，上文中说京俄札巴绛曲兼任第悉职位，其本职乃是丹萨提寺住持，即京俄。故他的主要精力用在宗教事业方面。如《西藏通史·松石宝串》云：

京俄札巴绛曲依止以喇嘛丹巴、京俄札巴喜饶、大译师绛曲孜摩三位根本上师为代表的许多博学而修行有成就的上师闻思许多显密经咒的深义，在体验和证悟方面获得殊胜的功德。至尊宗喀巴大师也曾拜京俄札巴绛曲为师，对他生起不可夺移的无量信仰。宗喀巴大师还按照檀丁的《诗镜论》所说的格式，撰写了一篇诗体的《京俄札巴绛曲桑波的故事——福力的

---

① 恰白·次旦平措等编著《西藏通史·松石宝串》（上册），第 470~471 页。

须弥山》。京俄札巴绛曲也对宗喀巴大师的杰出学识和博通经论给予了高度的赞扬。①

京俄札巴绛曲担任丹萨提寺住持16年，兼任帕主第悉职位8年。于藏历第六绕迥火虎年（1386）二月五日去世，享年30岁。他在短暂的一生中努力弘扬佛法、利乐众生，做到了一名教主、法王和比丘僧应尽的宗教事业。

第四代帕主第悉为索南札巴（bsod nams grags pa，1359～1408），1381～1385年在位。其简历在《西藏通史·松石宝串》中如是记载：

第悉索南札巴亦称桑东（bsam gdong pa），生于藏历第六绕迥土猪年（1359），九岁时在京俄居尼巴（即京俄札巴喜饶，亦称京俄居尼巴萨玛）身前受近事戒，起名为索南札巴。此后在乃东由法主喇嘛丹巴任堪布、堪钦宣旺任轨范师剃度出家，十岁时出任泽当寺的座主，广泛闻法说经。后来以译师绛曲孜摩、堪钦宣旺等人为师受了比丘戒，护持泽当寺僧众十四年，藏历第六绕迥铁鸡年（1381）二十三岁时，担任帕主政权的第悉。在执政期间，出现了一些不安定的迹象，《洛绒教法史》中说："（索南札巴）从巡视贡噶庄园的地方于阴木牛前往丹萨提寺的森康秀拉（gsims khang shugs ra，寝殿），当时由于一些心术不正者，出现了一些不吉之兆。第二年他二十八岁的阳火虎年（1386），登上寺院的法座，成为修行密法之主。"正如这段记载暗示，他在二十七岁时即藏历第六绕迥木牛年（1385）舍弃第悉的职位，到丹萨提寺就任座主。扶持丹萨提

---

① 恰白·次旦平措等编著《西藏通史·松石宝串》（上册），第471页。

寺僧众二十年后，在四十七岁时又把法座交给京俄贝哇（贝丹桑布），自己遁世修行。于藏历第六绕迥土鼠年（1408）二月十九日去世，终年五十岁。[①]

索南札巴为帕主第悉政权的第四任第悉，1381～1385年在位，任职5年。他是比丘僧身份。

第五代帕主第悉为札巴坚赞（grags pa rgyal mtshan，1374～1432），1385～1432年在位。他7岁时出家为僧，取名札巴坚赞贝桑布；8岁时登上泽当寺座主，讲说《释量论》，赢得很高声誉；11岁时继任帕主第悉政权的第悉职位。札巴坚赞执政时期是帕主第悉政权的鼎盛时代，因而在行政体制上做了较大改革。《西藏通史·松石宝串》记载：

> 王札巴坚赞本人在政教两方面都有广博的学识，他下面的官员们也具有学识才干，并且对帕主政权忠诚效力，矢志不渝，所以札巴坚赞认为从大司徒绛曲坚赞开始实行的对前后藏各个宗的宗本规定任期、到时改任的办法与变化了的形势已不大相符，显得不那么必要。因此，他规定由主要的大臣世代掌管各主要的宗，由仁蚌·南喀坚赞领仁蚌宗，琼结巴·霍尔·班觉桑布领豁卡桑珠孜宗（今日喀则）、内邬巴·南喀桑波领内邬宗，扎噶哇·仁钦贝哇领扎噶宗。这是帕主政权的行政制度方面的一个重大改变，它不只是固定各个宗的主管官员的问题，更主要的是它使得以前大司徒绛曲坚赞时期开始的主要的官员、管家侍从都要出家并且没有醇酒妇人方面的过失的规定变得没有必要，改变成了主要官员

---

① 恰白·次旦平措等编著《西藏通史·松石宝串》（上册），第471～472页。

由家族世袭担任的制度。这一改变从王札巴坚赞的时期来看，对帕主政权的事业有一定的好处，但是后来各宗谿的贵族后裔的分割统治造成帕主政权出现大司徒绛曲坚赞在他的遗嘱中所预见到的大权旁落或者外人渗透的局面，是后来帕主丧失政权的一大原因。由于把宗谿交给贵族私人占有，造成下属官员的势力膨胀，特别是帕主与仁蚌巴家族联姻，造成帕主政权的衰落。①

札巴坚赞，既是历代帕主第悉中执政时间最长的一位法王，长达 47 年之久，又是在政教两方面取得成就或很有作为的一代法王。特别是他推行的一系列政治体制的改革，促进了当时藏区社会进步和经济发展；但同时，也削弱了帕主第悉政权的权威性和稳定性。

第六代帕主第悉为札巴炯奈（grags pa vbyung gnas，1414 ~ 1445），他是朗氏家族与外族仁邦巴联姻所生的第一代后裔；1432 年，札巴炯奈得到丹萨提寺住持京俄索南坚赞的支持，继任帕主第悉职位。1434 年，京俄索南坚赞去世，帕主第悉政权开始内乱。东噶·洛桑赤列说：

> 札巴炯奈的父亲且萨桑结坚赞用多种诡计争夺内邬栋的政权，在父子二人间发生战乱，很长时间未能解决，藏文史籍中称为"虎年第悉倾危"，也称为"帕莫主巴内乱之年"。趁帕主内乱的时机，帕主的家臣仁邦巴·诺尔布桑波占据了伦主孜等几个后藏地区的宗和谿卡，从此帕主政权开始走向衰落。札巴炯奈执政的第 9 年，即藏历第七绕迥的铁猴年（1440），明

---

① 恰白·次旦平措等编著《西藏通史·松石宝串》（上册），第 473 ~ 474 页。

英宗派遣使臣多人，封他为王，并赐诏册，从此称他为王札巴炯奈。①

札巴炯奈1432～1445年在位，是在一个动荡不宁的政教格局中度过。他没有受比丘戒，以居士身份娶妻生子。

第七代帕主第悉为贡噶勒巴（kun dgav legs pa, 1433～1483），他是札巴炯奈的弟弟，1446年登上泽当寺住持法座；1448年继任帕主第悉。札巴炯奈去世至贡噶勒巴继任帕主第悉之间，无人担任第悉职位，历时3年第悉空位。根据《西藏通史·松石宝串》，贡噶勒巴娶了仁邦巴的一个女儿为妻，她生的儿子是仁钦多杰。1467年，贡噶勒巴委任其子仁钦多杰（rin chen rdo rje）为泽当寺的住持。当时政局不稳，常发生动乱事件。东噶·洛桑赤列说，贡噶勒巴不善理政，家族不和，仁邦巴宗本诺尔布桑波父子等人从帕莫主巴手中夺取了后藏大部分地区。② 贡噶勒巴执政33年，1448～1481在位。他是居士身份。

第八代帕主第悉为阿格旺布（ngag gi dbang po, 1439～1490），是札巴炯奈的儿子，16岁担任丹萨提寺住持，故称京俄阿格旺布；他于1481年继任帕主第悉职位。当时，朗氏家族男性后裔仅存阿格旺布一人，大臣们劝他娶妻繁衍后代。阿格旺布1488年方得一子，取名阿旺扎西札巴。藏历第八绕迥的铁猪年（1490），阿格旺布去世。《西藏王臣记》记载：

> 临终之时，因公子尚幼，颇为眷恋，且倍感痛心。此时，京俄却吉札巴承诺在嗣君未成长之前时，愿承担丹萨提寺职

---

① 东噶·洛桑赤列：《论西藏政教合一制度/藏文文献目录学》，陈庆英译，中国藏学出版社，2001，第45～46页。

② 东噶·洛桑赤列：《论西藏政教合一制度/藏文文献目录学》，第46页。

责，并与丹萨提寺和泽当的参与议事的大臣一起认真办理政务，使帕主第悉政权的声誉不受损害。①

然而，当时帕主第悉政权正面临巨大挑战。藏历第八绕迥的铁牛年（1481），噶玛噶举派红帽系的曲札益西指示仁邦巴诺尔布桑波的儿子根桑巴及其小儿子顿月多吉二人带领一万余人的后藏军队进攻卫地（前藏），驱除了格鲁派的施主内邬宗宗本阿旺索南伦布和他的儿子阿旺索南南杰二人。这种局部动乱或失控的出现，对于困境中的帕主第悉政权来说，又是一种雪上加霜的沉重压力。第八代第悉阿格旺布 1481～1490 年在位，他是居士身份。

第九代帕主第悉为阿旺扎西札巴（ngag dbang bkra shes grags pa，1488～1567），是第八代帕主第悉阿格旺布的儿子。东噶·洛桑赤列说，阿格旺布去世后，其子阿旺扎西札巴尚幼小，由红帽系四世活佛曲札益西和仁邦巴·诺尔布桑波的儿子措杰多吉二人代理执政。在他们二人代理执政的 9 年期间，在噶玛噶举派黑帽系七世活佛曲札嘉措的指使下，从第八绕迥的土马年（1498）起禁止色拉寺、哲蚌寺、甘丹寺僧人参加拉萨正月祈愿大法会。此后 20 年间由拉萨附近的噶举派和萨迦派等教派的僧人参加拉萨的祈愿法会。②藏历第八绕迥的水猪年（1503），仁邦巴·顿月多杰又在拉萨东面的萨纳地方新建了一座命名为土丹曲科寺的寺院，俗称"噶玛新寺"。

藏历第八绕迥土羊年（1499），时年 12 岁的阿旺扎西札巴登上帕主第悉的宝座，并举行了隆重盛大的即位仪式。藏历第八绕迥木

---

① 第五世达赖喇嘛：《西藏王臣记》（deb thar dpyid kyi rgyal movi glu dbyangs），民族出版社，1981，藏文版，第 152 页。

② 东噶·洛桑赤列：《论西藏政教合一制度/藏文文献目录学》，第 47 页。

鼠年（1504），时年16岁的阿旺扎西札巴娶仁邦巴的女儿为妻，1508年（土龙年）儿子卓威贡布（vgro bavi mgon po）出生，后又生子京俄札巴炯奈（spyan snga grags pavbyung gnas）；阿旺扎西札巴娶第二个妻子奔萨琼泽仲，她生子夏仲阿旺札巴（zhabs drung ngag dbang grags pa）。

根据《新红史》，藏历第九绕迥水猴年（1512），自内地京都派来许多禅师、国师及官仆人等，授予乃东孜以王之敕封。[①] 这是明朝按过去惯例，敕封阿旺扎西札巴为阐化王。之后，阿旺扎西札巴执掌的帕主第悉政权势力有所增长，遂于藏历第九绕迥土虎年（1518）又恢复了色拉寺、哲蚌寺、甘丹寺三大寺僧人主办拉萨正月祈愿大法会的权利，邀请第二世达赖喇嘛根敦嘉措主持祈愿大法会。同时，阿旺扎西札巴将自己的一座称为多康恩莫（rdo khang sngon mo）的别墅赠送给达赖喇嘛根敦嘉措。这座别墅位于哲蚌寺内，当时改名为噶丹颇章，后来又成为西藏地方政教合一政权的名称。

根据史书记载，"大约在阿旺扎西札巴在位后期的一个短时期中，其子夏仲·阿旺札巴曾登上帕主第悉的宝座，但是不久后父亲阿旺扎西札巴又重新执政。这样，帕莫主巴的第九任第悉阿旺扎西札巴（除其子夏仲·阿旺札巴短期执政外）至少执政约64年（1499～1563年），这表明他活到80岁左右"。[②] 实际上，阿旺扎西札巴是1499～1563年在位，他是居士身份。

第十代帕主第悉及其以后的情况，比较模糊，很难梳理清楚。正如《西藏通史·松石宝串》所说，从帕主政权第十任第悉以下的情况含混不清，西藏的历史学家们经过分析考证也许会得出清楚正

---

① 班钦·索南札巴：《新红史》，第102页。

② 恰白·次旦平措等编著《西藏通史·松石宝串》（上册），第489页。

确的结论，所以我们对帕主第悉政权历史的叙述在此暂告结束。从通常历史年代的记载法来说，帕主第悉政权 1354~1618 年存在了264 年，其中到班钦索南札巴所说的第九任第悉为 190 年，从第九任第悉到第悉藏巴掌握政权为 74 年。[①]

二　第悉藏巴政权

根据文史资料，帕主第悉政权统治全藏直至藏历第九绕迥的木牛年（1564），后被噶玛政权所灭亡。[②] 实际上，噶玛政权在宗派信仰上亦属于藏传佛教噶举派，其不同之处在于它是完全由世俗人建立的西藏地方政权。可以肯定，至 1564 年，帕主第悉政权名存实亡、摇摇欲坠，已经丧失了继续控制全藏区的政教行政能力；而在后藏兴起的藏巴汗（gtsang pa rgyal po）却在步步推进自己的政治野心，意在掌管西藏地方政局。

（一）第悉藏巴政权的建立

根据历史文献记载，格尔释迦本（sger shawkya vbum）的儿子南喀坚赞投奔到帕主第悉阐化王扎巴坚赞的属下，成为乃东帕主家族的主要家臣之一。他在藏历第七绕迥土鼠年（1408）担任仁蚌宗的宗本，以后又依次担任后藏曲弥仁莫的万户长、萨迦大殿的管理人等职务。阐化王扎巴坚赞还赐给格尔南喀坚赞世代担任仁蚌宗宗本的玉印，从此以后，格尔南喀坚赞及其后裔被人们称为"仁蚌巴"（rin spungs pa）。格尔南喀坚赞的儿子为南喀杰波，其子为诺尔布桑波，他担任阐化王札巴迥奈的大臣。诺尔布桑波有五个儿子，即邬巴斯

---

①　恰白·次旦平措等编著《西藏通史·松石宝串》（上册），第 490 页。
②　西藏自治区政协文史资料研究委员会编《西藏文史资料选辑》（十三），民族出版社，1991，第 3 页。

噶、根都桑波、顿珠多吉、措杰多吉、释迦坚赞。其中邬巴斯噶幼年
夭折；根都桑波服事于阐化王札巴迥奈和贡噶勒巴手下，阐化王将其
父祖的封文诏书和职位封赏给他，担任仁蚌宗的宗本；顿珠多吉提任
桑珠孜的宗本；措杰多吉依靠武力掌管了雅隆喀托（yar lung mkhar
thog）城堡，后来他担任帕主第悉政权的摄政官；释迦坚赞居住在年
楚河流域的城堡中，对付江孜法王家族等，他精通战略战术和政治谋
略。① 从此，仁蚌巴家族崛起，其地方势力逐步强大，直接威胁帕
主第悉政权。

　　至根都桑波的儿子多杰才丹和顿月多杰、措杰多吉的儿子阿旺
南杰时期，帕主第悉政权实际上被仁蚌巴家族掌控。在阿旺南杰的
次子顿珠才丹多杰和三子阿旺鸠扎（ngag dbang vjig grags）时期，
时任桑珠孜宗本（长官）的辛夏巴才旦多杰（zhing shag pa tshe
brtan rdo rje）发动兵变，夺取了仁蚌巴家族在后藏地区的统治权
力。从此，辛夏巴（zhing shag pa）地方势力开始兴起。《西藏通
史·松石宝串》记载：

　　　　辛厦巴才旦多杰的儿子辛厦巴·贡邦拉旺多杰座主桑珠孜
　　城堡，又一儿子辛厦巴·丹松旺波座主白朗的诺尔穹孜城堡，
　　他们统治了后藏的大部分地区。

　　　　辛厦巴·丹松旺波的儿子噶玛·彭措南杰在他26岁即藏
　　历第十绕迥铁猪年（1611）就任后藏第悉职务，从此被称为第
　　悉藏巴。此后在水鼠年（1612）和至水牛年（1613）第悉藏
　　巴·彭措南杰进兵前藏，攻占了澎波和内邬宗等地，史称"鼠
　　年战乱"，由此第悉藏巴基本上统治了前后藏地区。②

---

① 　参见恰白·次旦平措等编著《西藏通史·松石宝串》（下册），第 636～641 页。
② 　恰白·次旦平措等编著《西藏通史·松石宝串》（下册），第 643 页。

藏历第十绕迥铁猪年，即明万历三十九年（1611），在后藏地区崛起的地方官噶玛彭措南杰（phun tshogs rnam rgyal，1586~1621）争得了第悉（司）官职，在日喀则另立炉灶，建立了第悉藏巴政权，并迅速壮大，兼并了前后藏大部分地区，至 1618 年完全掌控了前后藏地区；1621 年，噶玛彭措南杰去世，由其子噶玛·丹炯旺布（kama bstan skyong dbang po，1606~1642）继任第悉官职。

噶玛·丹炯旺布，虽然年少继承父辈官职，但是他从小就显露出多方面的才能。史称他"智慧超群，深思熟虑，豁达大度，气量宽宏；对佛教尤加敬信；精通书写和念诵，善知诸学问；射箭等技艺可与格萨尔王匹敌；通达佛教和世间诸事，对臣民仁慈爱怜，对残暴、顽固者如同帝释天教训有方"。噶玛丹迥旺布在执政的 20 多年时间里，凭着自己的聪明才干做出了许多业绩。[1] 除保留帕主第悉政权时期的大宗（县）城堡外，其余全部拆毁，以防管辖作乱；积极维护佛教的利益，大力扶持寺院建设，除了有时与格鲁派发生冲突之外，能够平等对待不同教派。经过第悉藏巴几代人的奋斗，将西藏地方的政治中心从前藏山南移入后藏日喀则。后藏便成为西藏地方新兴的政治中心。汉文文献中称其为"藏巴汗"（sde srid gtsang pa）政权时期。值得说明的是，"噶玛政权"或"藏巴汗"政权，在西藏政教合一制度史上也有它孤立的一面，因为它是以世俗贵族为首长的政体，主要依靠军队或武力维护其统治权力。

（二）编制《法典十六条》

根据文献史料记载，第悉藏巴汗前后三代人统治西藏地方达 70 余年，在此期间，除保留帕主第悉政权时期原有的 13 大宗（县）城堡外，其余全部拆除，以防变乱。第悉藏巴汗政权时期颁布的新

---

[1]　参见周润年《西藏古代〈十六法典〉的内容及特点》，《中国藏学》1994 年第 2 期。

的《法典十六条》，是在帕主第悉政权的《法典十五条》基础上又增加"异族边区律"一条而形成的。此外，第悉藏巴政权还制定了藏区统一的秤、斗等度量衡①，对藏区商品交易等经济发展活动起到促进作用。

特别是噶玛丹炯旺布立法定制，为保障地区稳定，巩固和有效维护建立不久的第悉藏巴政权，他命令属下官员贝赛佤（spel ser ba）在调查研究的基础上草拟一部新的法典。贝赛佤经过深入各地调研，他"每到一地皆细心地观察当地的风俗习惯，调查了解民事纠纷，拜访谙熟法律的专家，并先后参考了帕木主巴时期的《十五法典》以及《桑主孜法典》《奈邬德漾宫的吉祥圆满之法律》《蔡巴法律》和古代法典之附则、传记等"②。他花费 10 年时间，最终于藏历第十一绕迥金羊年（1631）编制出《法典十六条》，具体条款内容如下：

一、英雄猛虎律（dpav bo stag gi zhal lce）。适用于在遭受外敌进攻时，以和平或武力等手段制伏敌人。本法规定：破敌之上策是不战而胜，即"外部不使莲花蕊瓣凋落，内部不使百灵巢穴受损；不惊动禽鸟而取其卵"。英雄须具备摧毁、引诱、施舍、辨别和完成部队诸项任务等五种能力。首先要派遣使者与敌方直接见面，要大胆地利用善巧之办法，循循善诱，陈述利害，晓之以理，动之以情，劝其退兵或归降，以便使人民避免灾难，生灵免遭涂炭。如果此策不奏效，则可实施中策。中策的主导思想是以小恩小惠瓦解敌人，可赐予敌人一部分地盘、城池及房舍等，造成离心力，削弱敌人的主力。此间免不

---

① 西藏自治区政协文史资料研究委员会编《西藏文史资料选辑》（十三），第 3 页。
② 转引自周润年《西藏古代〈十六法典〉的内容及特点》，《中国藏学》1994 年第 2 期。

了使用欺骗等手段，例如声东击西等，但万万不可以发咒、投毒等手段相诈，否则将不齿于人类。同时要观察地形，分析敌我力量，即谓知彼知己，百战不殆。如果中策也无效，则只好采用下策，即动用武力。是时，要做好整治军务、委任军官、准备后勤、注意行军等诸项事宜。对战斗中英勇杀敌、功勋卓著者，要大力表扬奖励，并可授予"英雄猛虎"之称号。

二、懦夫狐狸律（sdar ma wavi zhal lce）。这是在遭受强敌进攻或无法克敌制胜时用以避免失败的一些措施。即固守阵地时，莫胡乱射弹掷石，谨防关隘和陷阱，敌我莫要混淆，绝不可攻击善良的调解者。若战时败阵者，不论其地位高低，均须将其盔甲献于英雄之面前。若遇败阵者，不须杀害之。若以计谋抓捕敌人，要赏予所有参战官兵适当财产，然禁止虐待投降者。功奖投降者，则理当如故，但不可过度。

三、镜面国王律（rgyal po me long gdong gi zhal lce）。这是要求地方官吏应遵守的法律。此法规定：凡由大王所派遣之地方官吏，皆须摈弃谋私之恶习，以操持公务为主，尽力效忠于历代第司和法王所开创的业绩。宗本不得大量食用上等糌粑；私人所欠公债，宗本不得私自前往索取。同时还规定，所有官吏要秉公办事，不得徇私，对守法者予以保护，对违法者予以严惩。

四、听诉是非律（zhu bzhes bden rdzun gyi zhal lce）。这是听取诉讼、辨明是非的法律。本法规定：首先要进行起诉，诉讼双方需到场对质，然后调查审讯。审讯时，辨明是非后即依法判处，诬告者则予以严惩。如二者均不坦白事实真相，双方则各负一半法律责任。已向法庭提出起诉而拟收回诉状进行内部解决的，原告和被告需同到法庭申请，说明缘由，可准予内部协商解决。

五、逮解法庭律（bzung bkyigs khrims ravi zhal lce）。这是有关逮捕犯人并依法惩治的法律。此法规定：对于触犯法律者一概视犯罪情节而下令进行逮捕法办，特别是在王宫前持刀殴斗者、饥寒行窃者、向头人造反者、恶意起诉者，以恶语攻击地位高于自己者，皆须拘捕；对重犯则要强行拘捕，并加盖关防，套上枷锁、脚夹。对处以肉刑者，须在大庭广众之下宣布其罪行，并公开施之重刑。

六、重罪肉刑律（nag chen khag sbyor gyi zhal lce）。这是对犯人施行各种酷刑的法律，西藏古代法律中均有此项内容。此法规定：对弑父、母、阿罗汉者，伤僧、往佛身上洒血者，抢劫上师、僧人和国王之财物者，严重损害官方之名声者，放毒者，挑拨离间者，杀人劫马者，打家劫舍、持械行凶、阴谋叛逆者等人犯，皆施行肉刑。肉刑的内容主要有剜目、刖膝、割舌、剁肢、投崖、屠杀等，使用肉刑的目的在于以儆效尤。

七、警告罚锾律（dran vdzin chad las kyi zhal lce）。这是为戒违法者再犯而罚其缴纳财物以赎罪的法律。此法规定：凡未构成肉刑罪的违法者，皆给以一定的惩罚。惩罚一般以黄金或合金的"两"为单位，或以合金的"钱"为单位。其中较严重的罪行要分别处罚黄金15～80两不等；对较轻的罪行要处罚合金三两或视情而定；稍有触犯法律者，要处罚合金2～3钱，予以警告。为便于缴纳罚金，此条款还列举了黄金与财物的9种换算方法。

八、使者薪给律（hor vdra za rkang gi zhal lce）。此条是为缓和社会矛盾而制定的，即有关官吏应遵守的法律以及办事的人应负的义务等抑制官吏专横的规范，同时亦规定平民百姓有为官家所派差役供应食宿、支付脚力的义务。其中明文规定：后藏地方过去以藏升为计量税赋的标准衡器，然此种衡器太大，若如今继续使用之，则属民负担太重。因此，做适当规定，自发布此法令起，无故不得私自前往讨税。除布达拉宫派遣专人外，不许擅自领人前往。公派前往讨税者须知，昔日之法律规定，若税金不足一两者，不得设宴，不交付其他费用。

九、杀人命价律（bsad pa stong gi zhal lce）。这是责令蓄谋杀人已遂的凶手赔偿命价的法律。命价简单地说就是生命的价钱。吐蕃王朝时期曾规定，杀害人命者要以命相抵。后来由于佛教和经济的发展等诸多原因，杀人者不再以命相抵，改为支付一定的偿命金，因此出现了命价。藏族社会等级森严，把人按血统贵贱和身份高低，划分为三等九级。《杀人命价律》就是按照这些等级对赔偿命价做了具体明确的规定，并指出：如果命价太少，影响劝诫凶手即起不到惩处之作用；如果命价太多，凶手未能承受，地方众人亦会为此而发生争执，互不搭理；倘若凶手交付不起，即会把人肉拿来作抵押品，由此会发生不安宁的动向。为使凶手和受害者双方都满意，除为死者增加大量的"压悲钱"，还要为凶手归还一小部分生活费。

十、伤人抵罪律（rmas pa khrag gi zhal lce）。这是依伤势轻重，责令斗殴伤人者赔偿财物的法律。此法规定：凡使人受严重内伤者，须缴付赔偿金2~3两；无内伤只有外伤者，若外伤面积为4指宽，则须缴付赔偿金2两；对骨折者，若受伤之面积与豆子大小相等，则付赔偿金1钱；对受伤流血太多者，尚应罚付血垫、氆氇等物，血垫的多少视出血的多少而定。对被打掉牙齿或拔掉头发者，旧时法律中有一种"掉牙偿马，拔发偿羊"之规定，后来不再实行。此法典规定，对被打掉牙齿者的赔偿费要比骨折者的赔偿费略多一些。对被拔掉两三根以上的头发者，对方须酌情付赔偿金1钱等。倘若五官以及手、脚、指头等被致残者，可按其命价的四分之一、三分之一或五分之一来赔偿，赔偿金数量的多少要根据致残程度的大小来决定。

十一、狡诳洗心律（bsnyon ham mnar dag gi zhal lce）。这是责令狡赖欺诈的诉讼双方以在神前发誓、抓油、抓石等方式辨别是非的法律，实施这条法律的具体方法有持咒发誓、捞石子、掷骰子等。本条规定：喇嘛、善知识、尊者等人无咒誓可言，故不可算作持咒发誓人之内；饥饿、馋食等穷人，因彼等故意舍弃罪恶，为维持生命求得食物而随便发誓，故彼等不得参加持咒发誓；具有法力之咒师可用魔力解除咒誓，故不能参与持咒发誓的活动；妇女为了其丈夫、孩子的利益可违心地持咒发誓，故不可参加持咒发誓；不能分辨是非之幼童和傻子等人不晓得取舍誓言之利害，故亦不能参与持咒发誓的活动。那末何种人可参与持咒发誓的活动呢？凡懂得或知晓自利和他利者、明见事理者、正直诚实者、能遵循因果规律者、胸怀宽阔即可视仇敌为己友者，若符合上述条件者，方可立誓。如若找不到符合上述条件者，即须用煮油抓石、煮泥抓石和掷骰子等方法来分辨是非。

十二、盗窃追赔律（brkus pa vjal gyi zhal lce）。这是对盗窃他人财物者依情节轻重责令其交还原赃并加倍赔偿之法律。本条法律除对盗窃犯视其所盗财物的多寡和被盗者身份高低进行不同的处理外，尚需对盗窃犯以退赃、体罚、赔新等3种方法惩处。此外，还规定因饥饿不能忍受的傻子或边地语言不同的流浪者进行盗窃，须给予所谓的"羞耻同情费"，即给予适量的食品和衣服；对诬陷他人为盗者，须对诬陷者进行必要的惩处，同时令其赔偿与所诬盗物相等的财物；对拣到财物不归还失主者以及将财物隐匿他处者、狡诈欺骗者等，须以退赃和赔新等方法进行惩处。

十三、亲属离异律（nye vbrel vbral sdum gyi zhal lce）。这是夫妻等亲属关系由于纠纷等原因相互离异时，责令理亏一方赔偿理直一方的法律。在离婚案中，如果妇弃夫，要实行"虎纹赔偿法"，即女方须分3次付给男方18钱黄金，并付一套衣服或照顾好饮食和衣服等，男方理多者尚须赔偿其活人命价，而理少者须赔偿活人命价的三分之一。如果是夫弃妇，则要实行"豹斑赔偿法"，即男方须付给女方12钱黄金，还要交付所谓的"服侍赔偿费"，即日薪为3藏升青稞，夜薪亦为3藏升青稞。此外，对家庭兄弟分家、父子分家等，须根据其家庭人口的多寡，合理分配财产。女方分的财产应为男方的四分之一，土地、房屋和财物等所有家产须按人头合理分配，父母及其长辈有权优先选择所需财产，剩余的财产可用掷骰子等方法轮流挑选。如果有要出嫁的姑娘，其嫁妆等陪嫁物要从共有财产中提留；若有出家的尼姑，则须为其代分厨具、份地、僧粮、衣物和小马等；若有出家的僧人，亦可依照上述分配原则，妥善办理。若由非血亲关系组成并且以往能同甘共苦的家庭离异，则须查清团聚时双方拥有财产的多少，做出合理公正的判决。

十四、奸污罚锾律（byi byas byi rin gyi zhal lce）。这是对与他人配偶私通者处以罚金的法律。此条法律规定：与不同地位者之妻通奸，要处以3两罚金以及活人命价之四分之一的罚金，还要令其缴付以茶叶为主的7份赔礼费；与同等地位者之妻通奸，要处罚活人命价之总数2~3两金，并罚付以衣服和食品为主的5份或7份赔礼费。如系女方主动勾引男方所致，则处罚男方奸金1两，赔礼费是以瓷碗为主的3份，不用赔偿活命价。奸污尼姑者，可按寺院法规惩处。若有女人勾引邻居有妇之夫，勾引之妇须缴付其妻以茶叶为主的7份或以瓷碗为主的 5 份赔礼费等。

十五、半夜前后律（nam phar tshur gyi zhal lce）。此条法律中规定：租赁牛马等家畜，若牲畜死，则须赔付偿金；若所借牲畜无病无伤归还后，过夜而死，主人则不可诬罪于借者；将所借牲畜无病无伤归还后，若前半夜死去，借者须付给主人赔偿金；若后半夜死去，主人不得向借者讨取任何赔偿金。

十六、异族边区律（kla klo mthar vkhob gyi zhal lce）。这是指盛行于西藏周边各民族如门巴族、珞巴族和蒙古族等聚居地方的法律。此条法律重点阐述了有关各地命价的差别，如在门地，中等官员被杀，规定凶手缴付 80 眼绿松石作为其命价，若以 1 眼价值为 1 头黄牛计算的话，则须缴付 80 头黄牛；在蒙古地方，中等官员被凶手杀死，规定凶手缴付 60 "牛载"（mdzo khal）的财物，若以 1 "牛载"的价值为 1 头挤奶犏牛或 1 头驮牛计算的话，则须交付 60 头挤奶犏牛或驮牛；藏区则以"松坠"（gsum sprod）之方法进行处罚，即以合金缴付其命价之赔偿费。[①]

不难看出，《法典十六条》是在帕主第悉政权颁布的《法典十五条》的基础上编制的，因而有所增删。另从法律条款的内容解释上看，又比《法典十五条》更加全面、详细和明确。显而易见，"它用权威的、不容怀疑的、不容申辩的法律条文来规定人们必须遵守社会秩序。这不仅充分反映了统治阶级的观点，而且亦反映了当时藏族社会的概貌、价值观念、人伦关系等生产关系方面的基本特征"[②]。同时，《法典十六条》在维护第悉藏巴政权

---

① 参见周润年《西藏古代〈十六法典〉的内容及特点》，《中国藏学》1994 年第 2 期。

② 周润年：《西藏古代〈十六法典〉的内容及特点》，《中国藏学》1994 年第 2 期。

的统治和稳定过程中起到了重要作用，特别在藏族地区推行法制社会、加强法制观念和树立法律意识等方面，均产生了积极影响。

三　明朝对藏区的经营

1368 年，朱元璋的军队攻入元朝大都。是年，朱元璋在南京称帝，建国号为明。而明朝取代元朝对全国的统治地位后，极为重视对广大藏族地区的经营，先后设置了乌思藏卫指挥使司和俄力思军民元帅府。后来乌思藏卫指挥使司又升为都指挥使司。同时，明朝利用地方宗教势力，多封众建，尤其对藏传佛教诸多宗派首领敕封法王、西天佛子、大国师、国师、禅师及都纲喇嘛等各种僧官名号。

（一）设置都指挥使司

明朝建国第二年，就对藏区遣官送达谕吐蕃诏书，以期招抚归顺。《明太祖实录》记载，洪武二年（1369）五月甲午，遣使持诏谕吐蕃，诏曰"昔我帝王之治中国，以至德要道，民用和睦，推及四夷，莫不安靖。向者胡人窃据华夏，百有余年，冠履倒置，凡百有心，孰不兴愤。比岁以来，胡君失政，四方云扰，群雄分争，生灵涂炭。朕乃命将率师，悉平海内。臣民推戴为天下主，国号大明，建元洪武。式我前王之道，用康黎庶。惟尔吐蕃，邦居国土，今中国一统，恐尚未闻，故兹诏示。"使者至吐蕃，吐蕃未即归命，寻复遣陕西行省员外郎许允德往招谕之（《太祖实录》卷四二）[1]。当时朵甘思、乌斯藏等整个藏族地区积极响应，前前后后都归顺了

① 《元以来西藏地方与中央政府关系档案史料汇编》第一册，中国藏学出版社，1994，第 76～77 页。

新的封建王朝。

明朝承接元朝对藏族地区的统治权后，废除了元朝帝师、宣政院的管理体制，设置乌思藏行都指挥使司和俄力思军民元帅府经营西藏。其建制过程等细节在《明史》中有记载：

洪武二年（1369年），太祖定陕西，即遣官赍诏招抚。又遣员外郎许允德谕其酋长，举元故官赴京。摄帝师喃加巴藏卜及故国公南哥思丹八亦监藏等于六年（1373年）春入朝，上所举六十人名。帝喜，置指挥使司二，曰朵甘，曰乌斯藏，宣慰司二，元帅府一，招抚司四，万户府十三，千户所四，即以所举官任之。廷臣言来朝者授职，不来者宜弗予。帝曰"吾以诚心待人，彼不诚，曲在彼矣。万里来朝，俟其再请，岂不负远人归向之心。"遂皆授之。降诏曰"我国家受天明命，统御万方，恩抚善良，武威不服。凡在幅员之内，咸推一视之仁。乃者摄帝师喃加巴藏卜率所举故国公、司徒、宣慰、招讨、元帅、万户诸人，自远入朝。朕嘉其识天命，不劳师旅，共效职方之贡，已授国师及故国公等为指挥同知等官，皆给诰印。自今为官者务遵朝廷法，抚安一方；僧务敦化导之诚，率民为善，共享太平，永绥福祉，岂不休哉。"并宴赍遣还。初，元尊番僧为帝师，授其徒国公等秩，故降者袭旧号。

锁南兀即尔者归朝，授朵甘卫指挥佥事，以元司徒银印来上，命进指挥同知。已而朵甘宣慰赏竹监藏举首领可为指挥、宣慰、万户、千户者二十二人。诏从其请，铸分司印予之。乃改朵甘、乌斯藏二卫为行都指挥使司，以锁南兀即尔为朵甘都指挥同知，管招兀即尔为乌斯藏都指挥同知，并赐银印。又设西安行都指挥使司于河州，兼辖二都司。已，佛宝国师、锁南兀即尔等遣使来朝，奏举故官赏竹监藏等五十六人。命增置朵甘思宣慰司及招讨等司。招讨司六：曰朵甘思，曰朵甘陇答，曰朵甘丹，曰朵甘仓溏，曰朵甘川，曰磨儿勘。万户府四：曰沙儿可，曰乃竹，曰罗思端，曰列思麻。千户所十七。以赏竹监藏为朵甘都指挥同知，余授职有差。自是，诸番修贡惟谨。

八年（1375年）置俄力思军民元帅府。寻置陇答卫指挥使司。十八年（1385年）以班竹儿藏卜为乌斯藏都指挥使。乃更定品秩，自都指挥以下皆令世袭。未几，又改乌斯藏、俺不罗卫为行都指挥使司。二十六年（1393年），西番思曩日等族遣使贡马，命赐金铜信符、文绮、袭衣，许之朝贡。

永乐元年（1403年）改必里千户所为卫，后置乌斯藏牛儿宗寨行都指挥使司，又置上邛部卫，皆以番人官之。十八年（1420年），帝以西番悉入职方，其最远白勒等百余寨犹未归附，遣使往招，亦多入贡。帝以番俗惟僧言是听，乃宠以国师诸美号，赐诰印，令岁朝。由是诸番僧来者日多，迄宣德朝，礼之益厚。（《明史》卷三三一列传第二一九西域三）[1]

明朝在藏族地区设置都指挥使司和元帅府，其下设行都司、卫、所等机构，由当地僧俗首领担任各级机构的官员，如指挥使、指挥副使、指挥同知、元帅、指挥佥事、招讨、巡检、万户、千户、副千户、所镇抚等，令其"绥镇一方，安辑众庶"。[2] 同时，大明朝廷规定其官阶品第，决定官员的升迁、任免和更替，并颁授官员的印诰、锦绮等。而且，明朝对各教派采取使之平等相安的政策，在明朝政府建立乌斯藏都指挥司的当年，噶玛噶举黑帽系第四世活佛若贝多杰（乳必多吉）派人到南京朝贡并参加明太

---

① 《元以来西藏地方与中央政府关系档案史料汇编》第一册，第75～76页。
② 东噶·洛桑赤列：《论西藏政教合一制度/藏文文献目录学》，第44页。

祖朱元璋建立新朝的典礼，为藏传佛教高僧大德树立了朝贡受封的范例。

（二）多封众建

从政治的层面看，明朝初期，西藏地区的地方政教势力中主要有后藏的萨迦法王、前藏的帕主法王和智贡法王；在宗教方面，萨迦派仍保持着元朝时期建立起来的宗派势力，噶玛噶举派在前藏部分地区和西康大部分地区也有很大的宗教影响。同时，帕主第悉政权扶持起来的格鲁派在前后藏地区异军突起，宗派影响渐盛。因此，明朝中央政府改变了元朝在西藏所实行的那种独宠和单纯扶持萨迦派势力的做法，针对藏族地区和藏传佛教的实际，实行"多封众建"的政策，对各教派一律平等相待。

藏历第六绕迥水鼠年，即明太祖洪武五年（1372），明朝中央政府在西藏设置了乌思藏都指挥使司，并对藏族地区采取"因俗为治""多封众建"的政策，册封了大批政教领袖。同年，朱元璋皇帝封时任第二代帕主第悉的释迦坚赞（shaw kya rgyal mtshan，1340～1373）为大司徒、靖国公（chang guvi gung）和灌顶国师，并赐给他执掌全藏政教权力的诏册和羊脂玉印。

明太祖洪武二十一年（1388），朱元璋皇帝封第五代帕主第悉札巴坚赞（grags pa rgyal mtshan，1374～1432）王爵，并赐金印。因此，人们通常称其为札巴坚赞王。明成祖永乐四年，又加封札巴坚赞为"灌顶国师阐化王"，赐予诏书和玉印。明朝政府进一步加强和扶持帕主第悉的政教合一统治。

明成祖永乐四年（1406），明朝以为洪武帝后做佛事的名义邀请噶玛噶举派黑帽系第五世活佛·德银协巴（de dzhin gshegs pa，1384～1415）到南京，于1407年在灵谷寺建普度大斋，为高帝后荐福。明成祖永乐帝封德银协巴为"万行具足十方最胜圆觉妙智慧

善普应佑国演教如来大宝法王西天大善自在佛领天下释教"（简称
大宝法王，rin chen chos rgyal），赐印诰并名如来（de bzhin gshegs
pa），其礼遇最为隆重。"同时，封和他同去的楚普寺上师仲布瓦、
轨范师噶希巴·仁钦贝、堪钦贡伦巴三人为灌顶国师，颁给诏书，
赐金印和水晶册套（tho-shu）。"① 德银协巴法王于 1408 年辞归。东
噶·洛桑赤列说："以后明朝各代皇帝和噶玛噶举派历辈活佛关系
密切，封给他们国师、大宝法王等称号，噶玛噶举教派在西藏的势
力逐步扩大。"② 从此，噶玛噶举派黑帽系历辈活佛承袭"大宝法
王"封号。

明成祖永乐八年（1410），明朝派遣中官入藏，邀请萨迦派昆
泽思巴（kun bkras pa 或 kun dgav bkra shis，1349～1435），于 1413
年至南京，明成祖永乐帝召见昆泽思巴，并封"万行圆融妙法最胜
正如慧智弘慈广济护国演教正觉大乘法王西天上善金刚普应大光明
佛领天下释教"（简称大乘法王，thig chen chos rgyal），赐印诰。昆
泽思巴于 1414 年辞归。

明朝于永乐六年（1408）、永乐十二年（1414）二次邀请宗喀
巴大师进京，前次宗喀巴正筹备祈愿大法会，不能脱身；第二次邀
请时宗喀巴身体欠佳，故派他的弟子释迦益西（又名释迦也失，
shaw kya ye shes，1352～1435）为代表进京。明成祖永乐皇帝封释
迦益西为"妙觉圆通慈慧普应辅国显教灌顶弘善西天佛子大国师"，
赐印诰。释迦益西于 1416 年辞归。

明宣德九年（1434），明朝又邀请释迦益西再次进京，被明宣
宗宣德皇帝册封为"万行妙明真如上胜清静般若弘照普慧辅国显教
至善大慈法王西天正觉如来大圆通佛"（简称大慈法王，byams

---

① 东噶·洛桑赤列：《东噶藏学大辞典》（dung dkar tshig mzdod chen mo），中国藏学出
版社，2002，藏文版，第 35 页。
② 东噶·洛桑赤列：《论西藏政教合一制度/藏文文献目录学》，第 44 页。

chen chos rgyal)。释迦益西于 1435 年辞归，不幸在途中青海佐摩喀
（mdzo mo mkhar）逝世。明朝政府下令在圆寂地建寺纪念，赐寺名
"弘化寺"。

此外，明朝还"封智贡京俄·敦珠杰布为阐教王，封达仓巴为
辅教王，封德格林仓为赞善王，封官觉仓为护教王，分别赐给印
信"①。

总之，明朝中央政府根据各地的实际状况，实行多封众建的政
策，使藏族地区始终处于明王朝的经营和治理之下。

---

① 东噶·洛桑赤列：《东噶藏学大辞典》（dung dkar tshig mzdod chen mo），第 35 页。

第三章　噶丹颇章时期政教合一制度

噶丹颇章时期，是指清代初期和中期格鲁派掌管西藏政教合一地方政权时期。清朝历代皇帝尊崇格鲁派及其活佛世系，在中央王朝的青睐和护持下，西藏政教合一制度进一步演进发展，尤其是格鲁派在藏传佛教诸宗派中得到更加优越的发展空间，使格鲁派又一次进入鼎盛时期，其流布地域不断扩大。它不但在藏族地区持续发展，也兴盛于蒙古地区和内地不少地方，其影响波及广大区域和众多民族。

一　格鲁派与蒙古汗王

17 世纪初，是格鲁派发展史上有着重要意义的历史机遇期。在这一时期，他们一是跟蒙古汗王结为同盟，建立福田与施主关系，相互鼎力支持，共同寻求新的发展空间；二是与皇太极政权通使交往，加强了同正在崛起的新兴中央王朝的联系，从而倚仗更强大的政治后盾来巩固和发展自己的政教合一制度。对此，王森说：

在这一时期，由于它得到蒙族汗王的支持，才转危为安并大大扩张了势力。其间，四世班禅虽起了重要的作用，但局势安定以后，黄教的领导权仍然在五世达赖阿旺罗桑嘉措之手。这件事……对黄教大有好处。[①]

王森作为新中国第一代研究藏传佛教历史的权威学者和著名藏学家，在上文中对格鲁派与蒙古汗王之间结成的同盟，以及达赖喇嘛在格鲁派中固有的领袖地位和在蒙古地区产生的宗教影响力等情形做了深入细致的分析，并指出了蕴藏在其中的来龙去脉和因果关系。而这种因果关系，就是互惠互利的关系。在此需要指出的是，文中"黄教"一词为格鲁派的俗称，在过去的汉文文献中常用这一称谓，尔后随着中国藏学事业的健康发展，学界对藏学中出现的不规范的术语或概念等做了修正，并将"黄教"这一俗称，改为正统的名称，即"格鲁派"（dge lugs pa）。

（一）固始汗与第五世达赖喇嘛

藏历第十一绕迥水马年，即明崇祯十五年（清崇德七年，1642），漠西蒙古厄鲁特部固始汗（1582～1654）军队攻取后藏的桑珠孜城堡（bsam vgrub rtse，今西藏日喀则市），推翻了第悉藏巴（噶玛·丹炯旺布）政权。固始汗遂将第悉藏巴政权统治下的所有土地及百姓，全部献给第五世达赖喇嘛阿旺罗桑嘉措（ngag dbang rgya mtsho，1617～1682）。以此为标志，西藏地方政权又从后藏日喀则移至前藏拉萨，并在第五世达赖喇嘛驻锡地哲蚌寺建立了藏蒙联合的噶丹颇章（dgav ldan pho brang）政权。至于"噶丹颇章"这一名称之由来，史料记载：

噶丹颇章为一房名，意为兜率宫。该房原名"多康恩波"

---

① 王森：《西藏佛教发展史略》，中国社会科学出版社，1997，第201页。

（蓝石房），为第司帕莫主巴在哲蚌寺的官邸。藏历第九绕迥土虎年（1518），帕主第司阿旺扎西札巴坚赞将其献与二世达赖喇嘛根敦嘉措。为使众生结下法缘，早日转生兜率宫，达赖喇嘛将该房名改为噶丹颇章。二三四世达赖喇嘛均住于此。五世达赖喇嘛在此建立政权，故该政权称"噶丹颇章"。首任第司（行政官，代表达赖喇嘛管理政务）为索南绕登（又名索南群培或嘉乐群则）。①

显而易见，格鲁派领袖与处于没落时期的帕主第悉之间早已建立良好的政教关系，尤其是帕主第悉政权对格鲁派的扶持和帕主第悉对达赖喇嘛的尊崇，成为以哲蚌寺为中心的格鲁派不断发展壮大的历史背景和社会基础，最后座主哲蚌寺的大活佛达赖喇嘛推向执掌西藏地方政教权力的大舞台。这段因缘历史在《噶厦印谱》中有着较详记载：

> 第五辈名罗桑嘉措，于第十绕迥的火蛇年（1617）生于琼结的青安达孜宫，不久被迎至哲蚌寺的噶丹颇章宫内坐床。年25岁时，即第十一绕迥的铁蛇年（1641），蒙古固始汗开始占领朵康，以后继续前进，推翻藏巴汗噶玛·丹炯旺布的统治，将其所属土地及百姓全部献与达赖喇嘛，作为香火之地。第二年即水马（1642）二月内，固始汗始从哲蚌寺迎请达赖喇嘛至日喀则，彻底消灭了藏巴汗的残余势力，并把这里所属的土地和百姓也送给了达赖喇嘛，从此才开始建立了噶丹颇章政权，使政教合一的大白伞盖照遍上中下三界。②

---

① 西藏自治区政协文史资料研究委员会编《西藏文史资料选辑》（十三），民族出版社，1991，第3页。
② 刘立千藏学著译文集编辑委员会编《噶厦印谱》（刘立千藏学著译文集·杂集），民族出版社，2000，第152页。

以上引言较为清晰地交代了西藏地方政权更迭的详细过程，其中固始汗和第五世达赖喇嘛作为历史事件中的重要人物，他们在其中发挥了关键性作用，自然成为西藏地方噶丹颇章政权的缔造者。同时，固始汗和达赖喇嘛审时度势，及时与正在崛起的清王朝建立良好关系。当然，清朝当权者对藏传佛教早有联系。林子青说，清朝统治者最初接触到的佛教，是中国西藏地区所传的喇嘛教。自17世纪初起，已有喇嘛到关外传教，曾受到清太祖的礼遇。太宗时（1627～1643），盛京（今辽宁省沈阳市）方面已开始和当时西藏的达赖喇嘛第五世（1617～1682）建立关系。① 1642 年，固始汗和达赖喇嘛等所遣伊拉古克三呼图克图、厄鲁特部戴青绰尔济等至盛京，进书信，献方物，皇太极亲率诸王、贝勒、大臣出怀远门迎接，复设宴洗尘与饯行。《清实录》记载：

　　　　上率众拜天，行三跪九叩头礼毕，进马馆。上御座，伊拉古克三呼图克图等朝见，上起迎。伊拉古克三呼图克图等以达赖喇嘛书进上，上立受之，遇以优礼。上升御榻坐，设二座于榻右，命两喇嘛坐。其同来徒众行三跪九叩礼。次与喇嘛同来之厄鲁特部落使臣及其从役行三跪九叩头礼。于是，命古式安布宣读达赖喇嘛及图白忒部落藏巴汗来书。赐茶，喇嘛等诵经一遍方饮。设大宴宴之。②

　　皇太极对远道而来的西藏僧俗使者以高规格的厚礼接待，尤其以实际行动来优待和推崇出家僧人。另外，从引言中可以了解到，当时还宣读了西藏第悉藏巴汗的书信，实际上藏巴汗政权于 1642

①　中国佛教协会编《中国佛教》第一辑，知识出版社，1980，第 122 页。
②　《清太宗实录》卷六三，《清实录藏族史料》（一），西藏人民出版社，1982，第 5 页。

年被固始汗推翻，藏巴汗噶玛丹炯旺布本人也未幸免，遭到杀害。当时皇太极对西藏政局的变化也有所耳闻。如《清实录》记载：

> 又敕谕臧霸汗曰："大清国宽温仁圣皇帝谕臧霸汗：尔书云：佛法裨益我国，遣使致书。近闻尔为厄鲁特部落顾实贝勒所败，未详其实，因遣[遗]一函相询。自此以后修好勿绝，凡尔应用之物，自当饷遗。今赐银一百两、锦缎三匹。"①

以上引文中出现的"臧霸汗"即"藏巴汗"，他作为蒙古固始汗进藏前坐镇后藏日喀则桑珠孜宫并掌管西藏政务的最高长官，在前后藏地区具有很强的权势和号召力。所以，皇太极在"未详其实"即不知杀害藏巴汗噶玛丹炯旺布的情况下，还是给藏巴汗致书赐银，表示极为重视和关注。

西藏使臣在盛京不但受到热烈欢迎和高规格接待，而且当他们离开盛京返回拉萨之时，皇太极再次率领诸王贝勒等送至演武场，隆重饯行；同时，回致第五世达赖喇嘛、固始汗和西藏各僧俗首领书信。在致第五世达赖喇嘛书信中写道："宽温仁圣皇帝，敕书于金刚大士达赖喇嘛，今承喇嘛有拯济众生之念，欲兴扶佛法，遣使通书，朕心甚悦，兹特恭候安吉，凡所欲言，惧令察干格龙等以悉之。"② 自此，拉萨与盛京之间通正常使臣往来，建立起密切联系。西藏噶丹颇章政权进入巩固发展期，始在拉萨建造象征政教合一政权的布达拉白宫。《噶厦印谱》记载：

> 是年达赖的管家索南饶丹，别号嘉乐强佐，后改名为索南

---

① 《清太宗实录》卷六四，《清实录藏族史料》（一），西藏人民出版社，1982，第9页。
② 张其勤著、吴丰培增辑《清代藏事辑要》，西藏人民出版社，1983，第1～2页。

群培,(他)一生中改了三个名字。其获得掌管政务之权后,又尊称为英莎贡玛。木鸡年(1645)4月1日为修建布达拉白宫举行奠基,此宫延至土鼠年始建成。是年为第一代满清皇帝顺治在位五年(1648),皇帝派人诏迎达赖进京。①

藏历第十一绕迥木鸡年,即清顺治二年(1645),第五世达赖喇嘛议定修建布达拉白宫,举行了隆重的宗教奠基仪式;至顺治五年(1648),布达拉白宫部分初步建成;第五世达赖喇嘛从哲蚌寺噶丹颇章宫迁居布达拉宫。

(二)第五世达赖喇嘛觐见顺治帝

清顺治二年(1645),顺治帝又遣使诏迎第五世达赖喇嘛进京。然而,西藏当政者观察到顺治帝尚未掌握大清国实权,清廷依然由摄政王多尔衮掌管,第五世达赖喇嘛便没有及时动身,将进京事宜往后继续拖延,以待合适时候。当顺治帝亲政后,第五世达赖喇嘛立即决定进京朝觐。《噶厦印谱》记载:

> 顺治九年,即第十一绕迥的水龙年(1652)4月27日,达赖喇嘛从哲蚌寺起身到达北京;朝谒皇帝,时年36岁。达赖喇嘛到京受到隆重的接待,从此结成施供之缘。②

清朝中央政府非常重视第五世达赖喇嘛进京事宜,召集朝廷文武官员专门商讨和精心安排,做到尽善尽美,万无一失。其具体细节在清朝官书中有记载:

---

① 《噶厦印谱》第152页。
② 《噶厦印谱》,第153页。

谕诸王、贝勒、大臣、九卿、科道曰："当太宗皇帝时，尚有喀尔喀一隅未服，以外藩蒙古惟喇嘛之言是听，因往召达赖喇嘛。其使未至，太宗皇帝晏驾。后睿王摄政时往请，达赖喇嘛许于辰年前来。及朕亲政后召之，达赖喇嘛即启行前来，从者三千人。今朕欲亲至边外迎之，令喇嘛即住边外。外藩蒙古贝子欲见喇嘛者，即令在外相见。若令喇嘛入内地，今年岁收甚歉，喇嘛从者又众，恐于我无益。倘不往迎喇嘛，以我既召之来又不往迎，必至中途而返，恐喀尔喀亦因之不来归顺。其应否往迎之处，尔等各抒所见以奏。"①

从以上引言中可以看出，自大清国太宗皇太极、摄政王多尔衮至顺治皇帝当政时期，清朝皇帝相继不断邀请第五世达赖喇嘛。首先，在政治上有长远考量，主要笼络尚未归顺的喀尔喀部等外藩蒙古；其次，欲向西藏地区行使大清国的最高权力。顺治九年（1652），在固始汗的支持下，第五世达赖喇嘛率领西藏僧俗官员及蒙古护卫军 3000 余人抵达岱噶（今内蒙古自治区凉城县）。

当时达赖喇嘛随从众多，清朝中央政府感到难于周到接待，但是更棘手的问题是顺治皇帝应该用何种礼仪来迎见达赖喇嘛。为此，满汉大臣各抒己见，当时产生两种截然不同的意见：

满洲诸臣议："我等往请，喇嘛既来。上亲至边外迎之，令喇嘛住于边外。喇嘛欲入内地，可令少带随从入内；如欲在外，听喇嘛自便。上若亲往迎之，喀尔喀亦从之来归，大有裨益也。若请而不迎，恐于理未当。我以礼敬喇嘛，而不入喇嘛之教，又何妨乎？"

---

① 《清实录藏族史料》（一），第 19～20 页。

众汉臣议："皇上为天下国家之主，不当往迎喇嘛。喇嘛从者三千余人，又遇岁歉，不可令入内地。若以特请之故，可于诸王大臣中遣一人代迎。其喇嘛令住边外，遗之金银等物。亦所以敬喇嘛也。"①

由于满汉大臣之间出现不同意见，最终不得不采取折中办法。顺治帝命其带部分随从进京，并以"田猎"为名，与第五世达赖喇嘛"不期然"相会于南苑，从而避免觐见时的礼仪周折。达赖喇嘛进马匹、方物；清廷建黄寺于安定门外，专为迎请达赖喇嘛居住。

顺治十年（1653），第五世达赖喇嘛以"此地水土不宜，身既病，从人亦病"②为由，提出辞别京城返回西藏的请求。清廷又做了精心议定，"今喇嘛既来，且留此，从容往岱噶。待草青时，更召外藩王、贝勒等与喇嘛相会"③。在京城勉强留住达赖喇嘛觉得不太妥当。于是"以遣达赖喇嘛归，上御太和殿，赐宴，并鞍马、金银、珠玉、缎匹等物"④。顺治皇帝亲自设宴饯行后，"达赖喇嘛辞归，命和硕承泽亲王硕塞偕固山贝子顾尔玛洪、吴达海率八旗官兵送至岱噶地方。又命叔和硕郑亲王济尔哈朗、礼部尚书觉罗郎球饯于清河"⑤。

第五世达赖喇嘛辞归后，顺治帝遣礼部尚书觉罗郎球、理藩院侍郎席达礼等，赍送达赖喇嘛金册、金印于岱噶地方，册封他为"西天大善自在佛所领天下释教普遍瓦赤喇但喇达赖喇嘛"⑥。与此同时，清朝又遣使到拉萨册封固始汗，赐金册、金印。《清实录》记载：

---

① 《清世祖实录》卷六六，《清实录藏族史料》（一），第19~20页。
② 《清世祖实录》卷七一，《清实录藏族史料》（一），第23页。
③ 《清世祖实录》卷七一，《清实录藏族史料》（一），第24页。
④ 《清世祖实录》卷七二，《清实录藏族史料》（一），第24页。
⑤ 《清世祖实录》卷七二，《清实录藏族史料》（一），第25页。
⑥ 《清世祖实录》卷七四，《清实录藏族史料》（一），第25页。

封厄鲁特部落顾实汗为"遵行文义敏慧顾实汗"，赐之金册、金印。文用满、汉、蒙古字。册文曰："帝王经纶大业，务安劝庶邦，使德教加于四海。庶邦君长能度势审时，归诚向化，朝廷必加旌异，以示怀柔。尔厄鲁特部落顾实汗朕甚嘉焉。兹以金册印封为'遵行文义敏慧顾实汗'。尔尚益矢忠诚，广宣声教，作朕屏辅，辑乃封圻。如此，则带砺山河，永膺嘉祉，钦哉。"①

在清朝颁发的册文中称赞固始汗"尊德乐善，秉义行仁，惠泽克敷，被于一境，殚乃精诚，倾心恭顺"，视其为捍卫大清社稷疆土的忠臣，故册封他为"遵行文义敏惠顾实汗"。其金册、金印都用满、蒙、汉三种文字，而赐予第五世达赖喇嘛的金册、金印则以满、藏、汉三种文字，当然其中蕴含深层意义。可以认为，清朝中央政府在提升达赖喇嘛原有宗教领袖地位的同时，亦很器重固始汗在西藏政教合一体制中发挥的不可或缺的作用。值得注意的是，这是大清国第一次行使对西藏政教领袖的封赠名号印册权，清朝中央政府对藏蒙地区的最高统治，从此开始确立。

藏历第十一绕迥木马年，即顺治十年（1654），固始汗在拉萨去世，其子达延汗夺得王位。清康熙七年（1668），达延汗之子达赖汗嗣位。因继承汗位的子孙平庸，第五世达赖喇嘛逐步掌管西藏噶丹颇章政权。

（三）制定《法典十三条》（《十三法典》）

第五世达赖喇嘛相继任命陈列嘉措（vphrin las rgya mtsho，1660～1668 年在位）、罗桑图道（blo bzang thub stob，1668～1675

---

① 《清世祖实录》卷七四，《清实录藏族史料》（一），第 26 页。

年在位)、罗桑金巴（blo bzang sbyin pa，1675～1679 年在位）和桑
杰嘉措（sangs rgyas rgya mtsho，1679～1703 年在位）为第司（sde
srid)，具体管理西藏地方政教事务，其内部机构设置基本上遵循原
有的地方法律法规。历史文书记述：

> 噶丹颇章政权建立后，对原来的《法典十六条》进行了修
> 改，删去了第一条英雄猛虎律、第二条懦夫狐狸律和第十六条
> 异族边区律，定为十三条。官职以萨迦王朝时期的设置办法为
> 基础。第六任第司桑杰嘉措所著的《法典清明晶鉴》内云：
> "职务类别凡十三种，司祭官在此不宜论说，牲畜管理人、守
> 门人乃微不足道。为社稷大业计，大臣、军队司令、法官、工
> 匠管理、大小管家、内室传达官、市民监、宗本、豁本、寺庙
> 扎仓的物资管理人员、商业人员、北方蒙民头人、庙祝、达赖
> 喇嘛的信使、收粮官等缺一不可，故新设以上诸多职务。"①

以上引言中提到的《法典十六条》（《十六法典》），是第悉藏
巴汗政权时期出台的法律，噶丹颇章政权建立后，又将其删改编制
为《法典十三条》。主要删除了《法典十六条》中过分彰显世俗性
尚武精神的条款。因此，修改后的《法典十三条》（《十三法典》），
更贴近或符合以出家僧人为政权核心的政教合一制度的特性。《法
典十三条》的具体条款内容及分析如下：

一、镜面国王律。是有关地方官吏在执行政务时应遵循的
行为标准。本律条系统规范了官吏及其他公职人员（包括僧，

---

① 西藏自治区政协文史资料研究委员会编《西藏文史资料选辑》（十三），民族出版社，
1991，第 3～4 页。

俗）的行政准则。规定：凡任公职者，均须舍弃自私的恶习，以公务为主，尽力效忠于历代第悉。《十三法典》的制定者对《十六法》中的第三条"地方官吏律"做了详细的解释后放在了《十三法典》的首位。从法律排列的顺序和编纂的意图看有两点：第一，甘丹颇章政权建立之后，为了逐步完善西藏地方政府的机构设置及其管理职能，强化了对各级官员职守的监督。第二，为了完善当时的政体改革，更加强调行政法律的作用，并提出了防止官吏腐败的措施。

二、听讼是非律。是两造对质，辨别是非曲直的法律。将此作为第二条的原因也有两种：第一，制定者提出了在稳固的政治体制中立法要严明，执法要公正的思想，从而使藏区社会保持稳定发展的势头。第二，从《十六法典》中吸收了"执法者审理案件要认真、谨慎，不要过早下结论。诬告者各以所告之罪反坐，如果两造都有一定理由则各自承担一半责任"的内容。处理诉讼的关键是辨别是非。所以把诉讼是非律从《十六法典》的第四位排到了《十三法典》的第二位。由此，可以看出五世达赖时期比较重视诉讼制度，为藏族社会的和谐与稳定营造了公平、正义之法律氛围。

三、拘捕法庭律。是有关逮捕人犯、依法治罪的法律。规定：对违反法律者，首先要捆绑押解至执法机关。特别是在王宫前持刀打架、因饥饿行窃、不按领主旨意办事、向别人讨教坏主意者、顶撞上级等行为不轨者，均逃避不了本法的制裁。情节严重者要从重处罚，罪大恶极者要处以肉刑，或根据具体情况赔偿命价等。

四、重罪肉刑律。是对犯人施以挖眼、砍足等重残人身肢体的法律。规定：有危害社会和人身安全的犯罪都要施以肉刑，即挖眼、抽筋、割舌、投崖、溺死、屠杀等。制定这种法律的原因是，当时的统治者为了捍卫法律的尊严和社会的安定。

五、警告罚锾律。是为了警戒犯人再犯罪过，责罚缴纳财物赎罪的法律。规定：犯法而不及施肉刑者，为杜绝再犯罪而警告。结伙杀人、报复抢劫、蓄意干坏事等严重触犯法律者，依其罪行轻重，罚 15～80 两碎银。制定这种法律的原因，是根据当时藏族社会的实际而需要制定一种经济制裁法。

六、使者薪给律。是规定藏族百姓对官府来人供应食宿等费用（脚力钱）的法律。属民等应差使者是对官吏的尊敬，但官吏、使者要注意自己的行为，不要扰民。制定这种法律的目的是为了更好地监督官吏廉洁自律。

七、杀人命价律。是责令蓄谋杀人已遂者赔偿命价的法律。规定：凡蓄意杀人者，必须向死者家属赔偿命价，命价数额依被害人的社会地位和不同等级而定。各等级命价虽有具体规定，但实赔数额的多少可由有关人员协商决定。其原则是双方都能接受，做到既要被害人家属满意，又要加害人赔偿得起，目的是为了避免出现新的纠纷。

八、伤人赔偿律。是责令斗殴伤人者根据被伤者伤势轻重而赔偿损失的法律（也叫赔偿血价）。规定：按照等级划分，首先查明哪一方先动手，分清责任，无理一方要赔偿；其次是鉴定伤情，查清是内伤还是外伤，是否流血，是否裂唇露骨，再依据伤势决定血价金额。血价因人的身份不同，赔偿金额也有所不同。本条是对第七条杀人命价律的补充。

九、狡诳洗心律。是责令狡辩的诉讼双方接受神判，辨别是非的法律。诉讼双方以"山盟神证"，发誓赌咒、捞油锅、烧泥汤等神判的方式来明辨是非。制定本条的目的是对前八条的完善和补充，同时为后四条的制定起到一定的铺垫作用。

十、盗窃追偿律。是对盗窃他人财物者依情节轻重，视受害人等级责令偿还赃物并加倍赔偿的法律。规定：同等级平民间盗窃，罚赔 7~8 倍或 9 倍不等的罚金，盗窃赞普财物罚赔原物之百倍的罚金，偷"三宝"（佛法僧）之财物罚赔 80 倍的罚金。对诬告他人盗窃者，同盗窃者一样对待。对拣到财物不归还失主者，将财物隐藏他处狡诈欺骗者，以退赃和赔新等法论处。因盗窃而被打死、打伤，一般不付命价、血价。此条法律是在前九种律条的基础上制定的，丰富了法律内容，补充了当时在司法实践中的缺憾。

十一、亲属离异律。是在调解亲属间的利益纠纷和离异时，责令理屈一方赔偿理直一方以及有关财产分割的法律。本条沿袭传统律文，夫妻离异如理在男方，女方需赔偿 18 钱黄金等物。此条是为了创建藏区社会民事调解制度的需求而制定的。

十二、奸淫罚锾律。是对与他人妻女或丈夫通奸者，科以罚金的法律。规定：与喇嘛、官人之妻通奸者处以重刑。如果是女人勾引男人，只取一两罚金和以碗为主的三件或五件实物，不取未遂命价。如果是有妇之夫被邻里有夫之妇勾引，对该女人处以茶等七件或碗等五件财物。对在客途发生的奸情及情节较轻的初犯者，一般不做处理。此条法律是根据当时藏族社会家庭婚姻状况的实际，而制定的具有时代意义的婚姻家庭法。

十三、半夜前后律。是关于农牧业生产方面的法律。农牧民在生产活动中相互借用马匹、牦牛等驮畜或耕畜，如果死于借用者手中，要照价赔偿。如完好交还，过夜死亡，借用者无罪。若前半夜死亡，则由借用者赔偿。若死于鞍疮等因，则依具体情况做适当的赔偿。另外，还对商业活动、田间管理等方面也做了比较具体的规定。此条列排在最后是对前十二条法律的补充，说明在当时藏区社会的各种经济活动中，契约或借贷方面纠纷频仍，法律需求迫在眉睫。①

从比较的角度看，噶丹颇章政权时期出台的《法典十三条》，与帕主第悉政权时期出台的《法典十五条》和第悉藏巴政权时期出台的《法典十六条》有着一脉相承的传承关系，都是在前后参照或相互借鉴的基础上制定出来的法律文本。如《法典十六条》是在《法典十五条》的基础上修订的，而《法典十三条》又是以《法典十六条》为蓝本修订的。所以，三种法律文本的内容结构等极为相似相近，并具有共性或共同的特质。至于前后三种文本的差异，在于当时执政者的理念不同，如《法典十五条》折射着朗氏家族与帕主噶举宗派相结合的理念、情绪和立场，《法典十六条》则体现了纯粹世俗政权的尚武精神和统治思想，而《法典十三条》又集中反映了僧侣集团的利益、观念和管理模式。

此外，我们将《法典十三条》放在人文地理背景下考量，由于西藏地处偏远高寒地带，交通不便、信息闭塞、经济落后，因而当时的《法典十三条》所折射出的法律意识，无疑对当时藏族民众的社会生活、生产方式、言行举止和伦理道德等方面产生巨大影响。在当时的历史条件下，法典无疑有利于藏族地区的经济社会发展。同时，《法典十三条》的主要目的与服务对象也十分明确，即以法律手段，维护和加强噶丹颇章政权，确立和巩固寺院及僧侣集团的统治地位，以期建立健全西藏政教合一制度。

① 转引自隆英强《浅谈五世达赖喇嘛时期的"十三法典"》，《西北民族大学学报》（哲学社会科学版）2005 年第 1 期。

（四）达赖喇嘛转世灵童之争

藏历第十一绕迥水狗年，即康熙二十一年（1682），第五世达赖喇嘛在布达拉宫圆寂。然而，第司桑杰嘉措向外界匿丧长达十五年之久，其间他借用达赖喇嘛之名，总揽西藏地方政教大权。康熙二十九年（1690），第司桑结嘉措建布达拉红宫部分，用重金造第五世达赖喇嘛灵塔，名"世界第一庄严"（vdzam gling rgyan gcig），供奉于布达拉红宫内。康熙三十二年（1693），第司·桑杰嘉措借第五世达赖喇嘛名义，向康熙帝奏称：西藏政教事务"皆第巴（司）主之，乞封第巴，授之印信，以光宠之，为之恳请，而第巴又戴皇上恩眷，诚心乞请金印，应如所请"①。当时第五世达赖喇嘛在康熙皇帝心目中有着很高的信任度，康熙皇帝在第巴事件败露后对大学士等下令说："昔日达赖喇嘛存日，六十年来，塞外不生一事，俱各安静，即此可知其素行之不凡矣！"②因此，清廷于康熙三十三年（1694）"赐第巴金印。印文曰：掌瓦赤喇怛喇达赖喇嘛教弘宣佛法王布忒达阿白迪之印"③。由于借助第五世达赖喇嘛的名望和声誉，当时第司桑杰嘉措很顺利地获得了"法王"爵位。

第司桑杰嘉措为何匿丧第五世达赖喇嘛圆寂，之后又为何出现第六世达赖喇嘛真假之争，其缘由十分复杂，并有诸多主客观因素。而且，不少历史文献记有褒贬不一的各种描述和评论。《噶厦印谱》记载：

水猪年（1683）第六辈达赖仓央嘉措在门域所属错那县境

---

① 《清圣祖实录》卷一六一，《清实录藏族史料》（一），第 115 页。
② 《清圣祖实录》卷二二七，《清实录藏族史料》（一），第 184 页。
③ 《清圣祖实录》卷一六三，《清实录藏族史料》（一），第 116 页。

内的拉沃宇松之地出世，直到第十二绕迥的水牛年（1697）、第斯桑结掌政 19 年即康熙三十六年 10 月 15 日才将其迎至布达拉宫，举行坐床典礼。桑结代其掌职至 25 年，即水羊年（1703），在桑结的授意下，始举任阿旺仁钦为第斯协理。但实际权力仍操持在桑结嘉措之手。又过两年，到木鸡年（1705）桑结掌政已 27 年。该年 7 月 29 日，拉藏汗计擒桑结嘉措，将其处死于堆垄的朗孜之地。①

第司桑杰嘉措依凭第五世达赖喇嘛的威望，在西藏长期主政，逐渐掌管实权。康熙四十二年（1703），达赖汗之子拉藏汗继承汗位，便与第司桑杰嘉措之间产生矛盾，以至于达到势不两立的地步，最终迫使第司桑杰嘉措不得不做出妥协，他辞去第司职位，由其长子阿旺仁钦（ngag dbang rin chen）担任，以此缓解日益严重的矛盾，但为时已晚，没能挽救僵局。尤其是拉藏汗擒杀第司桑杰嘉措之后，强行废黜了第司桑杰嘉措拥立的第六世赖喇嘛仓央嘉措的身份地位，从而制造了第六世达赖喇嘛真假之争，并且很快波及蒙藏地区。为此，清廷匆忙处理此次事件。清朝中央政府认定：

> 先是，达赖喇嘛身故，第巴匿其事，构使喀尔喀、厄鲁特互相仇杀，扰害生灵。又立假达赖喇嘛，以惑众人。且曾毒拉藏，因其未死，后复逐之。是以拉藏蓄恨兴兵，执第巴而杀之，陈奏假达赖喇嘛情由，爰命护军统领席柱、学士舒兰为使，往封拉藏为"翊法恭顺汗"，令拘假达赖喇嘛赴京。②

---

① 《噶厦印谱》，第 155 页。
② 《清圣祖实录》卷二二七，《清实录藏族史料》（一），第 183～184 页。

当时清朝中央政府站在拉藏汗一方，同意废除第司桑杰嘉措拥立的第六世达赖喇嘛仓央嘉措，并将他押送京城。至于清军为何擒假达赖喇嘛赴京，康熙皇帝做了说明：

前遣护军统领席柱等往擒假达赖喇嘛及第巴妻子时，皇子及诸大臣俱言一假达赖喇嘛擒之何为。朕意以众蒙古俱倾心皈向假达赖喇嘛，此虽系假达赖喇嘛，而有达赖喇嘛之名，众蒙古皆服之。倘不以朝命遣人往擒，若为策妄阿拉布坦迎去，则西域、蒙古皆向策妄阿拉布坦矣①。

所以，康熙皇帝特遣席柱等官兵前往拉萨将第六世达赖喇嘛接送到京城，以防被策妄阿拉布坦抢夺到准噶尔部，对清朝中央政府造成不利局面。实际上，第六世达赖喇嘛真假之争，是蒙藏上层贵族官员之间发生的一场争权夺利之事件。其前因后果在《噶厦印谱》中有着另一番描述：

早在木猴年（1704）时，拉藏汗向皇帝密告，诬蔑第斯桑结破坏黄教，说他公然以达赖喇嘛自居。于是他先杀第斯，又于第十二绕迥的火狗年，即康熙46年（1706）5月1日将仓央嘉措拉下布达拉宫的宝座，令其迁居拉鲁噶采园。另迎白噶增巴·益西嘉措，安置于布达拉宫禅榻。有人说此灵童就是拉藏汗之子。皇帝的钦差白马笔贴式等将六辈达赖仓央嘉措解往北京：行至中途工噶诺湖地方，达赖病故，时年24岁。本年拉藏汗自立为汗王，从火狗年起到火鸡年止（1706～1717）独揽大

---

① 《清圣祖实录》卷二二七，《清实录藏族史料》（一），第185页。

权，执政 11 年。火鸡年（1717）11 月 1 日他被准噶尔珲台吉所杀。[①]

拉藏汗在废黜第六世达赖喇嘛仓央嘉措的同时，又另立益西嘉措为第六世达赖喇嘛。由驻扎西宁喇嘛商南多尔吉接送原第六世达赖喇嘛仓央嘉措至京城。不幸仓央嘉措在途经青海湖畔时突然去世，喇嘛商南多尔吉向清廷上报称："拉藏送来假达赖喇嘛，行至西宁口外病故"[②]，当时理藩院做出"假达赖喇嘛行事悖乱，今既在途病故，应行文喇嘛商南多尔吉将其尸骸抛弃"[③] 的处置。但是，原第六世达赖喇嘛的去世，并没有平息活佛真假之争，蒙藏僧俗民众不服拉藏汗改立益西嘉措为第六世达赖喇嘛的举措，他们认可第司·桑结嘉措拥立的仓央嘉措为第六世达赖喇嘛，又另寻其转世灵童。"特别是遭到三大寺上层喇嘛的反对"[④]，使益西嘉措很难确立为达赖喇嘛的真实身份地位，西藏地方政局也因此而骚动不宁。清朝中央政府在难以判断真假达赖喇嘛的情况下，为稳定西藏政局着想，最初认可了拉藏汗推举的达赖喇嘛，并做了合理的解释。《清实录》记载：

> 拉藏及班禅呼图克图、西藏诸寺喇嘛等，会同管理西藏事务侍郎赫寿，疏请颁赐波克塔胡必尔汗达赖喇嘛之封号。查波克塔胡必尔汗因年幼，奉旨俟数年后封授，今既熟谙经典，为青海诸众所重，应如所请，给以印册，封为六世达赖喇嘛。[⑤]

---

① 《噶厦印谱》，第 156 页。
② 《清圣祖实录》卷二二七，《清实录藏族史料》（一），第 185 页。
③ 《清圣祖实录》卷二二七，《清实录藏族史料》（一），第 185 页。
④ 王森：《西藏佛教发展史略》，中国社会科学出版社，1997，第 214 页。
⑤ 《清圣祖实录》卷二三六，《清实录藏族史料》（一），第 186 页。

以上引文中的"波克塔胡必尔汗"是指藏文文献中称呼的"益西嘉措"。康熙四十九年（1710），清廷鉴于西藏局势，做出重大决策，册封了拉藏汗拥立的益西嘉措为第六世达赖喇嘛。然而，这一重大决策并没有给西藏政局带来永久性稳定。当时清廷也察觉到蒙藏及和硕特内部的不和睦，认为"青海众台吉等与拉藏不睦，西藏事务不便令拉藏独理，应遣官一员前往西藏协同拉藏办理事务"①，遂派遣赫寿前去西藏行使差事任务。

这一时期，虽然第六世达赖喇嘛益西嘉措、第五世班禅额尔德尼洛桑益西和拉藏汗等不断遣使进贡，但是康熙皇帝依然牵挂着西藏局势，他在给侍卫内大臣等所下谕旨中说：

> 朕想拉藏汗一子前往策妄阿喇布坦处娶亲，一子现在青海地方驻扎，在策妄阿喇布坦处娶亲之子，策妄阿喇布坦若托辞爱婿留住数年，不令之归，再如驻扎青海之子，朕复怜爱留住，伊处总无人矣，岂不孤危！况拉藏汗年近六十，自当为其身计。伊之人少，土伯特人甚多，而又秉性凶恶，可保常无事乎？拉藏汗将凶恶第巴杀死，朕加褒奖，封为扶教恭顺汗。伊真倾心内向，不但朕知之，即各处人亦皆知之。但厄鲁特秉性猜疑，又甚疏忽，倘或事出不测，朕虽怜伊，伊虽倚朕，此间地方甚远，相隔万里，救之不及，事后徒贻悔耳，即朕亦无法也。朕此想甚属远大，伊亦系晓事之人，若不深谋防范，断乎不可。朕为拉藏汗时常留意。②

当康熙皇帝关心拉藏汗能否稳住西藏局势之际，以青海蒙古贝

---

① 《清圣祖实录》卷二四一，《清实录藏族史料》（一），第187页。
② 《清圣祖实录》卷二五九，《清实录藏族史料》（一），第189～190页。

勒、台吉等为首的信众，又在康区理塘地方寻找到一位小灵童（格桑嘉措），并确认为第六世达赖喇嘛仓央嘉措的转世灵童，联名上报朝廷，恳请给予册封，以此推翻拉藏汗在拉萨拥立益西嘉措为第六世达赖喇嘛的举措。据《清实录》记载：

理藩院题："先经青海右翼贝勒戴青和硕齐、察汉丹津等奏称：'理塘地方新出胡必尔汗，实系达赖喇嘛转世，恳求册封。其从前班禅呼图克图及拉藏汗题请安置禅榻之胡必尔汗是假'等语。蒙皇上睿鉴，以伊等俱顾实汗子孙，欲使共相和睦。若将此胡必尔汗留住青海，恐其弟兄内或起争端，特遣侍卫阿齐图等前往谕令，将理塘之胡必尔汗送京亲看。又遣主事众佛保往班禅处，问此胡必尔汗之真假。续经戴青和硕齐等奏请俟来秋送至京师。奉旨著将理塘胡必尔汗暂于西宁口内寺庙居住。今侍卫阿齐图疏言：'主事众佛保自班禅处回，据班禅称理塘胡必尔汗是假，而戴青和硕齐等坚求亲往班禅处问其真假。'应令阿齐图等传集青海两翼诸贝勒、台吉等于会盟处，宣示皇上仁爱之意及班禅送来印文。今将胡必尔汗送至红山寺居住。"从之。①

清康熙五十四年（1715），清廷派遣侍卫阿齐图前往青海召集青海两翼蒙古诸贝勒、台吉会盟，在会上各方达成共识，两翼台吉等暂时和睦，并将理塘小灵童安置在红山寺居住。后于1716年，又按清廷安排，小灵童移居宗喀巴寺，即塔尔寺居住，派兵严加护卫。

康熙五十六年（1717），漠西厄鲁特蒙古准噶尔部策妄阿拉布

---

① 《清圣祖实录》卷二六三，《清实录藏族史料》（一），第191页。

坦派兵突袭西藏，拉藏汗遭杀害，西藏政局又发生剧变，藏区社会比以往任何时期更为动荡。《清实录》记载：

> 侍卫阿齐图疏报："臣统兵至柴旦木地方，于正月初二日，遇见伊打木扎布等带领拉藏子苏尔扎之妻自招败回。告称：准噶尔兵来至达穆地方，与我土伯特兵交战数次，彼此伤损甚多。去年十月三十日，厄鲁特之噶隆沙克都尔扎布叛归准噶尔，将小招献降，我土伯特兵众解散，台吉那木扎尔等在布达拉北城开门投顺，准噶尔兵众拥入。十一月初一日，苏尔扎率兵三十人冲围而出，被其擒获，拉藏被围身亡，我等逃奔而来"等语。①

漠西蒙古准噶尔部策妄阿拉布坦派遣其将官策楞敦多布突袭拉藏汗军队，结果里应外合，准噶尔军获胜，他们杀害了拉藏汗并擒拿了拉藏汗之子苏尔扎。同时，准噶尔军废黜了第六世达赖喇嘛·益西嘉措的身份职位。据《清实录》记载：

> 康熙五十七年（1718），总督额伦特疏报："四月初五日，拿获策零敦多卜之使人罗卜藏等八人，讯称：伊等自去年正月由特几斯起程，十月至布搭拉地方。本月二十八日夜攻取大昭、小昭，次日围住布达拉，杀害拉藏。将伊幼子及所属寨桑等送往策妄阿喇布坦处。伊子苏尔扎遁走，为土伯特擒获。拘达赖喇嘛于扎克布里庙，班禅仍住扎什伦布等语。将使人罗卜藏等交主事柰曼代，沿途防护，解往京城。"报闻。②

---

① 《清圣祖实录》卷二七八，《清实录藏族史料》（一），第208页。
② 《清圣祖实录》卷二七九，《清实录藏族史料》（一），第209页。

以上引文较详描述了准噶尔军队于1717年10月末11月初突袭拉萨的情景，如10月28日夜间偷袭并拿下大昭寺和小昭寺，第二天开始围攻布达拉宫。这几处皆为当时西藏地方政权的核心区域。其结果将西藏最高行政长官拉藏汗杀害，最高宗教领袖第六世达赖喇嘛·益西嘉措被软禁在一座寺庙里面。至此，准噶尔人进军西藏的目的基本实现。但是，准噶尔军队在西藏的所作所为也造成了当地的恐慌。《噶厦印谱》记载：

> 火鸡年（1717）年底准噶尔珲台吉把持藏政，一切由他发布命令。他委派达孜·拉杰饶丹或称吉雪噶丹台吉为第巴。又将持莲花生大士阿旺益西嘉措赶下宝座，囚禁在药王山下。此代第斯的官印为长方形，印头上有三眼宝，另外还有一颗较大的四行蒙古文的印，印头上有眼宝。达孜巴执政至铁鼠年（1720），清廷以附逆罪将其法办。[1]

漠西蒙古准噶尔部策妄阿拉布坦派遣其将官策楞敦多布率军进藏，成为当时举世瞩目的历史事件。准噶尔军队，一来乘机利用西藏政局不稳，二来借助达赖喇嘛真假之争，既杀害了西藏当权者拉藏汗，又废黜了益西嘉措的第六世达赖喇嘛身份职位。可以说，准噶尔部军队彻底夺取了和硕特部固始汗及其子孙掌管西藏政局的特权。

然而，准噶尔军队没有给西藏地方政局带来任何稳定因素，反而制造了愈加动荡的社会局面。种种迹象表明，策楞敦多布率领的准噶尔军队是以维护格鲁派合法利益为借口而进入西藏境内的，他们一旦夺取西藏地方政权，便原形毕露，开始对格鲁派之外的

---

① 《噶厦印谱》，第156页。

其他宗派或寺院施行抢劫烧杀等暴行。《西藏通史·松石宝串》记载：

> 准噶尔人为了显示其尊崇格鲁派，还把莲花生大师著名的修行洞门砌死，用泥抹光，把多杰扎寺（rdo rje brag）、敏珠林寺（smin grol gling）、曲水塔巴林寺（thar pa gling）、桑阿强曲林寺（gsang sngags byang chub gling）等很多宁玛派寺庙夷为平地。[①]

多杰扎寺和敏珠林寺被毁，对于宁玛派来说，是一次沉重打击。因为多杰扎寺和敏珠林寺是宁玛派在西藏前藏地区建立起来的两大具有祖庭性质的寺院，在宁玛派发展史上享有崇高地位，曾得到第五世达赖喇嘛的鼎力扶持而兴隆发展，不仅在藏传佛教领域发挥了举足轻重的作用，而且在更广大的藏族地区产生了深远的宗派影响力。与此同时，准噶尔军队也对格鲁派部分寺院进行肆无忌惮的掠夺和骚扰。准噶尔军队在西藏的所作所为引起康熙皇帝的愤慨，他发号施令进行了谴责：

> 兹众喀尔喀及青海等俱服朕之风化，而策旺阿喇布坦之人霸占藏地，毁其寺庙，散其番僧，青海台吉理应弃命忘身，奋勇致讨；乃伊等却无实心效力之人。[②]

可以看出，康熙皇帝人在京城，与西藏相隔千山万水，却能及时获悉西藏的消息，尤其对策旺阿喇布坦之人，口称维护黄教（格

---

① 恰白·次旦平措等编著《西藏通史·松石宝串》（下册），第714页。
② 《清圣祖实录》卷二八七，《清实录藏族史料》（一），第241页。

鲁派），实际毁坏寺院、遣散僧人等罪状了如指掌，并发动青海和硕特蒙古对准噶尔人进行讨伐。当时，准噶尔军队在西藏的言行举止令人担忧，对此王森教授在《西藏佛教发展史略》中做了评述：

> 策楞敦多布在西藏实际是进行着军事统治，他的军纪很坏，曾抢劫三大寺金银供器送往伊犁；更借口教派不同，抢掠焚烧宁玛派的寺院；特别是他们恣意抢掠，任意屠杀藏族人民，引起了藏人的普遍不满，遂合辞奏请清廷派兵进藏。[①]

清朝中央政府既面对准噶尔军队入藏后西藏出现较为混乱的局面，又鉴于蒙藏广大信众对达赖喇嘛真假的关切和宗教信仰意愿，最后决定派兵进藏，驱逐准噶尔军队。康熙五十八年（1719），康熙皇帝对议政大臣等下令说：

> 此次差往西边胡毕图等前来回称："策零敦多卜等及土伯特众喇嘛民人，俱言在西宁现有新胡必尔汗实系达赖喇嘛之胡必尔汗。天朝圣主将新胡必尔汗安置在达赖喇嘛禅榻上座，广施法教，实与众人相望之意允协。且土伯特处时有瘴气，厄鲁特之子孙不能滋生，多生疾病，有何贪恋之处？惟恳天朝圣主将法教速为广施。"观此情形，似乎易结。今将新胡必尔汗封为达赖喇嘛，给与册印，于明年青草发时，送往藏地，令登达赖喇嘛之座。送往时，著大臣带满洲兵一千名、蒙古兵一千名、土番兵二千名、绿旗马兵一千名、步兵一千名前去，其行粮、牲畜接续之处，令大将军办理。再由巴尔喀木带四川满洲兵一千名、绿旗兵一千名，土番兵酌量派往，其行粮、牲畜接

续之处，今年羹尧办理。青海王、贝勒、贝子、公等亦带领属兵，或一万，或五六千，送往前去。①

西藏事态的进一步发展和社会各方因素，促使康熙皇帝下令做出决定，清廷宣布了当时暂住在青海西宁塔尔寺的康区小灵童（格桑嘉措）为第六世达赖喇嘛真人，并由清军亲自护送其前往西藏拉萨：拟在布达拉宫举行坐床仪式。护送达赖喇嘛进藏，得到藏蒙各部的鼎力支持。《清实录》记载：

> 康熙五十九年（1720）二月，先是，抚远大将军允禵复奏："臣遵旨传集青海王、台吉等会议进兵安藏及送新胡必尔汗往藏之事，其青海王、台古等皆同心协力，情愿派兵随征，并请封新胡必尔汗掌持黄教。"至是，命封新胡必尔汗为弘法觉众第六世达赖喇嘛，派满汉官兵及青海之兵送往西藏。其四十九旗扎萨克并喀尔喀泽卜尊丹巴呼图克图等，亦令遣使会送。②

从以上引文可看出，清朝中央政府派兵入藏的同时，按照藏蒙信众意愿，册封了居留塔尔寺的小灵童为"弘法觉众第六世达赖喇嘛"。所以，此次护送达赖喇嘛灵童入藏名正言顺，进藏大军以清朝正规军为主、青海蒙藏兵为辅，可谓浩浩荡荡，规模庞大，史无前例，其中尚有漠北喀尔喀部宗教领袖哲布尊丹巴大活佛的代表使者。这在达赖喇嘛世系史上乃至西藏近代史上具有划时代意义。

康熙五十九年（1720）八月，清朝大军顺利进抵拉萨，在西藏僧俗官员及民众的密切配合和大力支持下，迅速驱逐了扰藏的准噶

---

① 《清圣祖实录》卷二八五，《清实录藏族史料》（一），第 234 页。
② 《清圣祖实录》卷二八七，《清实录藏族史料》（一），第 243 页。

尔军队。《清实录》记载：

> 王师所至，望风响应，随有朱贡之呼图克图献地来降。次日进取墨朱工喀，赏赉第巴头目，安辑民人。臣遣千总赵儒等往谕第巴达克杂来降。又，喇嘛锺科尔头目亦陆续来降。臣等随令第巴达克杂聚集皮船，于八月二十二日渡河。复令侍卫讷秦等率领官兵，分为三队，二十三日五鼓时分起程，进取西藏。传西藏之大小第巴头目并各寺庙喇嘛，聚集一处，宣示圣主拯救西藏民人至意。随将达赖喇嘛仓库尽行封闭。西藏附近重地扎立营寨，拨兵固守。截准噶尔之往来行人及运粮要路。随据三庙之坎布将各庙所有准噶尔之喇嘛共一百一人擒获。内有为首喇嘛五人。据第巴达克杂及三庙坎布等首告，彼皆策楞敦多卜授为总管之喇嘛。于是将此五名喇嘛即行斩首，其余九十六名准噶尔之喇嘛尽行监禁。①

以上引文中的"朱贡之呼图克图"是指藏传佛教智贡噶举派（vbri gung bkav brgyud）的大活佛，其驻锡地为前藏智贡提寺（vbru gung mthil），他在当地有一定的宗教权威性和社会影响力；文中"第巴达克杂"是指准噶尔将官策楞敦多卜委任的第巴（司）达孜巴拉杰饶丹，他从 1717 年始在策楞敦多卜的指使下管理西藏政教事务至 1720 年；其"三庙坎布"即拉萨三大寺堪布（住持），他们在西藏宗教界享有很高的社会地位和发言权。可以看出，此次清朝大军进藏肩负两大任务：其一，护送小灵童格桑嘉措回藏坐床，入住布达拉宫，确立达赖喇嘛的正式身份地位；其二，驱逐扰藏的准噶尔军队，平定西藏社会动荡政局。同时，清军肃清了准噶

---

① 《清圣祖实录》卷二八九，《清实录藏族史料》（一），第 250 ~ 251 页。

尔在西藏本土的残余势力，清退了拉萨三大寺中的准噶尔僧人，并对其中的僧官采取了严厉的惩罚措施。

至于达赖喇嘛格桑嘉措的生平以及由清朝大军亲自护送回藏坐床的经过，在《噶厦印谱》中也有较详记述：

> 第七辈达赖喇嘛名格桑嘉措，康熙四十七年土鼠年（1708）出生在理塘之地。当时因为慑于拉藏汗的淫威，不敢正式承认，青海诸王公怕此灵童落于他人之手，遂设法将其迎至青海，并渐次上奏皇帝。得皇帝的敕书，乃将灵童迎驻西宁塔尔寺暂住；迨灵童年13岁时，即康熙五十九年铁鼠年（1720），皇帝始下诏派皇子将军率兵送达赖回藏坐床，并厚加赏资。同年4月22日达赖喇嘛从塔尔寺启程回藏，皇子将军率领大兵送至金沙江边，始回原地，其手下将官扈从达赖喇嘛直抵拉萨。达赖于9月15日在布达拉宫举行坐床典礼。①

康熙五十九年（1720），第六世达赖喇嘛转世灵童格桑嘉措在布达拉宫举行隆重的坐床典礼，正式确认为第七世达赖喇嘛。护送达赖喇嘛的清军在进藏沿途受到藏族民众的热情欢迎。《清实录》记载：

> 据平逆将军延信呈报：大兵送达赖喇嘛至藏地安置，其所经过雷东喷多等处，居住喇嘛人等感激圣主再造弘恩，罔不踊跃欢欣，男女老幼，襁负来迎。见我大兵，群拥环绕，鼓奏各种乐器，合掌跪曰："自准噶尔贼兵占据土伯特地方以来，父

---

① 《噶厦印谱》，第156页。

子分散，夫妇离别，掳掠诸物，以致冻馁，种种扰害，难以尽述。以为此生不能再见天日。今圣主遣师击败贼兵，拯救土伯特人众，我等得解脱患难，仍前永享升平乐业之福，似此再造弘恩，何以报答！"纷纷叩陈，出于至诚。[①]

以上引文中的"土伯特"是指西藏地方或藏族人，此次清军护送第七世达赖喇嘛格桑嘉措进藏，不但受到藏族民众的热烈欢迎，而且成为藏蒙信众期盼已久的盛事。

二 噶伦与地方政教管理

清康熙六十年（1721），清朝中央政府废除独揽西藏政教合一地方政权的第巴（司）长官职位，同时，又拒绝青海和硕特部亲王罗卜藏丹津（固始汗之孙）提出的要求，没有恢复和硕特部掌管西藏政教合一中世俗权力的惯例，而是设立了数位噶伦（bkav blon）官职，共同管理西藏地方政教事务。至此，漠西厄鲁特蒙古和硕特部固始汗子嗣管控西藏地方世俗权力的历史宣告结束。清朝中央政府在很短时间之内，相继任命五位噶伦，执掌西藏地方政教事务。《西藏通史·松石宝串》记载：

> 藏历铁牛年（1721），皇帝敕封德钦巴图尔康济鼐·索南嘉布为贝子，并委任为总理西藏事务的首席噶伦；敕封阿尔布巴·多杰嘉布，为贝子，晋升为噶伦；敕封隆布奈·扎西嘉布为公爵；敕封颇罗鼐·索南道杰和扎尔鼐·罗哲嘉布为台吉，

---

① 《清圣宗实录》卷二九一，《清实录藏族史料》（一），第262页。

晋升为噶伦，成立了总理西藏地方政府事务的机构。[①]

清朝中央政府授予噶伦职位的人大多是曾协助清军入藏有功的藏族大贵族。抚远大将军允禵在疏言中讲道，清军"至空（工）布地方之第巴阿尔布巴首先效顺，同大兵前进取藏，阿里地方之第巴康济鼐与准噶尔为仇，截夺准噶尔之人，又截准噶尔兵回路，第巴隆布奈亲身归附，应否授以职衔，伏候谕旨"。得旨："第巴阿尔布巴、第巴康济鼐著俱授为贝子。第巴隆布奈著授为辅公国。"[②] 其中任命康济鼐（khang chen nas）为首席噶伦，本名索南嘉布（bsod nams rgyal po），后藏人；任命阿尔布巴（nga phod pa）为噶伦，名多杰嘉布（rdo rje rgyal po），工布人；任命隆布奈（lum pa nas）为噶伦，名扎西嘉布（bkra shes rgyal po），前藏人。最初他们在清军官员监督下管理西藏行政事务。在此期间西藏发布命令，则由噶厦加盖谕赐的六行蒙古文四方官印，用黑色。印文为"贝子康钦巴（康济鼐）为首席噶伦，贝子阿沛巴为协助噶伦之印吉祥"[③]。

上文中出现的"阿沛巴""阿尔布巴"等名称，是在汉文文献中书写的不同译名，实际指同一个人，即阿尔布巴·多杰嘉布。清廷在西藏授予三名噶伦后，康熙皇帝又派钦差大臣阿萨肯进藏，在原有三名噶伦之外，新任命颇罗鼐·索南道杰（po lha ba bsod nams stobs rgyas，1689～1747）和扎尔鼐·罗哲嘉布（sbyar ra nas blo gros rgyal po）二人为噶伦，并受封台吉。[④] 关于设立噶伦职位管理西藏地方政教事务的政治体制，王森教授分析说：

---

① 恰白·次旦平措等编著《西藏通史·松石宝串》（下册），第 727 页。
② 《清圣宗实录》卷二九一，《清实录藏族史料》（一），第 262～263 页。
③ 《噶厦印谱》（刘立千藏学著译文集·杂集），第 157 页。
④ 又说雍正元年（1723）委任两位新噶伦。

采取四个噶伦管理西藏事务的这个组织形式，是沿用了拉藏汗时的旧形式，但是实际上，已不再有蒙古汗王和藏族第巴做他们的上司，所以才以康济鼐为首席噶伦。看起来，清廷一方面是沿用了拉藏汗以来西藏政教分权的形式，另一方面也在地方政府的组织形式上肯定了政教分权这一事实，只是任命七世达赖的强佐扎尔鼐作一名噶伦来照顾达赖方面而已。①

后来许多论著都认为当时清廷任命四位噶伦管理西藏地方政教事务，但依据有关历史文献资料，这一时期，清廷在西藏先后任命了五位噶伦，而不是四位噶伦。如上文中所述前三后二，即五位噶伦管理西藏地方政教事务。东噶洛桑赤列教授认定清朝中央政府在西藏前后任命五位噶伦，同时又分析了五位噶伦对藏传佛教各宗派所持的立场和态度。他说：

藏历第十二绕迥铁牛年（公元一七二一年），七世达赖喇嘛格桑嘉措在布达拉宫坐床，并由定西将军、国公才旺诺布、顿珠王、艾维贝勒、亲王罗布藏丹津、贝子阿尔布巴多吉嘉布、国公隆布鼐扎西嘉布等汉藏官员执政一年。此后，康熙皇帝又派钦差大臣阿萨肯进藏，在原有的首席噶伦达勤巴图尔索南嘉布和他的助手贝子阿尔布巴多吉嘉布、国公隆布奈扎西嘉布二人之外，新任命颇罗鼐·索南道杰和甲热哇·洛追嘉布二人为噶伦，并封为台吉。在这些噶伦中，贝子康济鼐达勤巴图尔只喜爱格鲁派，特别仇视宁玛派，而阿尔布巴、甲热哇、隆布奈三人只喜爱宁玛派，颇罗鼐内心里喜爱宁玛派，但表面上

① 王森：《西藏佛教发展史略》，第217页。

装作喜欢格鲁派。①

以上引文中的"甲热哇"指扎尔鼐·罗哲嘉布，属于后一轮推举任命的噶伦之一。实际上，诸位噶伦相互间不和睦的缘由，除了在藏传佛教宗派上持有各自不同的立场或倾向之外，主要是他们对政教权力与社会利益产生过度欲望。五位噶伦相继任职后，开始拉帮结派，争权夺利，在他们之间很快出现了尖锐的矛盾。加之清雍正元年（1723），清廷又商定"平藏之后，留兵防护，恐屯扎日久，唐古特等供应繁费，应将驻藏官员尽行撤回"②。清军从拉萨陆续撤出后，五位噶伦之间的矛盾迅速公开化，以至于展开激烈争斗。可以说，噶伦之间的矛盾起因，极其错综复杂。故后世学者从不同视角做了多种解析和推断，其中东噶·洛桑赤列教授认为：

> 达勤巴图尔（康济鼐）决定把由宁玛派僧人组成的布达拉南杰扎仓迁到泽当邬金寺，由上下密院僧人中抽一部分另组新的南杰扎仓，已被准噶尔人毁坏的宁玛派寺院不得修复。这一决定引起其他几位噶伦的不满，特别是阿尔布巴、隆布奈、甲热哇三人密谋除掉达勤巴图尔和颇罗鼐。③

值得注意的是，五位噶伦之间的争斗，除了诸如处理西藏地方政教事务的意见、对待宁玛派寺院及僧人的态度和安排等易于浮现在社会表层上的矛盾之外，尚有潜藏在内心深处或骨子里固有的传统思想观念等深层次矛盾，诸如族源历史、贵族等级和社会身份等，都成为他们之间难以调和的根本矛盾。对此，王森教授分析说：

---

① 东噶·洛桑赤列：《论西藏政教合一制度》，民族出版社，1985，第 68 页。
② 《清世宗实录》卷五，《清实录藏族史料》（一），第 277 页。
③ 东噶·洛桑赤列：《论西藏政教合一制度》，第 69 页。

康济鼐的贵族地位不及阿尔布巴、隆布奈两个人的贵族地位高,他们看不起康济鼐。隆布奈又以二女做七世达赖之父索南达结之妻,扎尔鼐原为达赖属员,自然听从达赖父亲的指挥。于是三个噶伦结为一党与康济鼐争权。①

除了贵族等级、社会身份和人际关系等差异外,噶伦之间尚有性格人品素质等方面的诸多差异。所以,清朝中央政府从政治的角度曾对诸位噶伦的禀性、人缘及能力等方面做过较为详尽的评估。如《清实录》描述:"康济鼐为人甚好,但恃伊勋绩,轻视众噶伦,为众所恨。阿尔布巴赋性阴险,行事异于康济鼐……隆布奈行止妄乱,扎尔鼐庸懦无能。"②因为种种缘由,最终不可避免地酿造了西藏噶伦之间的惨案,康济鼐被杀,其部下颇罗鼐起兵,控制拉萨:抓捕其他三位噶伦,并请求清朝派兵处置。《清实录》记载:

> 西藏噶隆札萨克台吉颇罗鼐等奏报:"康济鼐与准噶尔构兵,所办诸事,洵有裨益。乃阿尔布巴、隆布奈、扎尔鼐等,会同前藏头目,于六月十八日将康济鼐杀害。臣即收聚后藏军兵防守驻扎,阿尔布巴等复发兵来侵,被臣杀伤无算。今臣带领兵众剿捕阿尔布巴等,伏祈皇上速遣官兵进藏,剿灭逆魁,以安西藏。"③

清雍正五年(1727),西藏发生诸噶伦相互谋害之事件,最后噶伦颇罗鼐在军事上取得胜利,为安定西藏地方政局,向清廷请求派兵进藏。朝廷再次派兵入藏,雍正六年(1728),大兵在未发一

---

① 王森:《西藏佛教发展史略》,第 217 页。
② 《清世宗实录》卷五二,《清实录藏族史料》(一),第 315 页。
③ 《清世宗实录》卷五九,《清实录藏族史料》(一),第 316~317 页。

矢、未伤一员的情况下抵达拉萨，将阿尔布巴和隆布奈二人凌迟处决，将扎尔鼐及阿尔布巴诸子和隆巴奈之子俱斩。至此，西藏地方前任五位噶伦中仅剩的颇罗鼐成为清廷非常倚重和赏识的人物。《清实录》记载：

> 办理西藏事务吏部尚书查郎阿等奏称："颇罗鼐原在后藏，与唐古特相居日久，众皆信服，应遵旨令颇罗鼐总管后藏事务。自后藏至冈底斯、阿里等处俱令其管理。其前藏事务，访问素为土伯特信服之人二名，授为噶伦。据颇罗鼐保选二人，一名色玉特色布腾、一名策凌旺扎尔，俱系大员之子，素为人所敬重。臣等见二人诚实明白，即令管理前藏。授为噶伦。但招地初定，新放二噶伦办理恐不能妥协。颇罗鼐办理噶伦事务，为人心服。查前藏、后藏相离不远，事可兼办。臣等暂令颇罗鼐统管前藏、后藏，俟达赖喇嘛迁移完毕，招地撤兵，再令颇罗鼐专管后藏。"均应如所请。①

清朝中央政府对颇罗鼐在平息动乱中所做出的功绩予以褒奖，如官修史书中所记，"颇罗鼐深知大义，讨逆锄奸，俾无辜受害者得雪沉冤，背旨肆行者早正刑辟，甚属可嘉。著封为贝子，以奖义勇，以昭国宪"②。这是清廷于雍正六年（1728）将颇罗鼐从原台吉职衔升为贝子时的褒奖。同时，任命颇罗鼐为新的首席噶伦，总管前藏、后藏等西藏地方政教事务，成为当时清廷最信任可靠的西藏地方最高行政长官。所以，新补选的二位噶伦皆为颇罗鼐亲自举荐并上报清廷核准任命的，他们分别是色玉特色布腾和策凌旺扎尔二人。

---

① 《清世宗实录》卷七六，《清实录藏族史料》（一），第 327 页。
② 《清世宗实录》卷七六，《清实录藏族史料》（一），第 329 页。

在此需要指出的是，《清实录》中所记"色玉特色布腾"，又写为"纳木扎勒色布腾"，而"策凌旺扎尔"一名亦有错处，据藏文文献记载，其准确写法应是"多喀尔夏仲·策仁旺杰"（mdo mkhar zhabs drung tshe ring dbang rgyal，1697～1762），他是西藏近代史上出现的一位名副其实的文武双全的著名人物。首先，多喀尔夏仲·策仁旺杰是一位高瞻远瞩的政治家，早在1716年就开始担任宗本（rdzong dpon，县官）职务，积累了丰富的从政经验，并且一向亲民廉政；1729年被清廷授予札萨克台吉爵位，任命噶伦职位。他在长期担任西藏地方政府要员期间，尤其在历次政治动乱中能够顺利过关，直至1762年去世，表现了一个成熟政治家所具备的瞻前顾后的政治智慧。其次，多喀尔夏仲·策仁旺杰是一名才华横溢的文化人，创作了数部脍炙人口的作品，诸如《勋努达麦故事》（gzhon nu zla med kyi gtam rgyud）、《颇罗鼐传》（mi dbang rtogs brjod）和《噶伦传》（Bkav blon rtogs brjod），这三部作品不但语言优美、内涵丰富，而且分别反映了作者青年、中年和老年三个不同时期的文学造诣和思想境界。

清雍正九年（1731），雍正皇帝鉴于颇罗鼐在西藏地方政局中的出色表现，给理藩院下令，晋升贝子颇罗鼐为贝勒。如《清实录》记载，谕理藩院："布鲁克巴部落人等互相仇杀，贝子颇罗鼐遣使解扣，宣朕威德，甚属可嘉，著封为贝勒。伊子一等台吉珠尔嘛特册登，屡次领兵效力边疆，著封为辅国公。"[1] 颇罗鼐被授为贝勒，总管西藏地方政教事务后，不负众望，实心效力，并能够管束西藏地方民众。清廷又"令礼部铸给办理危（卫）藏噶伦事务多罗贝勒银印一颗，交于颇罗鼐掌管"[2]。从而使颇罗鼐得到清廷颁赐

---

① 《清世宗实录》卷一〇三，《清实录藏族史料》（一），第344页。
② 《清世宗实录》卷一一二，《清实录藏族史料》（一），第351页。

的官方银印，便于对管辖地方军政事务发号施令。至此，西藏地方政局趋于安定，故清廷下令始从西藏撤兵。

三 西藏郡王与地方政局

清乾隆四年（1740）十二月，清廷"封贝勒颇罗鼐为郡王。谕曰：'西藏贝勒颇罗鼐遵奉谕旨，敬信黄教，振兴经典，练兵防卡，甚属勤勉。'著加恩晋封郡王"①。这是有清以来册封西藏地方官员的最高爵位或职衔，在民间俗称"藏王"。值得提出的是，西藏郡王以及驻藏大臣的出现或诞生，标志着清朝中央政府在西藏正式推行驻藏大臣监督下由郡王具体管理西藏地方政教事务的行政体制。

颇罗鼐受封郡王职衔，执政七年左右，便不幸去世。这给西藏地方政局又带来了变数。据《噶伦传》记载，藏历第十三绕迴火兔年（1747）欢度新年后不久，颇罗鼐身体欠佳，脖子上长了疥疮，病情严重，经医治、念经及驱邪等多方努力，仍不见效，终于二月二日病故。② 颇罗鼐作为西藏地方第一代郡王，病逝后举行了隆重的葬礼。多喀尔夏仲·策仁旺杰认为，这是前世积善，得到的好报，很有福气。达赖喇嘛亲自前赴噶丹康萨（dgav ldan khang gsar）给死者超度，恩惠无比，表现出一视同仁的菩提心的宽宏大量。此外，蒙古准噶尔部策旺多吉朗杰（tshe dbang rdo rje rnam rgyal）派噶尔丹策凌参加吊唁。③ 乾隆皇帝据副都统傅清奏称，得知郡王颇罗鼐病故，亦深感惋惜。乾隆皇帝认为："颇罗鼐任事以来，克尽忠诚，实心效力，今闻溘逝，深为轸悼！著加恩于彼处收贮钱粮内

---

① 《清高宗实录》卷一〇六，《清实录藏族史料》（一），第 400 页。
② 多喀尔·策仁旺杰：《噶伦传》，周秋有译，常风玄校，西藏人民出版社，1986，第29 页。
③ 多喀尔·策仁旺杰：《噶伦传》，第 30 页。

赏银一千两，料理丧事。例应遣大臣致祭，著派索拜前往祭奠。应行恤典，该部照例查奏。"① 于是古北口提督索拜奔赴西藏，致祭郡王颇罗鼐。

与此同时，乾隆皇帝极为关注颇罗鼐之后的西藏地方政教事务，他提出："朕从前因念伊奋勉肫诚，降旨令颇罗鼐保奏一子承袭封爵。据颇罗鼐以次子珠尔默特那木扎勒堪以效力具奏，业加恩封为长子。今办理藏卫噶卜伦事务乏人，即将伊子珠尔默特那木扎勒袭封郡王。"② 珠尔默特那木扎勒年幼承袭郡王，不如其父颇罗鼐管理西藏地方政教事务。乾隆皇帝又下令军机大臣等：

> 西藏地方关系甚要。颇罗鼐经事练达，下人信服，伊亦能奋勉效力，诸事毋庸置念。今颇罗鼐已故，虽命伊子珠尔默特那木扎勒袭封，总理藏卫事务，而藏地素属多事，众心不一，值珠尔默特那木扎勒年幼新袭之时，未必即能如颇罗鼐收服众人之心。颇罗鼐在时，凡事俱由伊主张，不过商同博清斟酌办理。今非颇罗鼐时可比，著传谕傅清，逐处留心访查。如有珠尔默特那木扎勒意见不到之处，即行指示，不得稍有疏忽。再，上年有达赖喇嘛属下人镇压颇罗鼐一事，伊等彼此已露不和之意。今颇罗鼐暴殁，珠尔默特那木扎勒或念伊父动生猜疑，与达赖喇嘛不睦，或达赖喇嘛又信人言，即照所行于颇罗鼐者行之于珠尔默特那木扎勒，则更有关系。傅清于此两人善为和解：惟期地方安静，不生事端。伊等彼此和好，属下即有奸诈者，亦不能滋事矣！颇罗鼐总理藏务多年，皆因能用其属下可信之人，凡事始皆妥当。珠尔默特那木扎勒宜令其用伊父信用旧人，协

① 《清高宗实录》卷二八六，《清实录藏族史料》（二），第602页。
② 《清高宗实录》卷二八六，《清实录藏族史料》（二），第602页。

力料理，方为有益。①

颇罗鼐郡王去世后，乾隆皇帝敕封其次子珠尔默特那木扎勒为郡王，准袭父职，总理西藏地区事务，掌管西藏地方政权。同时，乾隆皇帝正确判断西藏事态发展，再三指令驻藏大臣精心关照，可是西藏地方政局还是没能长久保持稳定安宁，终究发生了珠尔墨特那木扎勒郡王谋乱事件。有学者认为，"珠尔默特那木扎勒事件是一场由反对达赖喇嘛上升为反对驻藏大臣，继而反对朝廷的谋叛事件。第七世达赖喇嘛倾心拥护清廷，清朝中央在西藏抬高第七世达赖喇嘛之地位，极力推崇喇嘛教为基本国策。因此，反对第七世达赖喇嘛，势必动摇清朝的这一基本国策，不利于清朝对西藏的施政。驻藏大臣果断平叛，以身殉职，就是在捍卫这一国策。第七世达赖喇嘛能当机立断，迅速平息叛谋，这与他长期以来拥护清廷，爱国爱民的崇高思想是分不开的"②。当时，清朝中央政府再次派兵进藏，稳定西藏地方局势，废除郡王掌管西藏地方政权的建制，重新调整了西藏政教合一制度。

---

① 《清高宗实录》卷二八六，《清实录藏族史料》（二），第603页。
② 陈庆英等编著《历辈达赖喇嘛生平形象历史》，中国藏学出版社，2006，第314页。

第四章 噶厦政府时期政教合一制度

噶厦政府时期，是指清代中后期格鲁派掌管西藏政教合一地方政权时期。而清代中后期中央政府对西藏地方行使直接管控，在拉萨设立驻藏大臣衙门。乾隆十六年（1751），承袭郡王职位的颇罗鼐之子珠尔默特那木扎勒谋乱，驻藏大臣傅清、拉布敦杀珠尔默特那木扎勒，珠尔默特那木扎勒党羽又杀驻藏大臣。清朝中央政府在平定乱事后，鉴于世俗贵族掌权过重易生变乱，废除郡王掌权制度，授权第七世达赖喇嘛亲政，建立噶厦政府机构，内设四噶伦职位，共同办理西藏地方政教事务。

一　驻藏大臣的设置

驻藏大臣始于清雍正年间，雍正五年（1727），西藏"贝子阿尔布巴、公隆布鼐、台吉札勒鼐等谋杀贝勒康济鼐，背逆不道，藏民告变。我世宗宪皇帝命内阁学士僧格、副都统玛拉、洮岷协副将颜清如，先驰赴藏，抚绥人民"①。僧格，巴林氏，蒙古镶红旗人，进藏前为内阁学士，世袭佐领；玛拉，富察氏，满洲黄旗人，进藏前为正红旗满洲副都统，其名字在文献中出现玛拉或马喇等几种

① （清）松筠撰《卫藏通志》，西藏人民出版社，1982，第351页。

写法。

清廷派遣玛拉和僧格二位同时赴藏办事，参与评定阿尔布巴之乱。之后，两人留住拉萨继续办理西藏应急事务，从而开清代驻藏大臣之先河。所以，中国学界基本认可将雍正六年（1728）定为清朝中央政府在西藏设立驻藏大臣的具体时间。正如林子青所说，清朝对于西藏地区的政教事务非常重视，于雍正六年设驻藏大臣，管理西藏政务。①

又《清实录》记载："其藏内事务，著马喇、僧格总理，迈禄、包进忠协理。"② 由此可见，初设驻藏大臣之时，并不设定正副二人，而是由数人共同办事，甚至在特定时期多达五六人。例如，"今藏内现有僧格、包进忠、迈禄、青保、苗寿等数人办理事务，马喇著遵前旨回京"③。这是驻藏大臣前任后继者交替工作时出现多人的特殊现象，平常只有两三人。又如"雍正九年（1731）二月，护军统领马喇、内阁学士僧格在藏年久，朕意悯念。命正蓝旗蒙古副都统青保、大理寺卿苗寿前往替回。但二人一时回京，新任之人不能熟悉西藏事宜，著马喇先回，留僧格协同青保等再办事一年。马喇、僧格各赏银一千两"④。马喇遵照雍正皇帝之命先于雍正九年（1731）八月回京；僧格后于雍正十一年（1733）离藏返京。雍正十二年（1734），驻藏大臣青保、苗寿二人因事故革职，清廷遂派遣散秩大臣伯阿尔逊、镶白旗蒙古副都统那苏泰前往西藏，办理事务。⑤

但是，清廷在西藏设立驻藏大臣初期，并没有明确其职称和权限，正如有学者指出，驻藏大臣设置后的一段时期内，其职称亦未

---

① 中国佛教协会编《中国佛教》第一辑，知识出版社，1980，第123页。
② 《清世宗实录》卷八二，《清实录藏族史料》（一），第337页。
③ 《清世宗实录》卷一〇九，《清实录藏族史料》（一），第348页。
④ 《清世宗实录》卷一〇三，《清实录藏族史料》（一），第346页。
⑤ 《清世宗实录》卷一四〇，《清实录藏族史料》（一），第361页。

统一明确，有"总理""协理""协办"等多种称谓。雍正九年八月乙卯（1731年9月25日）、乾隆六年九月辛卯（1741年11月7日）和九年九月己丑（1744年10月20日），朝旨先后出现了"西藏办事大臣""驻藏副都统""驻藏办事副都统"等新的称谓或提法。而并未有以后所谓"办事大臣"（正大臣）与"帮办大臣"（副大臣）之说。驻藏大臣不管几人同时驻藏，其权力、地位均相等。①

可以说，清朝中央政府在西藏拉萨设立驻藏大臣，有其政治考量。正如乾隆皇帝所解说："所以命大臣驻藏办事者，原为照看达赖喇嘛，镇抚土伯特人众。"② 乾隆年间是驻藏大臣及其衙门机制趋于完善时期，设二名驻藏大臣，一为办事大臣，一为帮办大臣；驻军官兵二千名额。

有学者专门研究清朝驻藏大臣的沿革历史，认为："自雍正五年正式设立驻藏大臣至宣统末年（1727~1911年），凡一百八十五年间，清廷派藏大臣计一百七十三人次：办事大臣九十人次，未到任七人，实际到任八十三人（其中重任三次者马拉一人，复任二次者索拜等十一人，由帮办大臣擢职者十九人）；帮办大臣八十三人次，未到任十五人，实际到任者六十八人（其中复任二次者雅满泰等五人）。两者合计扣除重任、复任、擢职者三十七人，清廷先后派遣大臣往藏一百三十六人，再减去未到任者二十二人，实际到任一百一十四人。"③

从历史上看，驻藏大臣的设置及其职权，经历了一个循序渐进的发展过程，最初以钦差大臣的身份监督西藏地方政权，后来提升

---

① 吴丰培、曾国庆：《清朝驻藏大臣制度的建立与沿革》，中国藏学出版社，1989，第17页。

② 《清高宗实录》卷一八六，《清实录藏族史料》（一），第438页。

③ 吴丰培、曾国庆：《清朝驻藏大臣制度的建立与沿革》，第22~23页。

其地位、放宽其权限。显而易见，清朝驻藏大臣在西藏政教合一制度的演进历史上发挥过重要作用。如吴丰培所说："驻藏大臣的设立，不仅加强了中央对西藏地方的统理，巩固了地方政权，也使藏族人民感受到统一的祖国大家庭的优越感。"①

二　《藏内善后章程十三条》

清乾隆十二年（1747），西藏郡王颇罗鼐病故，其子珠尔默特那木扎勒袭封郡王。珠尔默特那木扎勒"素不信奉达赖喇嘛，心怀仇隙"，表面上顺从清朝派遣的驻藏大臣，暗中联络蒙古准噶尔汗国，伺机起兵反叛。正如历史文献所记载的："查珠尔默特那木扎勒倒行逆施，于达赖喇嘛，无尊信恭顺之意；虐使其下，战杀伊兄，监禁伊妹，暴戾不训，日甚一日，谋为不轨，逆迹昭著，经驻藏大臣详查，察看得藏地民众对伊人人愤恨，尤恐将来加害于达赖喇嘛，于是一面奏请皇上从速处治，一面在通司岗将伊诛戮。"② 乾隆十五年（1750），驻藏大臣傅清和拉布敦诱杀珠尔默特那木扎勒，随后为其党羽卓呢尔（官名）罗卜藏札什所杀，清廷立即派遣四川总督策楞领兵入藏平叛。乾隆皇帝"御览达赖喇嘛与贵族奏书后谕曰：凶暴之人已诛，嗣后诸事需妥善办理。著派大臣前往西藏，会同达赖喇嘛会商，与公班智达共同商拟西藏事务章程。凡事应推诚相见，悉心查究，参酌旧例，傅地方永远宁谧，敬奉达赖喇嘛，享受安乐，务使西藏一切僧俗人等感朕对伊等怜爱施恩之意"③。当时乾隆皇帝审时度势，指示策楞拟定西藏善后章程，其具体条款如下：

---

① 吴丰培、曾国庆：《清朝驻藏大臣制度的建立与沿革》，第 2 页。
② 《元以来西藏地方与中央政府关系档案史料汇编》第二册，中国藏学出版社，1994，第 551 页。
③ 《元以来西藏地方与中央政府关系档案史料汇编》第二册，第 551 页。

一、查照旧例，西藏办事噶伦原系四人。噶伦布隆簪双目失明，又被珠尔默特那木扎勒革退，现存噶伦公班智达、策楞旺扎勒、色裕特塞布腾三人。除班智达已奉特旨，仍以公爵办理噶伦事务，毋需另议外，其余两人于逆党变乱之前，均被珠尔默特那木扎勒派往他处，不在拉萨。此二人不仅原无过犯，对后来发生叛乱亦不知情，且原系奉旨所放噶伦，仍应照旧留办噶伦事务。噶伦布隆簪一缺，应选放深晓黄教一人充任，公同办理事务，庶于僧俗均有裨益。其余三噶伦均已授有职衔，今新选之喇嘛亦应奏请皇上授于扎萨克大喇嘛名色，与诸噶伦共同办理事务。

二、噶伦会办事件，原有噶厦公所衙门。自颇罗鼐后，各噶伦均不赴噶厦公所，俱于私宅办事。又舍官放之卓尼尔、仲译等员不用，却任意添放私人亲信为卓尼尔、仲译等员，故卓尼尔罗卜藏扎什等得以肆意专擅，任意凌虐众百姓。嗣后凡遇应办事件，各噶伦俱赴噶厦公所会办。所有任意私行添放之官员尽行裁革，仍应用官放之卓尼尔等员办事。凡地方之细小事务由众噶伦秉公会商妥协办理外，其重大事务及驿站紧要事件，务需呈请达赖喇嘛及驻藏大臣酌定办理，钤用达赖喇嘛印信与驻藏大臣关防遵行。倘嗣后噶伦内仍有不遵章程办事者，准其余噶伦查明缘由，如实举报，以凭参奏治罪。

三、补放宗谿头目等官，众噶伦不得任意私放。查各地勒参有管理地方、教养百姓之责。珠尔默特那木扎勒任意指名，混行补放，其人又不亲往，仅差一家奴赴彼代办，扰害地方百姓，于民毫无裨益。嗣后凡遇补放第巴头目等官，众噶伦等务须秉公查办，公同禀报达赖喇嘛并驻藏大臣酌定，候奉钤印文书遵行。其现任勒参内如有家奴代办者，概为撤回，另行补放。至珠尔默特那木扎勒被诛后，凡属逆党同伙，均经班智达遣人换回。在此期间，如有因人地不宜、应行调换者，亦应秉公举出，禀明另行补放。

四、查旧例，凡选放第巴等官，均系择其根基深厚、明白妥协之人，如有不能办理事务或任意犯法者，自应秉公治罪。乃珠尔默特那木扎勒妄作威福，不论贤愚，擅将无辜之旧人，抄没革除，以致是非颠倒，怨声载道。嗣后凡第巴等官，有犯法，轻者应予棍鞭惩罚，对需治罪者与违法盗窃他人财物者，需处剜眼、断肢等刑时，应由噶伦等秉公处理。对喇嘛、贵族、仲科等官没收财产及处极刑者，噶伦与代本等务须秉公查明其缘由后，分别定拟，请示达赖喇嘛并驻藏大臣指示遵行。

五、查旧例，各寺庙之堪布喇嘛，均由达赖喇嘛选放派往。自珠尔默特那木扎勒任事以来，竟任意私自补放调换，不容达赖喇嘛主持，甚属不合。嗣后各寺堪布喇嘛，或遇有缺出，或需调换，均应由达赖喇嘛酌行，噶伦等不得仍照陋规，专擅办理。其喇嘛中遇有犯法者，噶伦等亦应秉公禀明达赖喇嘛，请示遵行。

六、查旧例，达赖喇嘛之侍从有索本、森本、卓尼尔、恰佐等官，自颇罗鼐封王后，亦照达赖喇嘛之例，添设选放各官名色。今噶伦并非王爵，嗣后只应于噶厦公所设卓尼尔二人，与仲译等官办理事务。

七、查旧例，噶伦办理地方事务，代本管理兵马，防范卡隘，今应仍旧，各专责成。后藏地方甚小，而原设代本三名，卫地甚大，而仅设代本一人，一遇差遣病假，无人管束兵马。如珠尔默特那木扎勒差遣代本塔杰扎西去那曲后，卫地无管兵之人，以致逆党罗卜藏札什得以畅肆纠合，扰乱地方。今应再行添设代本一名，共同管理，即或遇有差遣，一人仍可留守卫地，防范地方，护卫达赖喇嘛。嗣后凡遇调遣兵马，防御卡

143

隘，均应遵照达赖喇嘛并驻藏大臣之印信文书行事。代本等仍不时留心地方防务，若遇有应行防范事宜，亦应禀明钦差大臣指示遵行。至后藏代本江乐坚巴，查系无辜被珠尔默特那木扎勒意欲侵害私行革除之人，应仍调取管理后藏代本事务、以示昭雪。

八、查噶伦、代本均系护卫达赖喇嘛、办理地方事务，管束兵马之要员，责任甚重，应各予敕书一道，以昭信守，而重体统。除现有并添设之噶伦、代本，均查取职名，造册送理藩院，奏请颁发外，嗣后遇有出缺，由达赖喇嘛驻藏大臣会商拣选应放之人，奏请补放，仍须报请理藩院转奏颁给敕书。将来或有不遵奉达赖喇嘛，并犯法不能办理事务应行革职者，亦由达赖喇嘛会同驻藏大臣参奏革除，原颁之敕书，一并撤回缴理藩院。

九、查旧例，全藏人民均属达赖喇嘛，按地方大小，人户多寡，各有一定差徭，以供黄教佛事，并备众僧熬茶之用。自颇罗鼐、珠尔默特那木扎勒父子办事以来，不但任意私为侵占，又复市恩于私人，滥行赏赉者甚多。遇有偏爱者，竟擅给免差文书；偏憎者，则加派名目繁多之差税，以致百姓苦乐不均。嗣后噶伦、代本等，应公同查照旧档，如实因有功于政教而劝赏者，毋庸缴回外，其无故私赏之属民，均应秉公查出，禀明达赖喇嘛，撤回仍归公用；其滥行发给之免差盖印文书，亦应查明缴回，仍令其照旧当差；凡一切加派之差徭，亦应禀明达赖喇嘛，概行减免，使百姓苦乐均匀。倘遇有出力有功应行酌赏者，噶伦、代本等秉公禀明达赖喇嘛并驻藏大臣，酌定赏项遵行。

十、查旧例，所有达赖喇嘛差役，均由地方百姓供应。自颇罗鼐、珠尔默特那木扎勒任事以来，旧例废弛，凡噶伦、代本等差人前往西宁、打箭炉、巴尔喀马、阿里等处地方买卖交易，均私出牌票，一切食用、乌拉，均取资于各该地方，以致百姓差徭倍加，苦累不堪，因而流离失所者甚多，此风亟应革除。嗣后噶伦、代本等买卖差遣，不得擅行私出牌票，即遇公事有必需乌拉之处，则务必禀明达赖喇嘛，发给印票遵行。其随时在附近处应役者，仍著噶伦出票办理。

十一、查旧例，达赖喇嘛仓存物件，原系恰佐专管，遇有公事动用，噶伦等禀明达赖喇嘛，代为经理，开取封闭，俱以达赖喇嘛印信封皮为凭。自颇罗鼐、珠尔默特那木扎勒任事以来，任意私自取用，不但不禀明达赖喇嘛，竟致达赖喇嘛无取用一方哈达之权，甚属不合。嗣后零星日用物件仍由恰佐处理外，开取封闭仍以达赖喇嘛印信封皮为凭。遇有公事动用，必须经噶伦等商定，请示达赖喇嘛遵行，不得私行动用。

十二、阿里、那曲等处地方，甚关紧要。查那曲接近青海，阿里与准噶尔接壤，派往驻扎之员，必须拣选妥协可信者，庶于地方有益。且向系选择根底深厚、素有名望之人充任。应请达赖喇嘛遴选遣派，仍将所派人员咨理藩院，奏恩赏给号纸，以昭信守。

十三、查达木蒙古，前经颇罗鼐奏请，由该王差遣管属。自珠尔默特那木扎勒被诛后，伊等因无人管辖，竟尔潜回达木。该蒙古等皆属无罪之人，向系游牧为生，与唐古特情形迥异。近遵旨询及其头目，亦情愿归回达木，听候差遣。自应仰体皇仁，善为安顿。该蒙古原系编为八个头目，惟该头目等所有名号，或称宰桑、或称台吉，均系颇罗鼐、珠尔默特那木扎勒混行加给职衔，于体制亦有不符。应酌定，现有之头目八人，均授为固山达名色，属下仍选择八人授为佐领，再选八人授为骁骑校，俱照例给以顶戴，递相管束，俱归驻藏大臣统

辖。每佐领各派十名，共八十名，驻拉萨以备差遣，并护卫达
赖喇嘛。其食用口粮，仍照旧例由达赖喇嘛仓上供应。一切调
拨，均依驻藏大臣印信文书遵行，噶伦、代本等不得私自差遣。
一切官员之革除补授，俱由驻藏大臣商明达赖喇嘛施行。每年
查察该蒙古内如有勤劳恭顺者，酌加奖赏；倘有不遵法度者，
严加惩责。至蒙古人中，向住拉萨以资糊口之少数人，应查明
存案，准其留住拉萨：以资养生。庶各蒙古均得仰沐天恩矣。[①]

  根据历史文献记载，上述十三条章程，均由驻藏大臣会同达赖
喇嘛、公班智达，参照旧例，共商拟定，经清朝中央政府审批后，谕
告全藏僧俗人等遵照执行；并强调此乃遵奉大皇帝怜爱西藏民众之旨
意，均应仰体皇恩，恭敬达赖喇嘛，无论噶伦、代本、第巴、头目等
所有僧俗大小官员，不得有违，若有违犯，则据情节轻重给予惩治，
罪重者必予诛之。由此可见，清朝中央政府颁布章程十三条的意图在
于立章定制使西藏众百姓不仅可享安乐，亦可济福子孙。

  总之，《藏内善后章程十三条》的出台，对西藏政教合一的行
政体制进行了一次大改革，废除了西藏郡王制，削弱了西藏世俗贵
族的权势。同时，章程十三条的实施，也为建构噶厦政府的行政机
制提供了具体的法律依据和政策保障。

三 噶厦政府的建构

  根据藏文文献，藏历第十三绕迥铁羊年，即乾隆十六年
（1751），乾隆皇帝下诏书，授权第七世达赖喇嘛·格桑嘉措
（1708～1757）亲政，掌管西藏地方政权。达赖喇嘛下设辅助人

---

① 《元以来西藏地方与中央政府关系档案史料汇编》第二册，第551～555页。

员（噶伦）和办事机构，即噶厦政府（bkav shag）。《噶厦印谱》
记载：

乾隆十六年（1751）皇帝48岁。第十三绕迥的铁羊年
（1751），皇帝下诏，一切政教事务必须达赖喇嘛亲自过问。达
赖喇嘛之下设四噶伦为其辅助。从本年起第七辈达赖喇嘛格桑
嘉措亲管政事，至火牛年（1757）为时七载。其封诰印除"自
在佛印"未常使用外，其余均沿五辈达赖旧例使用。皇帝又赐
金印，印文亦如五辈达赖之印，文曰："西天大善自在佛统领
天下释教普觉班杂达热达赖喇嘛之印。"①

噶厦政府是以第七世达赖喇嘛格桑嘉措为领导的政教合一机
构，内设四位噶伦（官职）具体办事。当时任命多仁·贡布欧珠热
旦（rdo ring mgon po dngos grub rab brtan，1721～1792）、多喀尔夏
仲·策仁旺杰（mdo mkhar zhabs drung tshe ring dbang rgyal，1697～
1762）、顿巴·斯却次丹（ston pa srid chos tshe brtan，）和孜准达尔
汗·尼玛坚赞（rtse mgron dar han nyi ma rgyal mtshn）四人为噶伦。
四位噶伦中有三位俗官和一名僧官，其中孜准达尔汗·尼玛坚赞为
僧官。《噶厦印谱》记载：

此辈达赖喇嘛亲自处理政教事务，其下尚有首席噶伦多仁
诺们罕班智达，助理扎萨多喀尔夏仲·策仁旺杰，扎萨顿巴·
斯却次丹等，僧官有孜准达尔汗·尼玛坚赞等人。四个噶伦都
非常精明能干，受到称赞。噶厦还自制有其他铃记，如德吉玛
印、改错印、封禁印等，一直使用至现在。皇帝又特恩准如遇

① 《刘立千著译文集·杂集》，民族出版社，2000，第158页。

有祈祷修法的佛教大事，达赖的命令可以行于西藏本部与及大藏。此时又特设噶仲、卓尼、森噶等官职，同时还新增设专门管理公文之译仓列空。①

噶厦政府机构成立仪式上，七世达赖喇嘛亲临祝愿，赐新制"斯西德吉"印，宣布从此开始，噶厦政府正式行使职权，负责处理西藏地方的政治、经济、文化和军事等内外事务。

当时噶厦政府机构设在拉萨大昭寺，由四位噶伦秉承驻藏大臣、达赖喇嘛旨意办事，且必须于公所（噶厦）办理政事。特别是《藏内善后章程十三条》扩大了驻藏大臣的职权，正式规定了达赖喇嘛的世俗权力，并形成了驻藏大臣、达赖喇嘛（僧官系统）和噶厦俗官系统三者制衡的政体；而且，章程对噶伦、驻藏大臣和达赖喇嘛的权限做了具体规定：凡地方一般事务，除众噶伦秉公会商，妥协办理外，其具折奏重务，并驿站紧要事件，务须遵旨请示达赖喇嘛并驻藏大臣酌定办理，钤用达赖喇嘛印信、钦差大臣关防遵行。② 各寺之堪布喇嘛，或遇缺出，拣选派往；或人不妥协，应行调回；均应由达赖喇嘛酌行，噶伦等不得仍照陋规，专擅办理。喇嘛中遇有犯法者，噶伦等亦应秉公禀明达赖喇嘛，请示遵行。③ 将来或有不尊奉达赖喇嘛，并犯有不能办理地方事务，应行革除者，亦由达赖喇嘛会同驻藏大臣参奏。革除后，原颁之敕书，一体撤回缴部。④ 由此可见，《藏内善后章程十三条》的颁行，对西藏地方政体做出了重大改革。

第七世达赖喇嘛格桑嘉措亲政后，遵循章程，抑制世俗贵族势

① 《刘立千藏学著译文集·杂集》，第 158 页。
② 乾隆朝《钦定西藏善后章程十三条》。
③ 乾隆朝《钦定西藏善后章程十三条》。
④ 乾隆朝《钦定西藏善后章程十三条》。

力，加强与驻藏大臣的沟通合作；同时，改善格鲁派僧侣生活待遇。乾隆十七年（1752），建立布达拉宫译仓（yig tshang）机构，主要保管和处理达赖喇嘛的经书和文书等；乾隆十九年（1754），在布达拉宫创建僧官学校，开设梵文、书法、诗词、历算、语言等社会公共文化课程，除格鲁派高僧外，还聘请宁玛派敏珠林寺的高僧担任教师，学员从哲蚌寺、色拉寺、甘丹寺、木如寺等格鲁派寺院中选送，要求德才兼备，并经孜译仓（rtse yig tshang）批准，每届定额50余名。毕业后依凭个人综合条件，由孜译仓派往各地宗（县）或在噶厦政府中担任职位。

总之，噶厦政府是西藏政教合一制度的最高行政机构，由僧官和俗官组成其领导集团，共同行使职权，负责办理西藏地方的政治、经济、宗教和军事等内外事务。但是西藏政教合一制度推崇宗教信仰理念，将僧官排在俗官之前，具有较大的发言权和决定权。如第七世达赖喇嘛时期设置的布达拉宫译仓机构（由达赖喇嘛直接领导）、第七世达赖喇嘛圆寂后设立的代行职权的摄政一职、第八世达赖喇嘛时期设立的基巧堪布职位（三品僧官）等，都是高僧活佛担任的高级官位。从而形成"在西藏处理政治、经济、社会、军事、法律以及民间事务都以佛教的教义为基本原则，并把服从宗教领袖，遵循佛教教义当作是最高的原则"[①]。可以断言，噶厦政府及其管辖各级部门便主要充当遵循宗教理念、服务宗教事业的机器。

四 摄政与达赖喇嘛

藏历第十三绕迥土虎年，即乾隆二十二年（1757），第七世达

---

① 多杰才旦主编《西藏封建农奴制社会形态》，中国藏学出版社，2005，第3260页。

赖喇嘛格桑嘉措（skal bzang rgya mtsho，1708～1757）在布达拉宫圆寂，西藏地方政教事务暂由噶伦代办。之后，乾隆皇帝唯恐噶伦等人"擅权滋事"，便依据西藏僧俗民众公举并经驻藏大臣禀报，批准丹吉林（寺）第六辈第穆呼图克图·阿旺绛白德勒嘉措（ngag dbang vjam dpal bde legs rgya mtsho，1724～1777）代理摄政，即在达赖喇嘛转世灵童未寻获及新达赖喇嘛未成年之前，代行达赖喇嘛职权。于是在西藏政教合一制度史上产生了第一位摄政。藏文文献记载：

> 乾隆二十二年火牛年（1757）2月2日，达赖喇嘛圆寂，年50岁。其事务暂由噶伦代办。约数月后，西藏僧俗民众会议一致同意公举丹吉林寺第六辈活佛第穆·阿旺降白德勒嘉措为达赖喇嘛代理，作第一任摄政，并向驻藏大臣禀报，请驻藏大臣向皇上转奏，复得皇上恩准，于同年4月8日就任摄政之职。[①]

以上实情在《清实录》《清代藏事辑要》等不少汉文史籍中亦有较详描述，可相互印证或补充。如《清实录》记载：

> 又谕（军机大臣等）："适据伍弥泰等奏称：'噶隆与众堪布共议，迪穆呼图克图熟习经卷，达赖喇嘛在日曾分外优待，藏内亦皆敬服。请将迪穆呼图克图掌办喇嘛事务'等语。前此伍弥泰等奏到达赖喇嘛圆寂，朕念卫藏地方紧要，曾于折内批谕遣章嘉呼图克图前往。此特因卫藏不可无为首办事之人，原系抚恤伊等之意。今噶隆与众堪布等既同推迪穆呼图克图为首

---

① 《噶厦印谱》，第158页。

办事，即毋庸遣章嘉呼图克图前往。但伊等接奉朕前批谕旨，
或已向噶隆、众堪布等宣告，细未可定。今发去谕旨二道，若
前批发之旨已向噶隆等告知，即将停止章嘉呼图克图另准迪穆
呼图克图为首之旨向噶隆等宣谕。若前旨尚未向众告知，即毋
庸言及，只照伊等所请，著迪穆呼图克图为首。伍弥泰等接奉
此旨后，将用何旨宣谕之处，务须据实奏闻。"①

以上引言中所称"迪穆呼图克图"乃是第六世第穆活佛。乾隆
二十二年（1757）三月，乾隆皇帝向军机大臣下谕旨，当即任命第
六世第穆活佛为西藏代理摄政。此举显然有其政治上的考量，以稳
定西藏地方政局为宗旨。《清实录》记载：

谕军机大臣等："前因卫藏之人性好擅权滋事，颇罗鼐故
后办理珠尔默特那木扎勒时，曾经降旨将卫藏一切事件俱告知
达赖喇嘛办理，噶隆等惟令遵办达赖喇嘛所交事件。是以数年
以来，甚属安静无事？兹达赖喇嘛圆寂，览噶隆等请迪穆呼图
克图为首之奏，只称请掌办喇嘛等事务，所奏殊属含混。噶隆
等颇有擅办喇嘛事务之心，日久恐不免妄擅权柄。是以朕赏迪
穆呼图克图诺们罕之号，俾令如达赖喇嘛在日一体掌办喇嘛事
务。除明降谕旨外，再谕伍弥泰、萨喇善务宜留心，遇有一切
事务，俱照达赖喇嘛在时之例，与迪穆呼图克图商办，毋令噶
隆等擅权滋事。将此情节已降旨交章嘉呼图克图，命其写信，
由赴藏之扎萨克喇嘛亲身密交迪穆呼图克图矣。伍弥泰、萨喇
善只期相安无事，妥为留心，毋得稍有泄露。"②

---

① 《清实录藏族史料》（三），西藏人民出版社，1982，第 1273～1274 页。
② 《清实录藏族史料》（三），第 1274～1275 页。

乾隆皇帝鉴于自第七世达赖喇嘛亲政以来西藏地区"安静无事"以及"噶隆等颇有擅办喇嘛事务之心，日久恐不免妄擅权柄"，先赏赐第穆活佛诺们罕之号，提高其宗教地位，遂颁布谕旨任命第六世第穆活佛代为掌办喇嘛事务，并赐予金册封诰及银印一颗。藏文文献记载：

土虎年（1758）6月8日，达赖第八辈降白嘉措在后藏上部土布加拉日岗降生。本年皇帝赏赐第穆活佛金册封诰及银印一颗，印文为"办理藏事宏扬佛教吉祥诺们罕之印"。他摄政六年，到乾隆二十七年（1762）7月10日始将达赖喇嘛迎回布达拉宫举行坐床典礼。第穆摄政共21年，到火鸡年（1777）1月22日卒于丹吉林寺庙内。他有一个大银印，以后的历任摄政活佛均承袭使用。此外皇帝还赐有历任摄政第穆活佛之印连同其他的改错印、封禁印等，这些钤印均曾使用过，惟独印顶上没有记号的大官印，在其圆寂后则由汉藏双方官员保管，封禁在内库之中。第穆卒后数月，由噶伦代行一切政务。①

第六世第穆活佛·阿旺绛白德勒嘉措自1757年摄政至1777年去世为止，在位21年之久。他首开西藏摄政之先河，并建立了较为健全的接任摄政职位的体制。

第二任西藏摄政为第一世策墨林活佛阿旺慈臣（tshe smon gling ngag dbang tshul khrims，1721～1791）。乾隆四十二年（1777），西藏代理摄政第六世第穆活佛·阿旺绛白德勒嘉措圆寂，乾隆帝命在京公差策墨林阿旺慈臣赴藏接掌前任摄政的"掌办西藏事务广衍黄法诺们罕之印"，出任西藏第二任摄政，颁赐"阐明圣教额尔德尼

---

① 《噶厦印谱》，第158～159页。

诺们罕之印"。藏文文献记载：

> 火鸡年（1777）8 月 15 日皇帝敕准过去曾进京入朝，亲
> 受诰封的卸任甘丹赤巴·额尔德尼诺们罕·阿旺慈臣继任摄
> 政。他是策墨林寺的前辈活佛，人称察多。铁牛年（1781）皇
> 帝又赐第八辈达赖喇嘛封号并金印一颗，印文如前辈达赖喇嘛
> 所赐。木龙年（1784）达赖喇嘛亲政，但诺们罕仍为助理，协
> 同达赖掌管政务。察多管政 10 年，到火马年（1786），因章嘉
> 呼图克图离任，皇帝下诏饬诺们罕立即晋京代理章嘉遗缺。他
> 有一颗皇上所赐的大银印，即皇帝赐给前辈第穆活佛作为平常
> 使用者。他走后此印仍暂时使用，以便发布命令，后由驻藏大
> 臣保管。火羊年（1787）此印又交与特派堪布之手，保管在甲
> 康之内。这颗摄政印有四行蒙古文，策墨林活佛的后一辈亦曾
> 使用过。当时印顶尚无"扎"字记号，此印随同改错印嗣由地
> 方政府收储保管。①

以上引言中甘丹赤巴额尔德尼诺们罕·阿旺慈臣，是指第一
世策墨林活佛阿旺慈臣，他于 1777 年担任摄政，至 1784 年第八
世达赖喇嘛绛白嘉措（vjam dpal rgya mtsho，1758～1804）亲政。
之后，策墨林活佛阿旺慈臣继续协同达赖喇嘛掌管政务。藏文文
献记载：

> 第八辈达赖降白嘉措从乾隆四十九年藏历木龙年（1784）
> 亲管政务到火马年（1786）共约 3 年。嗣后达赖喇嘛又与赤钦
> 额尔德尼共同管政，从土鸡年（1789）到铁狗年（1790）。皇

---

① 《噶厦印谱》，第 159 页。

帝又降旨，命达察吉仲·毕呼图诺们罕迁往达谷康萨襄助噶伦等共同办理藏事。①

以上引言中"达察吉仲·毕呼图诺们罕"，是指功德林第八世达察活佛洛桑益西丹贝贡布。藏历第十三绕迥铁狗年（1790）十二月皇帝令吉仲毕呼图到北京，达赖喇嘛又亲管政务，赤钦额尔德尼诺们罕为达赖喇嘛助理，襄办一切。文献记载：

> 自伊回京后，达赖喇嘛人过诚实，专习经典，或且偏信旁人，全无主见。达赖喇嘛系朕所立，诸事如此废弛，实不能仰体朕心。藏中之事，朕若置之不管，亦无不可，但前藏僧俗蒙古人等，俱致离心；不特国体攸关，即达赖喇嘛亦复何益。是以将达赖喇嘛之兄弟商卓特巴等，全令来京，济咙呼图克图，亦行撤回，又恐乏人帮助达赖喇嘛办事，为日既久，属下人等，复有擅权舞弊等事，均不可定。今已讯明舒濂，知普福虽无别项情节，其一味颟顸不能勤慎办事，雅满泰略知藏中事务，又不甚谙练，究难放心。朕因怜悯达赖喇嘛，故遣噶勒丹锡埒图禅师仍复至藏，帮同达赖喇嘛办事。伊至藏后，务将诸事整理，至迟不过三年，章程自可立定，交付驻藏大臣率领噶布伦等照办，即可将伊撤回。②

噶勒丹锡埒图呼图克图，是指策墨林活佛阿旺慈臣。乾隆五十一年（1786），章嘉若贝多杰（1717～1786）在五台山圆寂，乾隆帝命策墨林活佛阿旺慈臣进京接管章嘉活佛的札萨克达喇嘛印务。

---

① 《噶厦印谱》，第159页。

② 张其勤原稿，吴丰培增辑《清代藏事辑要》，西藏人民出版社，1983，第245页。

乾隆五十五年（1790），策墨林活佛阿旺慈臣受命乾隆皇帝之重托，又重返西藏，协助第八世达赖喇嘛处理政教事务，但不幸的是入藏后不久患病于藏历第十三绕迥铁猪年（1791）3月27日在拉萨布达拉宫逝世。

第三任西藏摄政为功德林第八世达察（济咙）活佛洛桑益西丹贝贡布（rta tshag blo bzang ye shes bstan pavi mgon po，1760～1810）。乾隆五十四年（1789），乾隆帝传谕：

> 西藏自巴勒布滋事以来，业经大加惩创。但藏内诸务，必须一晓事大喇嘛帮同达赖喇嘛办理，方为有益。济咙呼图克图心地明白，熟悉经典，素为唐古忒等敬信。著赏给毕里克图名号，任以扎萨克之职，前往西藏帮同达赖喇嘛办理一切。俾噶布伦等诸事得有遵循，以副朕又安全藏至意。①

第八世达察（济咙）活佛首创该活佛系统担任摄政之规，但不久于乾隆五十五年（1790）又奉诏辞去摄政一职，进京为京师掌印喇嘛。乾隆五十六年（1791），时任摄政的第一世策墨林活佛·阿旺慈臣（噶勒丹锡埒图呼图克图）不幸在拉萨逝世，第八世达察（济咙）活佛又回藏接任摄政。藏文文献记载：

> 此时之达察吉仲毕呼图，即功德林寺达察活佛摄政，名洛桑益西丹贝贡布。当时他正去内地，行至中途，又复折回，8月8日到拉萨。本年他协助达赖喇嘛办理一切事务。铁猪年廓尔喀派兵侵入西藏，时局紧张。皇帝派遣将军福中堂率大军到拉萨平乱。水鼠年（1792）皇帝封达赖呼图袭萨玛第巴克什慧

---

① 《清实录藏族史料》（七），西藏人民出版社，1982，第3199～3200页。

通禅师封号并赐圆觉智惠禅定大师等名号之私用银印一颗，准
其世代承袭。木兔年（1795）乾隆驾崩，嘉庆登基。达察从木
兔年到木鼠年（1804）均作为达赖助理，两人联合执政约 14
年。到嘉庆九年即第十三绕迥的木鼠年（1804）10 月 18 日，
第八辈达赖喇嘛降白嘉措圆寂，时年 47 岁。皇帝下诏初令吉
仲呼图克图萨玛第巴克什任总管，办理政教事务。其所用印即
火兔年收存在甲康内的大银印。木牛年（1805）皇帝又下诏命
将此印转赐与达察摄政。因此本年便新制一颗六行蒙古文的摄
政大方印供其使用。①

藏历第十三绕迥木鼠年，即嘉庆九年（1804），第八世达赖喇
嘛绛白嘉措（1758～1804）圆寂，随即嘉庆皇帝下诏书，又命第八
世达察活佛·洛桑益西丹贝贡布再次担任摄政，直至去世（1810
年）。实际上，第二任摄政策墨林活佛·阿旺慈臣于 1791 年在拉萨
逝世，乾隆帝传谕："著济咙呼图克图前往协同达赖喇嘛妥慎办事，
不得因前有嫌隙，意见参差。并传谕达赖喇嘛知之。"② 由第八世达
察（济咙）活佛·洛桑益西丹贝贡布协同第八世达赖喇嘛掌管政
务。故有其前后担任摄政达 20 年之说。

第四任西藏摄政为丹吉林（寺）第七世第穆活佛·洛桑土丹晋
美嘉措（de mo blo bzang thub bstan vjigs med rgya mtsho，1778～
1819）。藏文文献记载：

> 达察活佛卒后，其代理人系按照西藏僧俗民众会议公
> 举，丹吉林寺活佛洛桑土丹晋美嘉措重任摄政，奏明圣上准

① 《噶厦印谱》，第 159～160 页。
② 《清实录藏族史料》（七），第 3251 页。

旨，并谕令其承袭上辈的官印。计有大银印一颗，第穆第一任摄政阿旺降白德勒嘉措的六行蒙古文摄政印一颗，文为"奉天承运皇帝诏曰敕封掌管黄教白丹诺们罕之印吉祥如意"。此外还有改错印、封禁印，均于嘉庆十六年藏历铁羊年（1811）3月17日正式移交与此辈第穆活佛，他遂就任摄政之职。他是4月11日就职，又新刻一颗摄政之印，已如上述。其印头上新刊有一个"扎"字，作为记号。同年将情况上奏皇帝，皇帝敕封他为"额尔德尼诺们罕"。他摄政五年到嘉庆二十年即第十四绕迥的木猪年（1815）3月16日达赖第九辈隆多嘉措年11岁，忽然圆寂，立将此情具奏皇帝，蒙恩降旨，着第穆诺们罕为达赖喇嘛代理，11月2日正式就职。至土兔年（1819）共摄政九年，3月3日第穆卒于丹吉林寺内。[①]

第七世第穆活佛洛桑土丹晋美嘉措自1811年担任摄政之职，直至去世（1819年），在摄政王位上任职9年。

第五任西藏摄政为第二世策墨林活佛阿旺绛贝慈臣嘉措（tshe smon gling ngag dbang vjam dpal tshul khrims rgya mtsho，1792～1862）。他自1819～1844年担任摄政，长达26年之久。藏文文献记载：

> 到了土兔年（1819）8月13日皇帝的诏书方才下来，萨玛第巴什策墨林第二辈活佛阿旺降白慈臣嘉措始正式就摄政之职。除第穆其他大小诸印收回内库以外，批准他继承使用六行蒙古文大印，印文为"宏扬佛教额尔德尼诺们罕之

---

① 《噶厦印谱》第160～161页。

印"。此外还批准他使用封禁印、改错印等。到铁龙年（1820）皇帝又下旨，正式敕封他为额尔德尼诺们罕。不久，嘉庆驾崩，铁蛇年（1821）道光登基。他作摄政的第4年，即从水马年至道光二年，即第十四绕迥始找到了达赖喇嘛转世的三个灵童，于是从后藏迎请班禅大师到前藏来进行认定。1月15日，举行掣签，理塘出世之灵童中签，遂被认定为达赖喇嘛第十辈之灵童名为慈臣嘉措。8月初8日迎回布达拉宫坐床。铁虎年（1830）进行普遍调查，制定铁虎年清册。道光十七年第十四绕迥的火鸡年（1837）第十辈达赖喇嘛圆寂。①

第二世策墨林活佛阿旺绛贝慈臣嘉措长期担任摄政，竟至居功自傲，并与驻藏大臣琦善之间产生矛盾，琦善上奏朝廷，举报其罪状。于是清道光二十四年（1844），道光皇帝下令罢黜第二世策墨林活佛摄政职务，将其接送内地，发往黑龙江治罪，后获释回到故里卓尼地方，交由地方官监管。

第六任西藏摄政为第七世班禅额尔德尼丹贝尼玛（pan chen bstan pvi nyi ma, 1782～1853）。藏文文献记载：

土狗年（1838）第十一辈达赖喇嘛凯珠嘉措于布达拉宫坐床。再过两年至木龙年（1844）为策墨林活佛摄政的 26 年。当道光二十四年时驻藏大臣琦中堂（此前）则已早奏皇帝，将其免职，放逐汉地。琦中堂推举班禅额尔德尼代摄政职。其后皇上降旨，照议敕准，遂迎接班禅大师丹贝尼玛驻锡拉萨。大师从本年起，至木蛇年（1845）4 月 26 日止，共摄政八月余。

---

① 《噶厦印谱》，第 161 页。

他接用策墨林的大小各印。在任摄政期间除使用一颗四行蒙古文的摄政印外还在文件上加钤班禅私用的一颗圆形有法螺纹的佛印。①

第七世班禅额尔德尼丹贝尼玛短暂担任摄政后，清廷下令任命热振活佛为代理达赖喇嘛摄政。热振活佛成为第七任西藏摄政。藏文文献记载：

> 木蛇年（1845）皇帝又下诏着热振活佛第九辈任摄政之职。该活佛系统曾两任摄政。第一任系于本年 4 月 26 日就职，皇帝敕封其为阿齐呼图克图。火马年（1846）为达赖喇嘛受戒，铁狗年（1850）道光驾崩，铁猪年咸丰登基。热振摄政一直到木兔年（1855），共执政 11 年。本年即咸丰五年第十四绕迥的木兔年（1855），第十一辈达赖喇嘛亲政。所用大小各印，均按历任达赖旧例使用。但为时只有数月，至 12 月 15 日达赖喇嘛圆寂，当时他才 18 岁。于是马上举行民众会议一致公举热振呼图克图阿旺益西慈臣坚赞代摄政务，他于 12 月 26 日又重任摄政。本年廓尔喀又武装侵略。②

以上引言中"热振活佛第九辈"，实际上是指第三世热振活佛·阿旺益西慈臣坚赞（raw sgreng sprul sku ngag dbang ye shes tshul khrims rgyal mtshan，1817～1862）。按正统热振活佛世系排序：第一世热振活佛为噶丹赤巴·阿旺却丹（dgav ldan khri pa ngag dbang mchog ldan，1677～1751）、第二世热振活佛为洛桑益西丹巴绕杰

---

① 《噶厦印谱》，第 161 页。
② 《噶厦印谱》，第 162 页。

（blo bzang ye shes bstan pa rab rgyas，1759～1816）、第三世热振活佛为阿旺益西慈臣坚赞、第四世热振活佛为洛桑益西丹贝坚赞（blo bzang ye shes bstan pavi rgyal mtshan，1863～1911）、第五世热振活佛为土丹绛白益西丹贝坚赞（thub bstan vjam dpal ye shes bstan pavi rgyal mtshan，1912～1947）。

第三世热振活佛阿旺益西慈臣坚赞于 1845～1855 年担任摄政，第十一世达赖喇嘛凯珠嘉措（mkhas grub rgya mtsho，1838～1855）于 1855 年亲政数月后突然圆寂，第三世热振活佛·阿旺益西慈臣坚赞又重新担任摄政，掌管西藏政教事务，直至去世（1862 年）。

第八任摄政为夏扎·旺秋嘉布（bshad sgra dbang phyug rgyal po，? ～1864）。他于 1862～1864 年摄政，在位两年多。藏历第十四绕迥木鼠年（1864），夏扎·旺秋嘉布在罗布林卡小寝宫病逝。值得提出的是，夏扎·旺秋嘉布是西藏摄政史上产生的唯一一位世俗身份的官员，其余均为高僧活佛身份。

第九任摄政为第二世德柱活佛洛桑钦热旺秋（sde drung blo bzang mkhyen rab dbang phyug，1799～1872）。他于 1864～1872 年摄政，在位 9 年，即藏历第十四绕迥水猴年（1872），德柱活佛在罗布林卡格桑颇章宫邸（bskal bzang pho brang）逝世。

第十任摄政为功德林（寺）第十世达察（济咙）活佛阿旺班丹却吉坚赞（rta tshag ngag bdang dpal ldan chos kyi rgyal mtshan，1850～1886）。他自 25 岁（1875 年）至 36 岁（1886 年）担任摄政，在位达 11 年之久。

第十一任摄政为丹吉林（寺）第八世第穆活佛阿旺洛桑赤列绕杰（de mo ngag dbang blo bzang vphrin las rab rgyas，1855～1899）。他于 1886～1895 年担任摄政，在位 10 年，成为丹吉林（寺）第穆活佛世系中第二位代理达赖喇嘛摄政的活佛。

第三世策墨林活佛（1863～1920），名阿旺洛桑丹贝坚赞，安多卓尼人，自小勤奋好学，博通显密佛法，后赴拉萨色拉寺麦扎仓修学深造，获得拉然巴格西学衔。1907 年，任甘丹寺第八十七任甘丹"赤巴"。他没有直接担任摄政，但在第十三世达赖喇嘛土丹嘉措（1876～1933）时期两度短暂代理达赖喇嘛行使政教权力。

1904 年，英军入侵西藏，第十三世达赖喇嘛遁往漠北蒙古地区，由第三世策墨林活佛摄政，他在清朝驻藏大臣有泰的强迫下，代表西藏僧俗在《拉萨条约》上签字。故此，清廷于 1906 年将有泰等驻藏官员撤职。

1910 年，川滇边务大臣川总督赵尔丰因推行改土归流不力，乃派四川知府钟颖率四川军队进藏，第十三世达赖喇嘛又遁往印度，第三世策墨林活佛再次摄政，任职至 1912 年第十三世达赖喇嘛返回拉萨。

总之，西藏摄政产生于第七世达赖喇嘛格桑嘉措（1708～1757）圆寂后，即 1757 年，第六世第穆活佛阿旺绛白德勒嘉措（1724～1777）成为西藏政教合一制度史上第一位摄政；至清代末期共产生 11 位摄政。他们在历辈达赖喇嘛转世灵童未寻获及新达赖喇嘛未成年之前，代理达赖喇嘛主持西藏噶厦政府工作，在维护西藏政教合一制度方面起过重要作用。

五　《钦定藏内善后章程二十九条》

乾隆五十七年（1792），清朝中央政府军队击败入侵西藏的廓尔喀军队后，乾隆皇帝谕令福康安等酌拟善后章程。福康安等先后拟定了《酌定额设藏兵及训练事宜六条》《酌拟卫藏善后章程六款》《藏内善后条款外应行办理章程十八条》等各项善后章程，分别奏请。经议复奏准后，福康安等遵旨将上述各项章程主要条款汇集成《钦定藏内章程二十九条》，并译成藏文，逐条向达赖喇嘛等

"详细讲论",并得到他们赞成,颁发西藏地方政府遵行。驻藏大臣衙门亦以布告形式,"刊刻出示,在前后藏各处张挂,晓谕穷乡僻壤,咸使周知"①。《钦定藏内善后章程二十九条》于乾隆五十八年(1793)正式颁布,具体条款内容如下:

一、达赖喇嘛和班禅额尔德尼为黄教教主。蒙古和西藏地区活佛及呼图克图转世灵童时,依照西藏旧俗,常问卜于四大护法神,因依口传认定,未必准确,兹大皇帝为弘扬黄教,特颁金瓶。嗣后认定转世灵童,先邀集四大护法神初选灵异幼童若干名,而后将灵童名字、出生年月日书于签牌,置于金瓶之内,由具大德之活佛讽经祈祷七日后,再由各呼图克图暨驻藏大臣于大昭寺释迦佛尊前共同掣签认定。如四大护法神初定仅一名,则须将初定灵童名字之签牌,配一无字签牌置于瓶内,若掣出无字签牌,则不得认定为初选之灵童,须另行寻访。因达赖喇嘛与班禅额尔德尼互为师弟,凡达赖喇嘛、班禅额尔德尼之呼毕勒罕,即仿互为师弟之义,令其互相拈定。掣定灵童须以满、汉、藏三种文字书于签牌上,方能公允无弊,众人悦服。大皇帝如此降谕,旨在弘扬黄教,以免护法神作弊,自当钦遵执行。金瓶应净洁不污,常供于宗喀巴佛尊前。

二、大将军率师西进,廓尔喀慑服天威,纳款内附,藏地永享宁谧。嗣后近邻诸国来藏商旅人等,凡安分守己者,准其照旧经商。以往商贾任其往来,并无稽察之法。兹特定章程,嗣后凡外番和克什米尔之商人均需造具名册,呈报驻藏大臣衙

---

① 《元以来西藏地方与中央政府关系档案史料汇编》第二册,中国藏学出版社,1994,第834页。

门存案。巴勒布商人每年准其来藏三次，克什米尔商人每年准其来藏一次，各该商人不论前往何地，须由该商人头目事先呈明经商路线，报请驻藏大臣衙门发给印照。现于江孜、定日二处设置官员，凡途经该地，均查验印照。各外番欲来拉萨者，亦须由边界营官呈明情况，由江孜及定日驻军查验人数等后，呈报驻藏大臣衙门，待抵达拉萨后，造具名册，由驻藏大臣衙门核查。派驻各地之汉官及书吏人等，如有贪污受贿等情，一经查明即行参究治罪。从布鲁克巴、哲孟雄、宗木等地来拉萨瞻札者，均应一体办理。外番出境时，各地营官应严加盘查。达赖喇嘛派赴巴勒布修塔之人以及前往朝拜佛塔之人，俱应由驻藏大臣发给印照，限定往返日期。如逾期不返者，驻藏大臣即可行文廓尔喀王子，令该人员返藏，以肃边务，而利藏地。

三、西藏章卡向来多有掺假。嗣后应以汉银铸制，不得掺杂。依照向例，每枚章卡纯银重一钱五分，六枚章卡合银九钱、兑换一两汉银，所差之一钱作为鼓铸之费。章卡正面铸汉字"乾隆宝藏"字样，边廓铸造年分，背面铸藏文。驻藏大臣指派汉官会同噶伦督办藏币铸造，务期保质纯真。以往因章卡流通不便，常将章卡截为小块支付。此次重铸藏币，旨在便利藏人，故另铸制一钱、五分等小额藏币。一钱之藏币九枚折合汉银一两，五分之藏币十八枚折合汉银一两。过去掺假的巴勒布章卡和藏政府铸造的掺杂章卡，八枚章卡折合汉银一两，嗣后不得任意铸造掺杂章卡。同时，旧章卡无庸收回，听其流通，好处较大。现已拟定纯银旧藏币章卡及纯银廓尔喀章卡与新章卡比价，应照章流通，不得更改比价。如发现新章卡掺有铁、锡等情，一经查明，定按国法严惩该主管汉官及噶伦指派之仔本、孜仲及工匠人等，并依假币面值加倍罚款。

四、前后藏向无正规军队，遇有战事，临时征调，多不能应战，且常扰害百姓。兹奏请大皇帝恩准，额设三千番兵，分驻前后藏各一千名，江孜、定日各驻五百名，就近挑补。每五百番兵委一代本统领。先前地藏原有代本五名，今增设一名。前藏番兵归驻拉萨游击统辖，日喀则、江孜、定日之番兵则归驻日喀则都司统辖，上述挑补之兵丁应造具花名册一式二份，一份存驻藏大臣衙门，一份存噶厦公所。嗣后凡遇有缺额，应查照名册即行挑补。上述番兵，统为达赖喇嘛与班禅额尔德尼之护卫兵。

五、以前率领番兵惟有代本一职，今代本之下额设如本十二名，每一如本管辖土兵二百五十名；如本之下额设甲本二十四名，每一甲本管辖土兵一百二十五名；甲本之下额设定本，每一定本管辖土兵二十五名。上述番目武弁由驻藏大臣与达赖喇嘛遴选青壮艺高者充任，并颁发委牌。如有违反军纪者，将严惩各头目。遇代本缺出，即以如本拨补，如本由甲本拨补。以下类推，依次递升。即是世家仲科尔从戎，亦一体由定本、甲本依次递升，不许躐等超越。按照旧例，平民只能升至定本，嗣后应依照其人品技能及战功逐级升擢，不得歧视。

六、以往征调兵丁，未有发给饷械之规。各兵丁自备口粮军器，一旦用尽，即行潜逃，无御敌能力。嗣后，不得如此赏罚不明，每名兵丁每年发给青稞二石五斗，共为七千五百石。此项开支仅前后藏之赋税尚不敷支用，现除沙玛尔巴、仲巴呼图克图田产收入外，另加丹津班珠尔之子米久索朗班觉新近所献五处谿卡庄园收入，共约三千一百七十石，一并做补充军饷。倘仍不敷支用，即可将沙玛尔巴洛桑江白家什尽行变卖，以补不足。如此，除支付各谿卡总管及帮工之薪水等外，每年可得青稞七千五百石，用作粮饷，必能使各兵丁心满意足。凡应征入伍者，均由达赖喇嘛赐予减免差役执照以示关怀，令该等知恩图报。凡系代本，已有达赖喇嘛赐予谿卡，自不必再给粮饷。各如本每年应发饷银三十六两，甲本二十两，定本十四两八钱，合计二千六百余两，于春秋二季由商上送交驻藏大臣转发。至粮饷亦于春秋二季交由代本及甲本分发给兵丁，不得短少。

七、兵丁所需军器，额定十分之五为鸟枪、十分之三为弓箭、十分之二为刀矛。前后藏各寺凡有军器者，应尽行折价收买。前没收沙玛尔巴牧场可征收酥油，值银五百五十两，可制办武器、弓箭、火药用。商上每年派员赴贡布、边坝等地铸造。各兵丁须勤以习武。

八、达赖喇嘛与班禅额尔德尼之收支用度等，此前驻藏大臣从未过问。今钦遵"达赖喇嘛与班禅额尔德尼专注释教利乐，事无巨细，概由众亲随从代行，难免中饱舞弊等情。嗣后著由驻藏大臣审核，凡有隐情舞弊等情，即予惩处"之上谕，著令开列收支清单，于每年春秋二季报送驻藏大臣衙门审核。

九、释迦牟尼高居上苍，普度众生。达赖喇嘛率领众喇嘛在世讽经说法，旨在为众生造福消灾，惠及番众。此次寇贼侵藏，边地百姓饱尝痛苦。被兵之济咙、绒辖、聂拉木三处免收一切钱粮差徭二年，宗喀、定日、喀达、春堆等处免收一年，铁猪年以前，前后藏一切欠缴租赋全行蠲免；各地僧俗官员、大小头目人等所欠之税赋，减半蠲免。如此方能符合大皇帝仁慈广被藏地众生之至意，且对达赖喇嘛等藏地百姓造益无量。

十、嗣后驻藏大臣除前往布达拉宫瞻礼外，有商议问题时，与达赖喇嘛、班禅额尔德尼地位平等，共同进行。自噶伦以下番目及管事喇嘛等，统归其管辖，不论大小番目，须遵从驻藏大臣之命。扎什伦布一切事务，因班禅额尔德尼年幼，需由岁本堪布办理，为了一切事务处置公平起见，凡特殊事项必须事先禀报驻藏大臣，俟驻藏大臣出巡莅临时，再行审核处理。

十一、噶伦缺出，于代本、商上仔本、商卓特巴内，由驻藏大臣和达赖喇嘛拣选二名贤能卓著者，奏请大皇帝谕准补放，喇嘛噶伦缺出，于大堪布拣选奏请补放。代本缺出，需于新设之如本及边地营官中拣选二名奏请皇上补用，不得擅自升补豪横番目，致误操演。仔本及商卓特巴缺出，须从业尔仓巴、协尔帮、噶厦大仲译、孜仲喇嘛中选补；业尔仓巴、协尔帮缺出，从雪第巴、郎仔辖米本、达本中选补；雪第巴、郎仔辖米本、达本缺出，从各地营官及噶厦卓尼尔中选补；僧官达本、雪第巴缺出，从喇嘛中选补；大仲译出缺，从小仲译及噶厦卓尼尔中升补；大缺、边缺营官，从小缺营官中升补；小仲译缺出，由甲本等员弃替补；各边地惟小缺营官缺出，始准从仲科尔中选补。应将大缺、小缺、边缺营官等详细登记造册，以利政务。此前喇嘛补放营官均由达赖喇嘛之近侍随从充任，因该近侍随从常年侍奉达赖喇嘛，不能到职，总系派人代办，难免代办者敲诈百姓，贪赃受贿。嗣后凡需委派代办，均由驻藏大臣选妥干者前去充任，不得由孜仲喇嘛等自行派人代办。噶厦小仲译、卓尼尔等，其职虽小，因随同噶伦办事，亦关紧要，应从仲科尔中选贤能者充任。新设造币厂，应委仔本二员、孜仲二员。凡上述升补事宜，统归驻藏大臣会同达赖喇嘛遴选。除升补噶伦、代本须奏请大皇帝补授外，其余者统由驻藏大臣与达赖喇嘛委派，并颁给满、汉、藏合璧印照。噶伦、代本以下番目营官等应照上述规程由驻藏大臣与达赖喇嘛会商逐级升补，以免随意越级升擢。至司草、侍从、司糌粑、司帐、司酥油等缺，并非要职，则由达赖喇嘛自行拣补。

扎什伦布寺大小管事，均为喇嘛，向无品级，实为不公。

嗣后商卓特巴缺出，由岁本、或森本升补；岁本缺出，由孜仲升补；森本缺出，由卓尼尔升补，不得任意升擢。扎什伦布寺属下寨落较少，且无边地宗谿等，准其依旧自行摊派乌拉等。商卓特巴、岁本、森本、大缺营官等，依照前藏之例，由驻藏大臣会同班禅额尔德尼补放给照。至办理茶叶、酥油，柴草事务等缺，不关紧要，仍由班禅额尔德尼自行择选贤能者补放。上述规定，旨在公正无弊，令藏人悦服，以免徇私偏袒。

十二、达赖喇嘛及班禅额尔德尼之亲属向来多为随从官员。如达赖喇嘛之叔、班禅额尔德尼之父巴勒丹敦珠布恣意妄为；达赖喇嘛之胞兄罗布藏根敦扎克巴仗势逞威。嗣后达赖喇嘛与班禅额尔德尼在世时，其亲属不得担任官员，不得参与处理百姓事务及扎什伦布事务。达赖喇嘛、班禅额尔德尼圆寂之后，如有亲属，可视其才能秉公委以公职。

十三、每年春秋两季，驻藏大臣奏明皇上轮流巡查前后藏，顺便督察操演。各地甲本及营官等如有虐待兵丁、扰害百姓等情，即可向驻藏大臣呈控，定予查处。驻藏大臣巡查所需乌拉人夫等，均应自行付给脚价，不得扰害百姓，以示体恤。

十四、西藏地方与廓尔喀、布鲁克巴、哲孟雄、宗木等接壤。此前外番人等前来拉萨拜见达赖喇嘛、呈进贡物、办理公务时，达赖喇嘛每予回函，但常因立言不能得体，易为外番所轻。如章卡币值一案，廓尔喀曾致书达赖喇嘛，因未予慎重处理，终致战乱。现廓尔喀虽归降称臣，但嗣后凡有文书往来，均应由驻藏大臣会同达赖喇嘛协商处理。凡有廓尔喀遣使来藏拜会达赖喇嘛与驻藏大臣，其回文须照驻藏大臣旨意缮写。凡涉及边界事务等要事，亦须照驻藏大臣旨意办理。外番所献贡物，须经驻藏大臣过目。布鲁克巴王乃皇帝加封，虽其教为宁玛派，然每岁遣专使进贡达赖喇嘛等；哲孟雄、宗木、洛敏达等小部落似双重辖属，常有使臣来藏进贡达赖喇嘛并班禅额尔德尼，虽不应加阻，仍需严加稽查。嗣后外番人员来藏，由边界营官查明人数，禀报驻藏大臣，并由驻江孜、定日汉官验放后，方可前来拉萨。外番致书驻藏大臣，应由驻藏大臣给谕；致达赖喇嘛等文书，须译呈驻藏大臣，由驻藏大臣阅后，酌拟回文交来使带回。至噶伦，为达赖喇嘛管事之人，不准与外番各部落私行通信，如有外番部落寄信给噶伦者，亦令呈送驻藏大臣与达赖喇嘛商同给谕，噶伦不准私行发信，庶内外之防盖昭严密。上述规定，务必遵行。

十五、西藏之济咙、聂拉木、绒辖、喀达萨噶、昆布等地与廓尔喀相邻，为出入要道。于济咙之热索桥、聂拉木之铁索桥、绒辖边界等处设立鄂博，限制巴勒布商人及藏人擅自出入。本款应奏请大皇帝谕准，驻藏大臣巡视时应予检查。所有鄂博应火速堆砌，以免再起纠葛。

十六、边界地方与外番接壤，管束百姓，查验往来人等，甚为重要。本应遣派精明强干者前去任职。然精明强干者每依恋拉萨：不欲前往边地供职，常以庸劣者前去充数，以致贻误边务。嗣后应从小缺营官及武弁中遴选干练者派边地供职，三年任满，倘能办事妥帖，可轮换升擢代本之职。倘办事不力，立即革退，决不姑息。

十七、经查西藏大小番目，向由仲科尔中选任，平民百姓即令贤能亦无任职之例，偶有平民供职者，亦至多为定本等小头目，不能担任更高职务。此等陈规，有碍公务，应立新章。嗣后凡兵丁若技能出众，战绩显著，即令非仲科尔出身，亦可逐级升至定本乃至代本。至文官，仍以仲科尔中选任，惟不得子袭父职，以免贻误政务。小仲译、噶厦卓尼尔，小缺营官等，年满十八岁的仲科尔方能选任。

十八、堪布乃寺院主持，应选德高博学者充任。近来有些喇嘛见到各寺院喇嘛，有许多庄园，又受人尊敬，收礼亦多，于是经商谋利。如此下去，则极为不公。嗣后各大寺院之堪布应由达赖喇嘛、驻藏大臣及济咙呼图克图三人酌商遴选任命，并颁给加盖三方印信之执照。至于小寺院之堪布喇嘛，仍由达赖喇嘛任命。

十九、商上收纳，凡以现银收取或购买实物，应按新定比值分别折收，不得额外加收，以免失信于百姓。

二十、济咙、聂拉木二地征收米石、盐斤及货物进出口税，悉照向例办理。倘需变更税率，须禀报驻藏大臣稽核，商上不得私行加增，以资公正。

二十一、西藏城乡百姓支应乌拉人力、马匹、驮畜等，多由贫困小户承担，致该等百姓苦不堪言。而富家大户则呈请达赖喇嘛与班禅额尔德尼赐予免差照票。如先前历世达赖喇嘛之亲属、好多大呼图克图均领有免差照票。又如各噶伦、代本、大活佛等属下谿卡百姓也多领有减免差赋照票。嗣后应收回所有免差照票，均摊差役，不得额外加重贫困户之差徭。倘实有劳绩需优待者，应由达赖喇嘛与驻藏大臣酌商颁给免差照票。应征入伍者，应由驻藏大臣与达赖喇嘛发给免差照票，以利各该兵丁专心操演。该兵丁缺出，即将原票收回。

二十二、达赖喇嘛所辖各寺活佛及僧人等，应一律详造名册，并责成噶伦填造各呼图克图所属庄户名册，一式二份，呈报驻藏大臣衙门及达赖喇嘛，以备稽查。嗣后各寺僧人凡无护照擅自外出者，一经查出，即惩办该僧人主管堪布及札萨克等头目。

二十三、青海蒙古王公等遣派人员来藏迎请高僧活佛至彼地讽经祈祷，本应禀报驻藏大臣允准方可迎请。然查仍有擅自迎请者，致使无从查寻。嗣后凡有青海蒙古王公遣人来藏迎请高僧活佛者，须经西宁办事大臣咨文驻藏大臣，再由驻藏大臣给予执照，咨明西宁办事大臣，以备查考。前往各地朝佛者，亦须禀明驻藏大臣，领取执照，方可外出。倘再有自行外出者，一经查出，即惩办该主管堪布、活佛等头目。

二十四、公职人员等因公外出，需用乌拉人夫等，向由达赖喇嘛签发牌票，颇多流弊。噶伦、代本乃至达赖喇嘛之亲属等多有私派乌拉人夫、马匹、驮畜及食宿用度情事。嗣后活佛及头人等因私外出，一律不得私派乌拉等，不得私发牌票。凡因公外出，需派用人夫等，应报请驻藏大臣及达赖喇嘛一同发给加盖印信之牌票，沿途依照牌票，支派乌拉人夫等。

二十五、藏人处置械斗、命案及偷盗等，素与汉地各异，仍可照向规办理，惟须区分罪责轻重，酌加惩处，方能使藏人悦服。据查噶伦及朗子辖米本等办案不公，随意向富户额外增加罚款，且将所得大量金、银、牛、羊等私吞，未全数归公。又，噶伦等仗势诬陷卑下之人，罗织罪名，谎报达赖喇嘛，抄没家产等情，屡有发生。嗣后命案等除依照向例予以惩办外，应立案呈报驻藏大臣衙门备案。凡大案、要案应事先报请驻藏大臣核拟办理。该没收财物一类，亦应报请驻藏大臣批准。不论公诉或民诉均须秉公办理。噶伦等如再有依仗权势无端侵占百姓财产者，一经查出，即行革职，并没收其本人之财物，责令退还所侵占财物，以儆效尤。

二十六、每年官兵操演所需之火药，由噶伦妥派人员，持驻藏大臣衙门印票前往贡布监制，并解运拉萨：再行分发各番营。后藏番营未配备火炮，现以新造十三门火炮中调拨二门，以供操演。其余统归达赖喇嘛。

二十七、在任噶伦及代本等，向有达赖喇嘛拨给官邸及豁卡之例，一经御任，自当移交接任者。近查噶伦及代本虽已卸任，仍不移交官邸及谿卡，致使政府另拨官邸，谿卡给新任噶伦及代本。嗣后凡噶伦及代本一经卸任，即行移交官邸、谿卡给接任者，不得私占。

二十八、活佛及僧众之合法俸银，自应按期发放。然近查多有提前支领者。嗣后仍应按期发放，不得提前支领。责成济咙呼图克图及时督查，凡有提前发放或克扣僧俸等情，即将掌办者惩办。

二十九、西藏各村庄应交噶厦之赋税、贡物等品，拉萨近处素派孜仲征收，远处则派雪仲催缴。近查该孜仲、雪仲及营宫中一些恶人向政府少交大量赋税；不仅征收当年之赋税，而且对来年赋税提前征收，逃亡户之赋税由现存户负担，致使百姓不堪忍受。嗣后商卓特巴应督促孜仲、雪仲及营官定时催缴赋税外，不得逼迫百姓预缴。各种之逃亡绝户应减免赋税，待荒地有人复耕后再行征收。①

清朝中央政府颁布《钦定藏内善后章程二十九条》，是以法律形式加强中央政府对西藏噶厦地方政府的监管力度，该章程内容涉及西藏的政治、经济、宗教、军事、边防等方方面面。其要点有：其一，建立"金瓶掣签"制度，有效解决了在以往选定活佛转世灵童中存在的弊端；其二，提升了驻藏大臣的权限，如该章程中规定驻藏大臣督办藏内事务，应与达赖喇嘛、班禅额尔德尼平等，共同协商处理政事，所有噶伦以下的首脑及办事人员以至活佛，都得服从驻藏大臣，还规定驻藏大臣在藏任期内不准叩拜达赖喇嘛②；其

① 《元以来西藏地方与中央政府关系档案史料汇编》第三册，第 825~834 页。
② 《清高宗实录》卷一四五八。

三，规范班禅额尔德尼驻锡地扎什伦布寺的行政体制及僧官制度，亦趋同噶厦政府建构，使班禅额尔德尼享有与达赖喇嘛同等的待遇；第四，在西藏建立 3000 名常设军队，其中前后藏各驻 1000 名，江孜驻 500 名，定日驻 500 名。以上兵员统为达赖喇嘛和班禅额尔德尼的警卫。

总之，乾隆五十八年（1793）制定的《钦定藏内善后章程二十九条》，基本上确立了西藏政教合一制度的长效机制。

第五章 活佛转世与政教合一制度

　　活佛转世，是藏传佛教独有的宗教领袖传承方式。而"活佛"这一术语在藏语中被称为"珠古"（sprul sku），意为"化身"。这是根据大乘佛教法身、报身、化身之说而命名的，意为佛、菩萨之"化身"。藏传佛教认为，法身不显，报身时隐时显，唯有化身随机显现。故有成就的正觉圣人，身前在各地"利济众生"，圆寂后可有若干个"化身"。也就是说，在佛教三身理论的指导下，藏传佛教对于十地菩萨为普度众生而变现之色身，最终在人间找到了依托之对象，即转生或转世之"珠古"。后在"珠古"之名称外，尚衍生出"喇嘛"（bla ma）、"阿拉"（Aa lags）、"仁波切"（rin po che）等诸多别称。

　　其中"喇嘛"一词，是藏文（bla ma）的音译。该词最初是从梵文"gu ru"（古如）两字意译过来的，其本意为"上师"；而在藏文中还含有"至高无上者或至尊导师"之意。因此，后来随着活佛转世制度的形成，"喇嘛"这一尊称又演化为"珠古"的主要别称之一，以体现"珠古"是引领信徒走向解脱之道的"至尊上师"。

　　"阿拉"，是藏文（Aa lags）的音译。该词在字面上看，没有实际意义，是一种表达恭敬的语气词；自从成为"珠古"的别称之

173

后，该词又有了新的内涵，意为带领信众走向光明之路的导师。在不少藏族地区尤其安多藏区人们习惯以"阿拉"一词来尊称"珠古"，使其成为"珠古"别称中使用率最高的称谓。

"仁波切"，是藏文（rin po che）的音译，蕴含"珍宝""瑰宝"或"宝贝"之意。这是藏族广大信教群众对"珠古"（活佛）敬赠的最亲切、最为崇高的尊称。藏族信众在拜见或者谈论某位"珠古"（活佛）时，在通常情况下，不直呼其名号，而尊称"仁波切"。

活佛转世制度肇始于 12 世纪，由藏传佛教噶玛噶举派首创。该派祖师都松钦巴（dus gsum mkhyen pa，1110～1193）圆寂后，嗣法弟子寻求其转世灵童，从而创立了活佛转世制度。之后，活佛转世制度被其他藏传佛教宗派普遍采纳，随之在各宗派中相继产生或建立不同传承的诸多活佛世系，无论哪派世系活佛，他们都在信奉藏传佛教的广大民众中享有至高无上的宗教地位，甚至在清代藏蒙地区具有政教双重影响。

一　清代四大活佛世系

至清代活佛转世制度日臻完善，清廷将其引入国家法制轨道，实施制度化管理。其体制以达赖喇嘛、班禅额尔德尼、哲布尊丹巴呼图克图和章嘉国师即清代四大活佛、驻京八大呼图克图以及拉萨四大林（寺）活佛等为代表。清王朝极为重视活佛转世制度，认定达赖喇嘛、班禅额尔德尼为西藏阐教正宗，哲布尊丹巴呼图克图，国初创始投诚，颇有劳绩。故在清代藏传佛教大活佛转世后，均由清廷大臣奏请特旨钦差大臣前往照料坐床。

（一）达赖喇嘛世系

达赖喇嘛（DaLa bla ma）为清代四大活佛之一，被认为是观世音菩萨之化身，始自宗喀巴大弟子根敦珠巴。正如有学者认为，"格鲁派在 15 世纪末到 16 世纪初陆续出现的众多的活佛转世系统中，最重要的是达赖喇嘛活佛转世系统。这一活佛转世系统开始于扎什伦布寺的创建者根敦珠巴（1391～1474）。以今天的观点来看，根敦珠巴是达赖喇嘛活佛转世系统的开创者，由于他创建扎什伦布寺的功绩，使他在当时的格鲁派中具有特殊的重要性，同时也被一些人认为具有了用转世的形式世代弘扬佛教的资格"①。

达赖喇嘛的世系传承为：第一世达赖喇嘛根敦珠巴（dge vdun grub pa，1391～1474）；第二世达赖喇嘛根敦嘉措（dge vdun rgya mtsho，1476～1542）；第三世达赖喇嘛索南嘉措（bson nams rgya mtsho，1543～1588）；第四世达赖喇嘛云丹嘉措（yon tan rgya mtsho，1589～1616）；第五世达赖喇嘛阿旺嘉措（ngag dbang rgya mtsho，1617～1682）；第六世达赖喇嘛仓央嘉措（tshangs dbyangs rgya mtsho，1683～1707）；第七世达赖喇嘛格桑嘉措（skal bzang rgya mtsho，1708～1757）；第八世达赖喇嘛绛白嘉措（vjam dpal rgya mtsho，1758～1804）；第九世达赖喇嘛隆多嘉措（lung rtogs rgya mtsho，1805～1815）；第十世达赖喇嘛慈臣嘉措（tshul khrims rgya mtsho，1816～1837）；第十一世达赖喇嘛凯珠嘉措（mkhas grub rgya mtsho，1838～1855）；第十二世达赖喇嘛赤列嘉措（vphrin las rgya mtsho，1856～1875）；第十三世达赖喇嘛土丹嘉措（thub bstan rgya mtsho，1876～1933）。

历代达赖喇嘛驻锡地为前藏拉萨：其府邸分冬宫布达拉宫和夏宫罗布林卡（均位于今西藏拉萨市内），主要统领前藏及多康地区政教事务，在清代藏蒙地区信众中具有广泛的宗教影响力。

按传统惯例，每一世达赖喇嘛圆寂后，都要举行一系列隆重的

---

① 陈庆英等编著《历辈达赖喇嘛生平形象历史》，中国藏学出版社，2006，第4页。

祭祀活动，其葬仪采取塔葬形式，建造金碧辉煌的金质灵塔。《历辈达赖喇嘛生平形象历史》记载：

> 灵塔是每一世达赖喇嘛一生政教业绩的象征，这每一座灵塔和灵殿，都点缀着稀世珍宝，布满了精巧嵌饰和美丽绝伦的图案……这每一座灵塔和灵殿，又是达赖喇嘛圆寂后丧葬完美的精制的最高归宿，在藏族或是藏传佛教世界里，塔葬是一种最奢华的葬仪。它们代表着历代达赖喇嘛政教两方面的辉煌，浓缩着"佛主世界"慈悲护佑的轮回精华。达赖喇嘛灵塔与配殿确实是世界上绝无仅有的，它们是古代藏族人民勤劳汗水的果实与聪明智慧的写照，也是古老的藏民族传统文化精神世界的集中体现。它们均具有很高的文物价值、艺术价值和学术价值。按藏传佛教格鲁派的教理和仪轨，历代达赖喇嘛圆寂之后，均要实行金塔葬仪，没有一个达赖是例外不实行塔葬的，但每个达赖喇嘛的情况又稍有不同。①

需要说明的是，第一世达赖喇嘛根敦珠巴，因创建后藏扎什伦布寺和担任第一届法台（住持），其灵塔供奉在扎什伦布寺；第二世达赖喇嘛根敦嘉措、第三世达赖喇嘛索南嘉措和第四世达赖喇嘛云丹嘉措，皆座主哲蚌寺噶丹颇章宫，他们的灵塔为银质，都供奉在哲蚌寺；自第五世达赖喇嘛阿旺嘉措始，历代达赖喇嘛入住布达拉宫，主持西藏地方政教事务，因而造一座座金质灵塔，均安置在布达拉宫红宫之内。

第一世达赖喇嘛根敦珠巴（1391~1474），出生在后藏萨迦寺附近的贡日（gung ru）一户牧民家，父亲名贡布多杰（mgon po rdo

---

① 陈庆英等编著《历辈达赖喇嘛生平形象历史》，第578~579页。

rje），母亲叫觉莫南吉（jo mo nam skyid），他们共有四子一女，根
敦珠巴为第三子，乳名白玛多杰（pad ma rdo rje）。由于家境贫寒，
5 岁时，给别人家放牧山羊；7 岁时，父亲去世，曾去纳塘寺乞讨，
被纳塘寺堪布珠巴喜饶（grub pa shes rab）收留，受了居士戒，随
从嘉顿赞扎（rgya ston tsan tra）学习藏文读写和梵文（兰扎体、瓦
尔都体），精通多种语言文字；15 岁时，在纳塘寺以珠巴喜饶为堪
布、强巴钦布洛丹巴（byang pa chen po blo ldan pa）为轨范师，受
沙弥戒，正式出家为僧，取法名为根敦珠巴，后又自己加上"桑
布"两字，成为根敦珠巴贝桑布（dge vdun grub pa dpal bzang po）。
在此期间，他跟纳塘寺班智达·僧哈室利（sanggha shri）学习《诗
镜论》（snyan ngag me long）、《藻词论》（vchi med mdzod）、《声明
五种》（sgra mtshams sbyor lnga pa）等，并领受了忿怒金刚随许法
等教诫，还从珠巴喜饶处领受喜金刚、宝帐怙主、药师佛等的随许
法；20 岁时，以珠巴喜饶为堪布、强巴钦布洛丹巴为轨范师、札巴
喜饶为屏教师，受比丘戒。之后，根敦珠巴深入研读《释量论》
《般若》《中观》等经论，参加巡回辩经。

　　根敦珠巴 25 岁时赴前藏拜高僧大德为师，继续研习佛经，有
幸在温扎西多喀（von bkra shes rdo kha）地方拜见宗喀巴大师，聆
听《量决定论释疑》《辩了不了义论》《根本中观般若颂注释》等
诸多经论，宗喀巴赏赐给他僧着之五衣一件。根敦珠巴遵照宗喀巴
大师的指示，跟唐钦巴拉章尼玛坚赞（thang chen pa bla brang nyi
ma rgyal mtshan）、桑浦瓦·喜饶僧格（gsang phu ba shes rab seng
ge）研习密集（gsang vdus）、大威德（vjigs byed）、红色阎罗王等
密宗和因明等显宗教法。后到甘丹寺在宗喀巴大师和贾曹杰·达玛
仁钦座前研习《菩提道次第广论》、因明、般若、中观、时轮、慈
氏五论等经论；从杜增巴·札巴坚赞处听讲《辩了不了义论》、从
卓萨瓦·班丹仁钦（gro sa ba dpal ldan rin chen）处听讲《戒律四

论》等经论。此后，他担任桑浦寺林堆通蒙（gling stod mthong smon）扎仓堪布若干年，先后在前藏地区居留 12 年。

藏历第七绕迥火马年（1426），根敦珠巴返回后藏，至纳塘、强钦、达那日库（ri khud）等地，讲经传法，在此期间还撰写了《入中论释义·善显意趣明镜》。他常在前后藏之间游学，既讲经又闻法。如史书记载：

> 根敦珠巴在他 41 岁的铁猪年（1431）与喜饶僧格一起到后藏拉堆地区，讲经传法，从却顶玉嘉瓦云丹炯奈（chos sdings gayul rgyal ba yon tan vbyung gnas）听受了元音术数占卜法，并熟练掌握。他还会见了博东班钦乔列南杰，听受了二十一度母、十七度母、白度母、蓝度母、妙音天女等教法，博东班钦问他的问题，他都迅捷答出，博东班钦非常高兴，称他为"遍知一切"（thams cad mkhyen pa），由此他的全称成为"遍知一切根敦珠巴贝桑布"。此后他撰写了《释量论注疏》。他还从祥巴贡钦（shangs pa kun mkhyen）和丹萨瓦钦波慈臣贝桑（gdan sa ba chen po tshul khrums dpal bzang）那里听受了许多教法。[1]

此次根敦珠巴返回后藏，被出家僧噶波瓦迎至达那，担任日库寺法台，驻锡传法数年，建造尊胜弥勒佛像，建立祈愿法会。根敦珠巴 45 岁时（1436 年），得到释迦白瓦（shaw kya dpal ba）的资助，在强钦修建了一座精修院，命名"特钦颇章"（theg chen pho brang，意为大乘殿），在静修院他根据曾聆听的宗喀巴大师讲授的《量决定论释疑》之笔录和在贾曹杰座前闻习口传之释量论注释，

---

[1]　恰白·次旦平措等编著《西藏通史·松石宝串》（下册），第 567 ~ 568 页。

撰写了《因明正理庄严论》（tshad mavi bstan bcos chen po rig pavi rgyan）。47 岁时（1438 年），再次到前藏，在甘丹寺跟从强孜曲杰南喀贝瓦听受时轮等教法，还向索康·索南伦珠（zur khang bsod narns lhun grub）、京俄·仁钦贝（spyan snga rin chen dpal）、嘉央仁钦坚赞（vjam dbyangs rin chen rgyal mtshan）等高僧请教许多教法。于 1440 年，又返回后藏。史书记载：

> 根敦珠巴 50 岁时即铁猴年，与上师喜饶僧格一起再次返回后藏，在纳塘和强钦等地讲解以戒律为主的教法；在纳塘寺撰写了《戒律广论》、《别解脱律仪注疏》。此后，他在却典地方跟从大译师图结贝（thugs rje dpal）听受声明和广大经论。上师喜饶僧格在甘丹寺圆寂后，他为了给上师超荐和报答恩情，57 岁即藏历第八绕迥火兔年（1447）去桑珠孜，指示温却琼达（dbon chos skyong dar）在扎玛拉章（brag dmar bla brang）塑造佛像，先建造了白度母像和金铜合金的释迦牟尼伏魔像，高 12 尺，此像被称为"见者获益"（mthong ba don ldan）。①

实际上，白度母像和释迦牟尼像是扎什伦布寺的重要供养对象，扎什伦布寺竣工后将包括弥勒像、佛经、佛塔在内的各种佛像法物均安置在寺院，并按密宗仪轨举行了盛大的开光仪式。1474 年，根敦珠巴在扎什伦布寺创办了正月祈愿大法会，是年在寺院圆寂，享年 83 岁。其论著以《释量论注疏》《入中论释义》《戒律广论》《别解脱律仪注疏》为代表。

第二世达赖喇嘛根敦嘉措（1476～1542），后藏达那（今西藏

---

① 恰白·次旦平措等编著《西藏通史·松石宝串》（下册），第 568 页。

日喀则市谢通门县）人，自幼在民间传为根敦珠巴的转世灵童，后得到扎什伦布寺诸位高僧的普遍认同。9岁时（1485年）迎往扎什伦布寺，剃度出家，授戒传法；19岁（1495年）在哲蚌寺受比丘戒；33岁（1509年）朝礼拉姆拉措（lha mo bla mtsho）圣湖，始建曲科杰寺（chos vkhor rgyal，位于今西藏林芝市加查县境内）。《如意宝树史》记载：

> 梅朵塘（me tog thang）的曲科杰寺（chos vkhor rgyal），是至尊格敦嘉措年三十五时所建，造弥勒佛大像等众多三所依。此寺的建立与预言相符合。[①]

根敦嘉措十分关心曲科杰寺的建设和发展，"到夏天的六七月，他都要到曲科杰寺和三百多名僧人一起住夏，并组织进行曲科杰寺的后续修建工程，增修扎仓的经堂和僧舍等，同时给僧众讲经，到十月份才返回拉萨。1523年夏天，在曲科杰寺兴建了一尊高二十来米的弥勒佛铜像。在他的关心和组织下，曲科杰寺在这一时期规模不断扩大，成为前藏地区格鲁派的著名大寺院"[②]。至于曲科杰寺的规模，有关史书做了较详描述：

> 曲科杰寺有五个显宗扎仓，即常住寺内的细哇（gzhi ba）扎仓；"文殊七传士"的第六位洛追丹巴所建的达波扎仓（dwags po graw tshang，330人），第五任上师俄哇·洛色谢宁时将达波扎仓献给根敦嘉措；尊者格敦嘉措年六十七岁时，因从阿里来了许多出家人，遂于加地（rgyal）建立僧院，名阿里

---

① 松巴·益西班觉：《如意宝树史》，蒲文成、才让译，甘肃民族出版社，1994，第484页。
② 陈庆英等编著《历辈达赖喇嘛生平形象历史》，第51页。

扎仓（mngav ris graw tshang，240 人）；密咒噶哇扎仓（sngags pa sgar ba grwa tshang，64 人），居巴·敬巴贝的弟子贾蔡巴·桑杰仁钦建，献给根敦嘉措；至尊索南嘉措为"敬事"（sku rim sgrub mkhan）而建的南杰扎仓（rnam rgyal grwa tshang），从第一任上师格敦诺桑起开展各种显学的讲闻。噶哇、达波二扎仓在学经期间，每年前往沃、达、埃（vol dwags Ae）三地讲闻学习。南杰扎仓后来依止自在天、大曜（gzav chen）等，勤以施放咒语密术为主，因此在喇嘛仁波且班盖增巴时期，准噶尔军队杀害西藏拉藏汗，并摧毁了大部分宁玛派寺院，并将南杰扎仓的僧人放逐到泽塘，后南杰扎仓解体。现今由第斯香康钦巴在居噶建南杰扎仓。①

由于曲科杰寺是第二世达赖喇嘛亲自创建的，历辈达赖喇嘛担任名誉寺主，并且，曲科杰寺所属的达布扎仓、阿里扎仓、南杰扎仓等扎仓在藏传佛教界具有很高的知名度，尤其南杰扎仓颇有宗教影响力。故南杰扎仓后来遭到准噶尔军队的破坏，不久又得到完全修复，依然在宗教仪轨或法事活动上发挥着特殊功能。有学者认为，曲科杰寺的兴建成功，的确给根敦嘉措带来了极高的荣誉和威望，使他的佛教事业和人生命运发生了根本性的转折。时常感受到仁蚌巴和噶玛噶举派势力的压制的格鲁派的僧俗大众，从根敦嘉措的身上重新看到了复兴的希望。②

第二世达赖喇嘛根敦嘉措 36 岁时（1512 年）出任扎什伦布寺第五届法台（住持）达 4 年之久。他主讲《释量论》（tshad ma rnam vgrel）、《俱舍论》（mdzod）、《般若十万颂》（phar phyin）、

① 松巴·益西班觉：《如意宝树史》，第 484～485 页。

② 陈庆英等编著《历辈达赖喇嘛生平形象历史》，第 45 页。

《密续注疏》（gsang vdus rgyud vgrel）等显密经论，在佛学领域颇有造诣和建树①；41 岁时（1517 年）出任哲蚌寺第十届法台；42 岁时（1518 年）主持拉萨祈愿大法会，恢复了格鲁派高僧主持祈愿大法会的特权。是年，帕主第悉政权首领阿旺扎西札巴（ngag dbang bkra shes grags pa，1488～1567）向根敦嘉措赠送他在哲蚌寺的官邸（rdo khang sngon mo），确立哲蚌寺第一大活佛身份；50 岁（1526 年）兼任色拉寺法台。从此根敦嘉措的宗教地位和社会声望，与日俱增，进一步稳坐格鲁派第一大活佛宝座。

根敦嘉措作为宗喀巴大弟子根敦珠巴的转世活佛，即第二世达赖喇嘛，他不负众望，不仅建寺传法，拓展了格鲁派的发展空间，而且著书立说和培养嗣法弟子，成为一代卓有宗教成就的格鲁派高僧。《如意宝树史》记载：

> 根敦嘉措的著作有《现观庄严论释》、《入中论释》；《究竟一乘宝性论释》、《辨了义不了义释》、《文殊名称经释》及因明、律学方面的释论，尚有本尊法王修法类、宁玛古日息扎（rnying mavi gu ru zhi drag）等多种。根敦嘉措的弟子有班钦·索南札巴、桑浦·却拉沃色、强孜巴·曲郡嘉措、夏尔巴·官达、止寺的二法门、加色谢热浦等人，水虎年三月初八日根敦嘉措去世，时年六十八岁。②

根敦嘉措成为哲蚌寺大活佛后，既推动了格鲁派在卫藏地区的稳步发展，又维护了哲蚌寺作为格鲁派第一大僧院的地位和影响力。同时，根敦嘉措的佛学著作和嗣法弟子在扩大格鲁派影响和推

---

① 恰白·次旦平措、诺昌·吴坚编著《西藏简明通史》（中册），西藏藏文古籍出版社，1990，藏文版，第 409～414 页。
② 松巴·益西班觉：《如意宝树史》，第 465 页。

动格鲁派发展方面亦发挥了重要作用。

第三世达赖喇嘛索南嘉措（1543～1588），前藏堆垄（今拉萨市堆垄德庆县）人，3岁时（1546年）认定为根敦嘉措的转世灵童，迎往哲蚌寺，接受高规格、严要求的寺院教育，6岁（1549）受沙弥戒；9岁（1552年）继任哲蚌寺法台（住持）；10岁（1553年）主持拉萨祈愿大法会；15岁（1558年）出任色拉寺法台。21岁（1564年）受比丘戒；之后，云游前后藏佛教圣地，并在扎什伦布寺、纳塘寺、萨迦寺等大僧院讲经传法，声望日隆；返回哲蚌寺后，修缮自己的府邸，更名"噶丹颇章宫"（dgav ldan pho brang）。

藏历第十绕迴铁龙年，即明万历八年（1580），第三世达赖喇嘛至理塘（li thang）、巴塘（vbav thang）和芒康（mar khams）等地传法，兴建理塘寺，又名长青春科尔寺（位于今四川甘孜州理塘县）；是年，受到云南丽江木氏土司的邀请，但未能成行；翌年，至昌都强巴林寺讲经；万历十一年（1583），第三世达赖喇嘛至西宁：昌建塔尔寺弥勒殿和讲经院；万历十三年（1585），他亲赴蒙古地区，弘宣佛法，利乐众生；万历十五年（1587），在蒙古各部继续讲经传法，盟长皆带头皈依格鲁派。翌年，第三世达赖喇嘛在蒙古喀喇沁部牧场（喀尔敖图漠）圆寂，遗体在当地火化后，取舍利分别在蒙藏地区建塔纪念。① 哲蚌寺作为第三世达赖喇嘛的驻锡地，在寺内造银质灵塔供奉。

第四世达赖喇嘛云丹嘉措（1589～1616），出生于蒙古汗王家族，系俺答汗（阿勒坦汗）曾孙，成为达赖喇嘛世系中唯一的非藏族人。藏历第十绕迴水龙年，即万历二十年（1592），拉萨三大寺和地方官员代表往蒙古地区认定转世灵童；万历三十年（1602），

---

① （清）张其勤等编撰《西藏宗教源流考》，西藏人民出版社，1982，第60页。

三大寺复遣高僧赴蒙古迎请第四世达赖喇嘛进藏；翌年，在热振寺举行坐床典礼，后驻锡哲蚌寺，师从高僧系统修学佛法，并与第四世班禅洛桑确吉坚赞（1570～1662）建立师徒关系。万历三十二年（1604），第四世达赖喇嘛主持拉萨祈愿大法会。万历四十二年（1614），第四世达赖喇嘛受比丘戒，出任哲蚌寺和色拉寺法台，继续推演格鲁派佛学思想和教规礼仪。万历四十四年（1616），第四世达赖喇嘛在哲蚌寺噶丹颇章宫英年早逝，遗体火化后，舍利分往蒙古喀尔喀和土默特部等地多处供奉，哲蚌寺造银质灵塔。

关于其余达赖喇嘛的生平事迹，在相关章节中有简要介绍，故在此不一一叙述。

（二）班禅额尔德尼世系

班禅额尔德尼（Pan Chen Aer Te Ni），是清代四大活佛之一，被认定为无量光佛之化身，始自宗喀巴大弟子克珠杰。有学者认为，"嘉曹杰、克珠杰等人在宗喀巴大师圆寂后，对格鲁派的稳定和继续发展作出了重要贡献，尤其是克珠杰撰写了《宗喀巴大师传略》，阐述了宗喀巴大师一生的事迹和主要的宗教主张，并整理和阐发了宗喀巴大师的重要宗教著作，对于格鲁派内部统一教理主张、保持教派的统一协调，发挥了重要的作用。所以，后来在班禅活佛转世系统建立时，克珠杰被认为是第一世班禅大师"[1]。

班禅额尔德尼的世系传承为：第一世班禅克珠杰（mkhas grub rje，1385～1438）；第二世班禅索南确吉朗普（bsod nams phyogs kyi glang po，1439～1504）；第三世班禅温萨巴·洛桑顿珠（dben sa pa blo bzang don grub，1505～1566）；第四世班禅洛桑确吉坚赞（pan chen blo bzang chos kyi rgyal mtshan，1570～1662）；第五世班禅额尔

---

① 陈庆英等编著《历辈达赖喇嘛生平形象历史》，第3页。

德尼洛桑益西（pan chen blo bzang ye shes，1663～1737）；第六世
班禅额尔德尼班丹益西（pan chen dpal ldan ye shes，1738～1780）；
第七世班禅额尔德尼丹贝尼玛（pan chen bstan pvi nyi ma，1782～
1853）；第八世班禅额尔德尼丹贝旺秋（ban chen bstan pvi dbang
phyug，1855～1882）；第九世班禅额尔德尼却吉尼玛（pan chen
chos kyi nyi ma，1883～1937）。

历代班禅额尔德尼驻锡地为后藏日喀则的扎什伦布寺（位于今
西藏日喀则市内），主要统领后藏藏传佛教事务，在清代藏蒙地区
信众中具有广泛的宗教影响力。

其中第三世班禅温萨巴·洛桑顿珠（1505～1566），后藏温萨
人。所以，当他在藏传佛教密宗领域取得成就后，人们在其名前冠
以"温萨巴"（dben sa pa）名号，意为"温萨人"。同时，温萨巴
·洛桑顿珠在后藏建造温萨寺，开创温萨耳传密法发展之新途径。
故其"温萨巴"名号，又蕴含"温萨耳传密法大成就者"之意。
其生平事迹，在藏文文献中有较详记述：

温萨巴·洛桑顿珠于藏历第八绕迥木牛年（1505）生于后
藏也如德杰且玛林丰附近拉空地方之温萨（dben sa），父名索
南多杰，出身于东氏（mdongs）家族，母名贝宗吉。甫诞生即
能诵六字真言，母认为降生即能言，绝非好事，乃用破垫蒙其
头，因之言语迟钝，最初取名贡波嘉（mgon po skyabs），幼时
远弃放荡之行，五六岁时，在别人难以找到之地洞里，呆了数
日，让人一再寻找，诸如此类，在孩提时即十分喜爱修行之
处，十一岁时，在拉孜瓦·札巴顿珠尊前出家，赐名洛桑顿
珠。轨范师策仁巴（tshul rin pa）去哲蚌寺，彼为随从受学诸
法行，在杰·拉日瓦尊前闻菩提道次第等经论，又赴修行地日
沃格培，从法王洛卓坚赞受诸多灌顶传经，是年冬，抵扎什伦

布寺，从绛央洛桑上师（bshes gnyen）、法王土登朗杰、至尊嘉却（skyabs mchog）闻习显密之灌顶传经及经论等。十七岁，患天花。一日，在门口见一诵缘起赞之白胡须比丘，迎入室内，请求摄受，彼即应允，乃为其根本上师，得全部不共耳传之教诫，其教证功德日增。上述所云之比丘乃传授宗喀巴大师之精要究竟教授耳传口诀及经典之至尊却吉多杰，上师极力护持、传授灌顶令其远离戏论，在修行地修甚深道精要瑜伽法，毫不放松，精进不间，故常作金刚跏趺坐，因而身上有溃烂之处，仅敷以牛粪灰烬，不作其他治疗，却依然发奋修持，精于禅定。二十余岁，在称为宁玛派大贤哲贾瓦雍（rgyal ba gayung）之修行地扎嘉沃多杰宫（brag rgya bo rdo rjevi pho brang），彻悟密集教授要义，于梵藏诸贤哲之论著，不仅能背诵如流，而且熟知梵语等若干种语言。有次去绒地（rong phyogs），萨迦达钦多杰林巴及强钦之诸轨范师、金才之善知识、达那之大译师等在喀如聚会，谈论声明，并言及格鲁派人不谙声明，时温萨巴洛桑顿珠至，以梵语讲授般若八千颂，咸皆不能作答，极为恼恨，虽以恶言恶语相加，然而大师仍百般忍让，毫不动容。至后藏，在修行地白玛坚（pad ma can）长期修行，专心静虑，恰扎一切智（即大成就师却吉多杰）之随从中有十余名得道弟子，念及温萨巴乃其首要弟子，授以耳传手册及幻化经函，使绍承法位。在该地首次向信徒讲经传法，另在许多修道地几次私自为众人讲经。因之，遍于雪山丛中之僻静处，此乃温萨巴讲经传法所致。三十三岁时，在哲蚌寺大经院，以达赖根敦嘉措为亲教师、戒师拉旺仁钦为羯摩师、哲蚌寺领腔师为屏教师，在适数之虔诚僧众中受具足戒。至拉萨：在大小昭寺两尊释迦佛像前为弘扬佛教，饶益众生而祈愿。至色拉寺，在达赖根敦嘉措前敬聆珠嘉传规（grub rgyal lugs）之长寿导引等诸多灌顶传经后，前往后藏。在格培堪布·勒白洛卓尊前敬聆禁食斋戒及其教理。有一时期，去色顶敬聆班钦·绛曲洛卓、阿里大译师朗杰所授密集根本续明灯论等诸多教诫，并且在修行地扎嘉多杰宫、耶玛达斯、朗钦、葛扎、白朗觉莫拉日山（pa snam jo mo lha ri）等地山寺中一意修行。在卫日顶（dbus ri rtse）建温寺（dben mgon），向来自多康、阿里、卫藏等有缘之虔诚徒众宣讲深广佛法，俗民人众诚心诚意所献供养与财物分文不取，凡此等等仰慕大师功德，而如群蜂聚集之僧徒遍布各地，难以尽述。简略言之，其主要弟子有一切智勒巴顿珠、绛敦·桑丹沃色、杰·洛卓朗杰、法王格勒朗杰、桑杰坚赞、法王阿旺札巴、贡敦法王绛央结波、扎西坚赞、法王洛巴·洛卓朗杰、堪钦·罗桑嘉措等。总之，向僧俗大众宣讲深广正法，传法嗣于至尊上师桑杰益西。藏历第九绕迴火虎年（1566）六十二岁时圆寂。[①]

温萨巴·洛桑顿珠16岁时（1521年），在后藏扎西宗（bkra shes tdzong）附近的噶摩曲宗（vgar mo chos rdzong）巧遇珠钦·却吉多杰，并对他产生深深的敬仰之心，而珠钦·却吉多杰上师也看出他是一个难得的人才，遂向温萨巴·洛桑顿珠系统传授了菩提道次第要诀以及胜乐、密集和大威德等耳传密法，尤其是珠钦·却吉多杰在十余名弟子中将《幻化大经卷》特意传递给温萨巴·洛桑顿珠。因此，温萨巴·洛桑顿珠成为格鲁派第四代温萨耳传密法的传承人。

温萨巴·洛桑顿珠是一名精通显密佛法的高僧，在各地静修地

---

① 民族图书馆编《藏文典籍目录》（shes byavi gter mdzod bar cha）中册，民族出版社，1989，第485～486页。

不仅专注于观修，而且向广大信众讲经说法，传扬佛学思想。同时，他于33岁时在哲蚌寺受具足戒，成为一名远离世俗社会、不染世俗尘埃的比丘僧。特别是他在后藏的白朗觉莫拉日山长期观修时，在卫日顶（dbus ri rtse）上建造温（萨）寺（dben mgon），格鲁派耳传密法终于在后藏地区有了自己固定的观修场所。温萨寺的建立，标志着格鲁派耳传密法进入有序传承和正规发展的新纪元。

温萨巴·洛桑顿珠培养了众多嗣法者，以上引文中提名道姓的弟子就不下十余名，但正式成为其传承人的只有克珠·桑杰益西一人。

第四世班禅洛桑确吉坚赞（1570～1662），在藏传佛教界具有崇高的宗教地位，他不仅德高望重，而且佛学知识渊博，撰有《吉祥时轮本续广释》（dpal dus kyi vkhor lovi rtsa bavi rgyud kyi rgyas vgrel）、《金刚鬘大曼陀罗修法》（rdo rje phreng bavi dkyil vkhor chen povi sgrub thabs）、《怙主龙树五次第解说》（mgon po klu sgrub kyis mdzad pavi rim pa lngavi rnam par bshad pa）和《供养上师仪轨》（bla ma mchod pavi cho ga）等权威著作。

藏历第十绕迥金牛年（1601），第四世班禅洛桑确吉坚赞应邀担任扎什伦布寺第十六届"赤巴"（住持），遂将格鲁派密宗法脉温萨耳传系从后藏温萨静修地（dben sa sgrub gnas）或温萨寺（dben dgon）引入扎什伦布寺，始建密宗学院（sngags pa grwa tshang），设立完整的显密兼容的教育体系，取消了扎什伦布寺学僧先前赴拉萨上下密院（lha sa rgyud stod smad grwa tshang）进修深造密法的惯例。藏历第十绕迥水牛年（1613）始，第四世班禅连续6年主持拉萨祈愿大法会，其间首创授予拉然巴（lha rams pa）格西学衔的制度。

第四世班禅洛桑确吉坚赞圆寂后，其嗣法弟子多杰增巴官却坚赞（rdo rje vdzin pa dkon mchog rgyal mtshan，1612～1687）成为格鲁派密宗温萨耳传系中又一位承前启后的关键性人物。他继任扎什伦布寺密宗学院堪布（住持）后，始向僧众公开传授大威德生圆二次第等密法，为推广温萨耳传系密法做出巨大贡献。[①] 其门下著名弟子有第五世班禅额尔德尼洛桑益西、章嘉阿旺洛桑却丹、多杰增巴格勒饶杰、多杰增巴洛桑贡布、嘉样加措和丹增赤列等众多著名高僧活佛。

第五世班禅额尔德尼洛桑益西（1663～1737）和智却·洛桑南杰（grub mchog blo bzang rnam rgyal，1670～1741）两位高僧，乃是扎什伦布寺同一代继承和发扬密宗温萨耳传法脉的著名嗣法者。第五世班禅额尔德尼推行宗喀巴显密兼容和菩提道次第佛学思想，尤其推崇根敦珠巴在扎什伦布寺最初制定的三律仪（别解脱、菩萨和密宗）戒学，整顿寺院清规戒律，使该寺教规与拉萨三大寺相一致，并撰有《菩提道次第直观教导》（byang chub lam gyi rim pavi dmar khrid）、《显密甚深法之教授、随许及指导实录》（mdo rgyud zam movi chos kyi lung rjes gnang dbang khrid thob yig）等经论名著。此外，第五世班禅额尔德尼在多事之秋向第六世达赖喇嘛、第七世达赖喇嘛授戒传法，力主格鲁派高层活佛有序转世。智却·洛桑南杰一生寻访藏区佛教名山胜地闭关修行，倾注对宗喀巴显密兼容佛学思想的证悟，传扬格鲁派道次第修学仪轨；培养了大批嗣法弟子，其中以永增·益西坚赞高僧为代表。

第六世班禅额尔德尼班丹益西（pan chen dpal ldan ye shes，1738～1780）精通显密教法，尤其长于传授《菩提道次第广论》、《无量寿经》和《时轮金刚经》等。乾隆三十年（1765），遵循乾隆帝谕旨："班禅额尔德尼年齿长成，经典淹洽，复教导达赖喇嘛

---

① 永增·益西坚赞：《道次师承传》，西藏人民出版社，1990，藏文版，第563页。

经卷，理宜加恩册封"①，担任第八世达赖喇嘛经师。

乾隆四十五年（1780），第六世班禅额尔德尼前往热河（承德），参加乾隆帝七十大寿庆典，途经之处，蒙古王公、札萨克等，均皆筵宴，极为欣喜。乾隆帝命在热河仿建扎什伦布寺，赐名"须弥福寿之庙"，专供第六世班禅额尔德尼入觐时居住。

第六世班禅额尔德尼一行抵达热河，乾隆帝以首次朝觐礼，在避暑山庄万树园盛宴宴赏。万寿之日，班禅大师率领诸高僧在内佛堂祝诵《无量寿经》，奉献七珍八宝及长寿画卷，亲自向皇帝施无量寿佛大灌顶，以示洗涤尘世，进入佛境；且每日率领僧众在"妙高庄严"殿为乾隆帝诵经祝福。第六世班禅额尔德尼在热河期间，本地僧众聆听讲经，内外札萨克、喀尔喀、土尔扈特、杜尔伯特蒙古王公、札萨克、台吉等，前来献礼叩拜。第六世班禅额尔德尼为答谢乾隆帝恩崇，命其高徒洛桑顿珠（blo bzang don grub）带领20余名僧人留住须弥福寿之庙，以按后藏扎什伦布寺密乘仪轨作法，传习经律教理，本地僧人180名随之学经。当年，第六世班禅额尔德尼至京城居西黄寺，不久在驻锡地染天花逝世。对于班禅大师在京不幸逝世，乾隆皇帝极为悲痛，他命理藩院护送舍利金龛西归后藏扎什伦布寺，并在京城西黄寺建造"清静化城塔"，装藏第六世班禅额尔德尼衣履经咒等，供四方信众瞻仰。

关于其余历代班禅额尔德尼的生平事迹，可在相关章节中或文献中了解，在此不一一叙述。

（三）哲布尊丹巴呼图克图世系

哲布尊丹巴（rje btsun dam pa），是清代四大活佛之一。认定其乃累世推广黄教、护持蒙古而由喀尔喀四部共奉之呼图克图。该

---

① 《清高宗实录》卷七四九。

活佛世系始于明末，其前身虽存有二说①，但迄今以藏传佛教觉囊派高僧多罗那他（1575～1634）之转世说为主流观点。

清朝中央政府极为器重哲布尊丹巴呼图克图，扶持他在漠北蒙古喀尔喀诸部成为宣扬教化之宗教领袖，以分享藏传佛教格鲁派的至高地位和宗教权威。雍正皇帝认为，哲布尊丹巴与班禅额尔德尼、达赖喇嘛之身后，出处甚确，应封于库伦地方，以掌释教。释教无分于内外东西，随处皆可以阐扬。② 因此，清政府动用黄金十万两，在库伦建造第一座藏传佛教大型寺院，由历辈哲布尊丹巴呼图克图住持，使他作为与达赖喇嘛、班禅额尔德尼相等之大喇嘛，执掌一方释教。

第一世哲布尊丹巴洛桑丹贝坚赞（blo bzang bstan pavi rgyal mtshan，1635～1723），在漠北喀尔喀部土谢图汗家中出世，系蒙古王族子弟。有学者认为其"父名衮布多尔济"。自幼出家当喇嘛，被当时势力很大的车臣汗等尊为喀尔喀蒙古的活佛③；顺治六年（1649），哲布尊丹巴赴西藏拜第五世达赖喇嘛和第四世班禅为师，闻法受戒，传承法脉；顺治八年（1651），哲布尊丹巴返回故里喀尔喀部，住锡漠北库伦，始传扬藏传佛教格鲁派教法仪轨，喀尔喀四部王公札萨克台吉僧俗人等，均皆诚心信服。康熙二十七年（1688），哲布尊丹巴率领漠北蒙古喀尔喀部归清。康熙三十二年（1693），清朝中央政府正式敕封哲布尊丹巴为喀尔喀部大喇嘛。雍正元年（1723），第一世哲布尊丹巴在京城圆寂。之后，历辈哲布尊丹巴呼图克图均受清廷册封，成为统治漠北蒙古的主要支柱。

第二世哲布尊丹巴洛桑丹贝仲美（blo bzang bstan pvi sgron me，

① 一说，宗喀巴大弟子绛央曲杰之转世；二说，觉囊派高僧多罗那他之转世。
② 《清世宗实录》卷六三。
③ 张羽新：《清代四大活佛》，中国人民大学出版社，1989，第142页。

1724~1757），在漠北蒙古喀尔喀部出世；有学者认为其"系土谢图汗惇多布多尔济之子"①。雍正九年（1731），库伦大寺尚未竣工，加之时局因准噶尔首领噶尔丹策零骚扰而动荡不定，第二世哲布尊丹巴呼图克图遂移至多伦诺尔庙宇暂住。乾隆二年（1737），第二世哲布尊丹巴呼图克图，首次进京觐见乾隆皇帝，受到清廷隆重而高规格接待。第二世哲布尊丹巴呼图克图返回库伦后，增建显宗学院、密宗学院和医药学院。三大学院的建成，使其蔚然成库伦第一大寺，遂命名"丹巴达吉林寺"（bstan pa dar rgyas gling）。乾隆二十二年（1757），第二世哲布尊丹巴在库伦圆寂。

第三世哲布尊丹巴益西丹贝尼玛（ye shes bstan pavi nyi ma，1758~1774），出生在康区理塘（今四川省甘孜藏族自治州理塘县），父名丹增贡布，系藏族裔。这预示着从此哲布尊丹巴呼图克图将在藏族地区出世。乾隆帝派遣驻藏大臣及札萨克等前往理塘，迎请前辈哲布尊丹巴之转世灵童至多伦诺尔寺（七海寺），觐见乾隆帝。乾隆二十九年（1764），第三世哲布尊丹巴益西丹贝尼玛迎往驻锡地漠北库伦大寺坐床，并聘请诺们罕等数名经师，让他系统修学格鲁派显密教法。然而，第三世哲布尊丹巴益西丹贝尼玛不幸英年早逝，其舍利安放在库伦噶丹寺。

第四世哲布尊丹巴洛桑土丹晋美嘉措（blo bzang thub bstan vjigs med rgya mtsho，1775~1813），在前藏拉萨附近出世，系藏族裔。由第八世达赖喇嘛绛白嘉措认定前辈哲布尊丹巴之转世灵童。他是第八世达赖喇嘛和第六世班禅额尔德尼的亲戚，相继在第八世达赖喇嘛和第六世班禅额尔德尼等高僧活佛座前受戒闻法，后迎往驻锡地漠北库伦大寺坐床；第四世哲布尊丹巴呼图克图，曾扩建库伦大寺，朝礼五台山。嘉庆十八年（1813），第四世哲布尊丹巴在

① 张羽新：《清代四大活佛》，第142页。

回归库伦途中圆寂，其舍利安放在库伦噶丹寺。

第五世哲布尊丹巴洛桑慈臣晋美丹贝坚赞（blo bzang tshul khrims vjigs med bstan pavi rgyal mtshan，1815～1841），在后藏白朗（今西藏日喀则市白朗县）出世，系藏族裔。第五世哲布尊丹巴呼图克图在宗教事业上的主要功绩，是他参照拉萨哲蚌寺的扎仓（学院）建制，在漠北库伦大寺增建两大学院，分别命名为郭芒扎仓和洛赛林扎仓。此外，曾进京觐见道光皇帝，循例得到承侍和赏赐。道光二十一年（1841），第五世哲布尊丹巴呼图克图在库伦圆寂。

第六世哲布尊丹巴阿旺洛桑绛白丹增慈臣嘉措（ngag dbang blo bzang vjam dpal bstan vdzin tshul khrims rgya mtsho，1842～1849），在西藏结勒切地方出世，系藏族裔，被认定为前辈哲布尊丹巴之转世灵童；道光二十八年（1848），迎入库伦坐床，但不幸幼年逝世。

第七世哲布尊丹巴阿旺却吉旺秋赤列嘉措（ngag dbang chos kyi dbang phyugs vphrin las rgya mtsho，1850～1869），在前藏拉萨附近出世，系藏族裔；咸丰五年（1855），迎入库伦坐床；同治八年（1869），在库伦圆寂，其舍利安放在库伦噶丹寺。

第八世哲布尊丹巴阿旺洛桑却吉尼玛丹增旺秋（ngag dbang blo bzang chos kyi nyi ma bstan vdzin dbang phyugs，1870～1923），在康区理塘出世，系藏族裔。光绪三十四年（1908），第八世哲布尊丹巴呼图克图在库伦大寺主持雕刻完成了一部藏文《甘珠尔》木刻板，史称"库伦版藏文大藏经"。这是哲布尊丹巴大活佛在宗教事业上取得的成就。宣统三年（1911），在沙俄的策动下，第八世哲布尊丹巴擅称"大蒙古国皇帝"。

在此还应说明的是，清朝中央政府有一条不成文的规定，历代哲布尊丹巴呼图克图圆寂后，其转世灵童须在前后藏或多康等藏族地区寻访和认定，禁止在蒙古地区或蒙古族中出世。因此，除第一世、第二世哲布尊丹巴呼图克图为蒙古族外，其余历辈皆为藏族地区出生的藏族后裔。

历代哲布尊丹巴呼图克图的驻锡地为漠北库伦丹巴达吉林大寺（位于今蒙古国境内）；哲布尊丹巴呼图克图主要统领漠北蒙古喀尔喀四部政教事务以及广大藏传佛教信众。

（四）章嘉活佛世系

章嘉活佛（lcang skya sprul sku），又称章嘉国师，是清代四大活佛世系之一。他除了享有世袭"国师"职衔之外，又位居驻京八大呼图克图之首，甚至清朝个别皇帝将其推举到达赖喇嘛、班禅额尔德尼之上。雍正五年（1727），雍正帝在一封敕谕中明确指出：章嘉呼图克图者，西域有名之大喇嘛也，唐古忒人众，敬悦诚服，在达赖喇嘛、班禅额尔德尼之上，各处蒙古皆尊敬供奉。[①]

有清一代尤其经过康熙、雍正和乾隆三朝皇帝的特别关怀，章嘉呼图克图的宗教地位或"国师"身份愈显突出。至乾隆年间，章嘉国师已实际掌管理藩院喇嘛印务处，兼管京城、五台山、热河及多伦诺尔（今内蒙古自治区）藏传佛教事务。

第一世章嘉活佛，原名喇嘛札巴鄂色（bla ma grags pa vod zer，? ~1641），明万历年间出生于青海互助张家村，幼年入郭隆寺（佑宁寺）出家为僧。明崇祯三年（1630），升任郭隆寺第六届法台（住持），后辞去法台，前往多麦宗教圣地丹斗寺（位于今青海化隆县金源乡境内）静修。不久由龙合寺（thang ring dgon dgav ldan bshad sgrub gling，位于今青海民和县塘尔垣乡境内）请去担任经师，收徒传法，遂名声大振。之后，他重返郭隆寺任职，并在该寺圆寂。其嗣法弟子寻访转世灵童，创立章嘉活佛世系，追认喇嘛

---

① 《清世宗实录》卷六三。

札巴鄂色为第一世章嘉活佛。在汉文文献中最初以"张家活佛"出现，至康熙年间易名"章嘉活佛"。

第二世章嘉活佛阿旺洛桑却丹（lcang skya ngag dbang blo bzang chos ldan，1642～1714），在安多宗喀（Aa mdo tsong kha，今青海湟水流域）出世，由龙合寺住持慈臣嘉措报请第四世班禅洛桑确吉坚赞（1570～1662）认定为喇嘛札巴鄂色之转世灵童。第二世章嘉活佛先后在龙合寺和郭隆寺受戒闻法；顺治十八年（1661），他赴前藏拉萨学经深造达 20 余年，博通显密教法。

清康熙二十五年（1686），第二世章嘉活佛随上师阿旺洛哲嘉措一同前往漠北蒙古地区，调解札萨克图汗与土谢图汗之间纠纷，并取得成效。翌年，又随师进京具奏，受到康熙帝嘉奖。在京期间，康熙帝对章嘉活佛的处事才能和佛学知识，颇为欣赏。

康熙二十七年（1688），第二世章嘉活佛返回故里，担任郭隆寺第二十届法台（主持），并同和硕特蒙古首领达赖洪台吉建立供施关系，亲往青海湖畔向广大牧民讲经说法，其宗教影响范围逐渐扩大。康熙三十二年（1693），康熙帝以章嘉活佛"梵行精纯，圆通无碍，西藏蒙古中外诸士之所皈依，僧俗万众之所钦仰"召来京城，驻锡法渊寺，封为札萨克达喇嘛，成为京师喇嘛中的最高职衔，具体承办理藩院交办的有关藏传佛教事务。康熙三十六年（1697），第二世章嘉活佛奉命赴藏，向第六世达赖喇嘛代送金册金印，并参加坐床典礼。

康熙四十年（1701），康熙帝命在多伦诺尔（今内蒙古多伦县境内）建造的大型寺院竣工，命名"汇宗寺"，并令内外蒙古各旗，送一名僧人入寺，寓意江河之汇于大海，以示内外蒙古各部共尊清中央政府。同时，康熙帝派遣第二世章嘉活佛担任"多伦喇嘛庙总管喇嘛事务之札萨克喇嘛"职位，始确立他总领漠南蒙古地区藏传佛教的职权。之后，第二世章嘉活佛每年盛夏在多伦诺尔避暑，驻锡汇宗寺，讲经弘法，冬天返回京城任职，处理京师藏传佛教事务。

康熙五十年（1711），清朝中央政府在京城专门给第二世章嘉活佛建造一座寺院；翌年，康熙帝亲书寺额"嵩祝寺"。康熙五十二年（1713），第二世章嘉活佛陪同康熙帝驾临多伦诺尔汇宗寺进香，见其寺院庄严雄伟，蒙古各旗僧人均安心诵经习法，皇帝极为高兴，即向第二世章嘉活佛郑重宣布："黄教之事，由藏向东，均归你一人掌管。"

第二世章嘉活佛，不但受到康熙帝的赞许和嘉奖，而且得到皇四子雍亲王的尊崇。雍正帝即位后编写的《御制语录》中记载："圣祖敕封灌顶普善广慈大国师章嘉呼图克图喇嘛，乃真再来人，实大善知识也。藩邸清闲，时接茶话者十余载，得其劝善方便，因知究竟此事。"[①] 第二世章嘉活佛既是雍亲王的挚友，又是佛学上的指导老师。雍正帝曾讲："章嘉呼图克图喇嘛实为朕证明恩师也，其他禅侣辈，不过曾在朕藩邸往来。"[②] 康熙五十四年（1715），第二世章嘉活佛在多伦诺尔汇宗寺圆寂，其舍利运往青海郭隆寺建塔供奉。雍正皇帝曾对第二世章嘉活佛做过高度评价，他说：

> 朕少年喜阅内典，惟慕有为佛事，于诸公案，总以解路推求，心轻禅宗，谓如来正教，不应如是。圣祖敕封灌顶普惠广慈大国师章嘉呼图克图喇嘛，乃真再来人，实大善知识也。梵行精纯，圆通无碍，西藏蒙古中外诸土之所皈依，僧俗万众之所钦仰。藩邸清闲，时接茶话者，十余载，得其善权方便，因知究竟此事。壬辰春正月，延僧坐七、二十、二十一随喜，同

---

① （清）松筠：《卫藏通志》卷首，西藏人民出版社，1982，第139页。
② （清）松筠：《卫藏通志》卷首，第138页。

坐两日，共五枝香，即洞达本来，方知唯此一事实之理。然自知未造究竟，而迦陵音乃踊跃赞叹，遂谓已彻元微，优侗称许，叩问章嘉。乃曰：若王所见，如针破纸窗，从隙窥天，虽云见天，然天体广大，针隙中之见，可谓偏见乎。佛法无边，当勉进步，朕闻斯语，深洽朕意。二月中，复结制于集云堂，著力参求。十四日晚，经行次，出得一身透汗，桶底当下脱落，始知实有重关之理。乃复问证章嘉。章嘉国师云：王今见处虽进一步，譬犹出在庭院中观天矣，然天体无尽，究未悉见，法体无量，更当加勇猛精进云云。朕将章嘉示语，问之迦陵性音，则茫然不解其意，但支吾云，此不过喇嘛教回途工夫之论，更有何事。而朕谛信章嘉之垂示，而不然性音之妄可，仍勤提撕。恰至明年癸丑之正月二十一日，复堂中静坐，无意中，忽踏末后一关，方达三身四智合一之理，物我一如本空之道，庆快平生，诣章嘉所礼谢。国师望见，即曰：王得大自在矣。朕进问更有事也无？国师乃笑展手云：更有何事耶！复用手从外向身挥云：不过尚有恁麽之理，然易事耳。此朕平生参究因缘，章嘉呼图克图喇嘛实为朕证明恩师也。其他禅侣辈，不过曾在朕藩邸往来。壬辰、癸巳闲坐七时曾与法，会耳。迦陵性音之得见朕也，乃朕初欲随喜结七。因柏林方丈年老、问及都中堂头，佥云只有千佛音禅师，乃命召至。既见，问难甚久，其伎俩未能令朕发一疑情。迫窘佶屈，但云：王爷解路过于大慧果，贫衲实无计奈何矣。朕笑云：汝等只管打七，余且在傍随喜，尔时醒发因缘，已具述如左。若谓性音默用神力，能令朕五枝香了明此事，何得奔波一生，开堂数处，而不能得一人，妄付十数庸徒耶。[1]

---

① （清）松筠：《卫藏通志》，第138～139页。

雍正皇帝早在雍亲王时期就常与禅僧往来，又从第二世章嘉活佛参学，对禅颇有心得和研究，故自号"圆明居士"，他不仅辑《御选语录》十九卷，而且撰写序文多篇。以上引文则是1733年雍正皇帝在《御制语录》后序中所表述的他曾在雍王府修学佛法的经历和体会。他多次向诸多禅师高僧请教有关佛学疑难问题，认为第二世章嘉活佛与众不同、出类拔萃，乃是一代名副其实的掌握精湛佛法的佛学大师。雍正皇帝在《御制语录》后序的字里行间处处表露了他对章嘉活佛的敬仰，认为他从第二世章嘉活佛那里不仅学到了佛教真知灼见的智慧，而且终究明白了佛法的真谛。因此，雍正皇帝虽请过不少佛学老师，但最后只认可"章嘉呼图克图喇嘛实为朕证明恩师也"。不难看出，雍正皇帝既精通佛学义理，又对佛法有着深刻的体验。

第三世章嘉活佛若贝多杰（lcang skya rol pavi rdo rje，1717～1786），在甘肃凉州（今甘肃省武威市）西莲花寺附近的一家普通牧民家中出世，系土族裔。康熙五十九年（1720），认定为第二世章嘉活佛的转世灵童，遂迎至青海郭隆寺（佑宁寺）坐床，成为第三世章嘉活佛。

清雍正十二年（1734），雍正帝按旧例正式册封章嘉活佛·若贝多杰为"灌顶普善广慈大国师"，赐予金册、金印等。是年，第三世章嘉活佛奉命与果亲王允礼一起前往康区泰宁慧远寺，看望第七世达赖喇嘛格桑嘉措。翌年，偕同副都统福寿护送达赖喇嘛返回拉萨，稳定西藏政局，完成清王朝一次重大政教使命。同时，第三世章嘉活佛借进藏机缘，赴后藏扎什伦布寺，师从第五世班禅额尔德尼洛桑益西受比丘戒，并广泛结交前后藏上层僧俗人物。

藏历第十二绕迴火龙年，即乾隆元年（1736），第三世章嘉活佛急忙返回京城，朝见新继位的乾隆皇帝，禀报西藏政教事务。乾隆皇帝立即命他掌管京师寺院和喇嘛，赏赐"札萨克达喇嘛"印一颗，成为京城掌印喇嘛；乾隆八年（1743），赐御用金龙黄伞；乾隆十六年（1751），又赐"振兴黄教大慈大国师"之印；乾隆五十一年（1786）钦定驻京喇嘛的班次时，以第三世章嘉活佛为左翼头班。

第三世章嘉活佛在五台山圆寂前遗言不要保存遗体，拟火化后造铜塔将舍利存放于镇海寺，乾隆皇帝得到消息后大为悲恸，耗资7000 两黄金造金塔安置其遗体，并造大石塔于镇海寺以示纪念。

第四世章嘉活佛益西丹贝坚赞（lcang skya ye shes bstan pavi rgyal mtshan, 1787～1846），在安多宗喀地方（今青海省互助县南门峡乡）出世，系藏族裔。乾隆五十九年（1794），第四世章嘉活佛奉召进京；嘉庆五年（1800），第四世章嘉活佛赴藏拜师学经；嘉庆十一年（1806），第四世章嘉活佛在藏受比丘戒后，回京任职；嘉庆二十四年（1819），第四世章嘉活佛晋升札萨克掌印大喇嘛，全权管理京城藏传佛教事务。道光十九年（1839），第四世章嘉活佛返回故里安多，担任郭隆寺第六十五届法台（住持）。

第五世章嘉活佛洛桑土丹达杰（lcang skya blo bzang thub bstan dar rgyas, 1849～1874），在安多华热地方（今甘肃省天祝县）出世，系藏族裔。同治元年（1862），第五世章嘉活佛赴藏学经深造；同治九年（1870），第五世章嘉活佛回京任职。

第六世章嘉活佛洛桑丹增坚赞（lcang skya blo bzang bstan vdzin rgyal mtshan, 1875～1888），在安多多隆基地方（今青海省西宁市附近）出世，系藏族裔。在多伦诺尔善因寺少年早逝。

第七世章嘉活佛洛桑班丹旦贝卓美（lcang skya dpal ldan bstan pavi sgron me, 1891～1958），在安多宗喀地方（今青海省互助县）出世，系藏族裔。光绪二十五年（1899），第七世章嘉活佛奉旨进京，安心闻法学经。后封为京师札萨克掌印喇嘛，并掌管京城各寺院及多伦诺尔汇宗寺、善因寺，以及五台山镇海寺、善乐寺、广安寺和青海郭隆寺等。

值得一提的是，清代尤其康熙、雍正和乾隆三朝时期，对于历辈章嘉国师虽极礼遇，但章嘉国师似也不大过问政治。乾隆皇帝曾尝试以法司案卷命师判决，第三世章嘉国师合掌答曰：此国之大政，宜由皇上与大臣讨论，非方外之人所预也。直到清末，章嘉活佛虽世袭国师称号，实际上只是在蒙藏地区从事宗教活动而已。[①]

二　拉萨四大林活佛世系

拉萨四大林（hla savi gling bzhi）及其活佛世系分别为：丹吉林第穆活佛世系（bstan rgyas gling de mo sprul sku）、策墨林策墨林活佛世系（tshe smon gling sprul sku）、功德林达察活佛世系（kun bde gling rta tshag sprul sku）和茨觉林茨觉林活佛世系（tshe chog gling sprul sku）。而拉萨四大林，即丹吉林（bstan rgyas gling）、策墨林（tshe smon gling）、功德林（kun bde gling）和茨觉林（tshe chog gling）作为四大活佛府邸，相继建于第七世达赖喇嘛格桑嘉措（1708~1757）和第八世达赖喇嘛绛白嘉措（1758~1804）时期，前三大林之三大活佛世系曾任摄政，在西藏政教合一制度史上具有重要影响。

（一）丹吉林

丹吉林（寺），拉萨四大林之一，是第六世第穆活佛阿旺绛白德勒嘉措（de mo ngag dbang vjam dpal bde legs rgya mtsho，1724~1777）首任西藏噶厦政府摄政一职后建造的官邸，其后成为第穆活佛世系在拉萨的驻锡地。第穆活佛世系有着源远流长的传承历史：第一世第穆活佛官却迥奈（de mo dkon mchog vbyung

---

① 参见中国佛教协会编《中国佛教》第二辑，知识出版社，1980，第366页。

gnas，1374～1453）、第二世第穆活佛班觉扎西（de mo dpal vbyor bkra shes，1454～1526）、第三世第穆活佛阿旺却列朗杰（de mo ngag dbang phyogs las rnam rgyal，1527～1622）、第四世第穆活佛阿旺丹贝坚赞（de mo ngag dbang bstan pavi rgyal mtshan，1623～1668）、第五世第穆活佛阿旺南喀嘉样（de mo ngag dbang gnam mkhav vjam dbyangs，1669～1723）、第六世第穆活佛阿旺绛白德勒嘉措（ngag dbang vjam dpal bde legs rgya mtsho，1724～1777）、第七世第穆活佛洛桑土丹晋美嘉措（de mo blo bzang thub bstan vjigs med rgya mtsho，1778～1819）、第八世第穆活佛阿旺洛桑赤列绕杰（de mo ngag dbang blo bzang vphrin las rab rgyas，1855～1899）。

其中，第六世第穆活佛阿旺绛白德勒嘉措首任摄政一职，成为西藏政教合一制度史上的第一位代理摄政。乾隆二十二年（1757），第七世达赖喇嘛格桑嘉措圆寂，乾隆皇帝唯恐诸噶伦篡权滋事，遂降旨第六世第穆活佛阿旺绛白德勒嘉措以诺们罕的名号，代理达赖喇嘛暂时管理西藏地方政教事务。

清乾隆二十七年（1762），始建第穆活佛驻锡地或第穆摄政官邸，翌年竣工，第穆活佛最初为其取名"甘丹桑额噶才"（dgav ldan gsang sngags dgav tshal），意为"兜率天密宗欢喜苑"；后乾隆皇帝又赐给汉、藏、满、蒙四种文字的匾额，其中汉文为"广法寺"，藏文为"bstan rgyas gling"（丹吉林）。之后，以藏文"丹吉林"为常用名称。丹吉林（寺）既是拉萨四大林中最早创建的寺院，又是四大林中规模最大的官邸。

（二）策墨林

策墨林（寺），拉萨四大林之一，是策墨林活佛世系驻锡地或官邸。策墨林活佛世系形成历史较短，清代仅转世三代：第一世策墨林活佛阿旺慈臣（tshe smon gling ngag dbang tshul khrims，1721～1791）、第二世策墨林活佛阿旺绛贝慈臣嘉措（tshe smon gling ngag dbang vjam dpal tshul khrims，1792～1862）和第三世策墨林活佛阿旺洛桑丹贝坚赞（tshe smon gling ngag dbang blo bzang bstan pavi rgyal mtshan，1863～1920）。

策墨林活佛阿旺慈臣是安多卓尼人，早年赴西藏在色拉寺研习佛学，获拉然巴格西学衔，后转入拉萨上密院深造，曾相继担任上密院堪布、甘丹寺夏孜札仓（shar rtse graw tshang）堪布；乾隆二十七年（1762），策墨林活佛阿旺慈臣奉诏进京，担任雍和宫堪布，乾隆帝赐封他为"夏孜诺们罕"。

藏历第十三绕迥土狗年，即乾隆四十三年（1778），策墨林阿旺慈臣担任第八世达赖喇嘛的经师；同年又荣登甘丹寺第六十一任"赤巴"宝座；乾隆四十六年（1781），乾隆帝敕令第八世达赖喇嘛绛白嘉措（1758～1804）亲政，策墨林阿旺慈臣继续摄政协助。

藏历第十三绕迥水兔年，即乾隆四十八年（1783），策墨林活佛阿旺慈臣在拉萨小昭寺之西方创建一座小寺，为乾隆帝祈寿，乾隆帝获悉极为欢喜，并赐名"寿宁寺"，藏语称"tshe smon ling"，音译为"策墨林"。此乃策墨林活佛世系名称之由来。

策墨林活佛阿旺慈臣博学佛经、德高望重，曾任达赖喇嘛经师、甘丹"赤巴"和西藏摄政等要职，尤其以甘丹"赤巴"身份可以转世的惯例，"达赖喇嘛代理伊徒众静坐念经，祈祷呼毕勒罕迅速出世"[1]。藏历第十三绕迥水鼠年，即乾隆五十七年（1792），策墨林活佛阿旺慈臣的转世灵童在其故里安多卓尼地区出生，成为第二世策墨林活佛，名阿旺绛贝慈臣嘉措，追认策墨林阿旺慈臣为第一世策墨林活佛。至此策墨林活佛世系已建构完成。

---

① 《清代藏事辑要》，西藏人民出版社，1983，第 249 页。

藏历第十四绕迥土兔年，即嘉庆二十四年（1819），第二世策墨林活佛阿旺绛贝慈臣嘉措（1792~1862）担任西藏噶厦政府摄政；道光五年（1825），他在拉萨大兴土木扩建策墨林（寺），其主体建筑由东西两大宫殿（东为白宫西为红宫）构成，使其建筑初具规模。

总之，策墨林活佛世系及其官邸策墨林（寺）产生时间较晚，但在西藏政教史上具有重要影响。策墨林最初以普通出家僧人身份，依凭其渊博的佛学知识和干练的办事能力，不仅荣登甘丹"赤巴"宝座，担任西藏摄政职位，而且形成活佛传世系统，建立了策墨林（官邸）。尤其是策墨林活佛曾受到清廷的褒奖和惩罚[①]，因而使他经历了消长不定的政教生涯，并在西藏近代史上留下了传奇色彩。

（三）功德林

功德林（kun bde gling），拉萨四大林之一，为达察（济咙）活佛世系官邸或驻锡地。达察活佛在拉萨四大林活佛世系中历史较为悠久，第一世达察活佛巴索却吉坚赞（rta tshag ba so chos kyi rgyal mtshan，1402~1473）、第二世达察活佛巴索拉觉（rta tshag ba so lha gcod，1474~1508）、第三世达察活佛黎玉曲杰（rta tshag klu yi chos rgyal，1509~1526）、第四世达察活佛拉旺却吉坚赞（rta tshag lha bdang chos kyi rgyal mtshan，1537~1605）、第五世达察活佛阿旺却吉旺秋（rta tshag ngag bdang chos kyi dbang phyug，1606~1652）、第六世达察活佛阿旺贡却丹贝尼玛（rta tshag ngag bdang dkon mchog bstan pavi nyi ma，1653~1707）、第七世达察活佛洛桑班丹旦贝坚赞（rta tshag blo bzang dpal ldan bstan pavi rgyal mtshan，1708~1758）、第八世达察活佛洛桑益西丹贝贡布（rta tshag blo bzang ye shes bstanpavi mgon po，1760~1810）、第九世达察活佛阿旺洛桑

---

① 详见"摄政与达赖喇嘛"一节。

丹贝坚赞（rta tshag blo bzang bstan pavi rgyal mtshan，1811～1848）、第十世达察活佛阿旺班丹却吉坚赞（rta tshag ngag bdang dpal ldan chos kyi rgyal mtshan，1850～1886）、第十一世达察活佛阿旺土丹格桑丹贝卓美（rta tshag ngag bdang thub bstan skal bzang bstan pavi sgron me，1888～1918）。

达察活佛（rta tshag sprul sku），又称"济咙"（rje drung）活佛。乾隆五十六年（1791），第八世达察（济咙）活佛洛桑益西丹贝贡布第二次奉命担任西藏摄政，在位前后接续长达20多年。

藏历第十三绕迥水鼠年，即乾隆五十七年（1792），第八世达察（济咙）活佛在拉萨城内的磨盘山南麓上始建功德林（寺），乾隆五十九年（1794）竣工，第八世达赖喇嘛赐名"甘丹旦秀曲科林"（dgav ldan brtan bzhugs chos vkhor gling），意为"俱喜永住法轮洲"，汉文译为"祈寿法轮洲"或"长寿法轮洲"。有文献记载：

> 按照皇帝和八世达赖喇嘛的批示，水鼠年（1792年）动工兴建，在磨盘山建造了三庄严文殊庙和汉地战神关公庙。前者内殿面积四柱，经堂面积十六柱，殿门抱厦上面设雪、拉章、札厦（僧舍）、净厨、门栏等，以供奉佛经、佛像、佛塔相饰，该庙至木虎年（1794年）竣工，八世达赖喇嘛赐名为"长寿法轮洲"。嘉庆元年（1796年），嘉庆帝赐"卫藏永安寺"（藏语为"功德林"）的匾额一块，并规定招收50名僧人习经，敕封管家丹增嘉措为"嘉辅大喇嘛"。①

嘉庆帝所赐"卫藏永安寺"匾额以汉、藏、满、蒙四种文字书写，藏文书写"kun bde gling"（功德林），故后人通称"功德林

---

① 陈庆英等编著《历辈达赖喇嘛生平形象历史》，第426页。

（寺）"。达察（济咙）活佛世系多次担任西藏摄政，因此，功德林（寺）得以不断扩建，兴旺发达，成为拉萨四大林中最有影响力的庙宇和府邸之一。

（四）茨觉林

茨觉林（寺），拉萨四大林之一，全称"茨觉扎西三丹林"（tshe chog bkra shes bsam gtan gling），简称"茨觉林"（tshe chog gling），最初为第八世达赖喇嘛经师噶钦·益西坚赞（dkav chen ye shes rgyal mtshan，1713~1793）驻锡地。

藏历第十三绕迥水虎年，即乾隆四十七年（1782），年过70岁的噶钦·益西坚赞荣升第八世达赖喇嘛绛白嘉措的经师，他孜孜不倦，任劳任怨，向达赖喇嘛传授佛学知识，直至去世（1793年），赢得达赖喇嘛敬重和众人赞誉。

藏历第十三绕迥铁狗年，即乾隆五十五年（1790），第八世达赖喇嘛专门为其经师建造了一所府邸。有文献记载：

> 一月初五星曜圆满和合吉日，正式开工兴建策觉林寺。委任卓拉日支顷则、办事员恰朗次盆为总管。其他木材、油影、金粉、工钱、食品、饮酒、茶粥等全由噶厦政府负担。开工宴会、工期宴会和竣工宴会的费用，以及各种赏礼的费用由（达赖喇嘛）公私两方赏给。工匠七十名和乌拉役夫六百多人在五个月当中，建起了三十二根柱子寺院楼上的寝殿、四根柱子的净厨，以及六十八间小屋。寺院建造坚固，布局庄严，这些都依赖于达赖喇嘛发心祈愿和佛业无阻成就。寺院中绘上的壁画有释迦牟尼佛及侍奉的十六罗汉尊者，小乘、声闻乘和独觉乘的菩提菩萨，本尊护法神等众多形象。同时考虑到大经堂（杜康殿）的柱子装饰及雕刻不仅需要漂亮，而且应有加持之力，

因此，喇嘛仁波切专门委派已获得罗汉解脱的坚赞、绘画大师措果瓦次旦南杰和甲麦次旺三人精细刻写《根本咒》、《要旨》、《近心咒》等印度梵文。①

由于噶钦·益西坚赞担任第八世达赖喇嘛的经师一职，后人尊称为永增·益西坚赞，并寻找其转世灵童，创立了茨觉林活佛世系，并追认永增·益西坚赞（噶钦·益西坚赞）为第一世茨觉林活佛。由此，茨觉林（寺）列为拉萨四大林之一。

此外，拉萨城内的锡德林（bzhi sde graw tshang），作为西藏政教合一制度后期担任摄政的热振活佛的官邸或驻锡地，也可算作拉萨四大林或五大林之一。实际上，至清代末期，在拉萨城内业已形成五大林（寺）的格局。所以，最后兴起的锡德林，因时间关系而没有进入拉萨四大林行列，但它作为摄政的官邸或热振活佛的驻锡地，可被称为拉萨五大林（寺）之一。

三 驻京八大呼图克图世系

驻京八大呼图克图分别为：章嘉呼图克图（lcang skya）、噶勒丹锡埒图呼图克图（dgav ldan gser kgri）、敏珠尔呼图克图（smin grol）、济隆呼图克图（rje drung）、那木喀呼图克图（nam mkhav）、阿嘉呼图克图（Aa kyaw）、喇果呼图克图（bla kho）、察罕达尔汗呼图克图（cha har）。他们历辈世系活佛驻锡京城掌印，在藏传佛教内外享有崇高荣誉和宗教地位。除驻京呼图克图中加封国师或禅师等名号外，将左翼头班章嘉呼图克图，二班敏珠尔呼图克图，右

① 第穆呼图克图·洛桑图丹晋麦嘉措：《八世达赖喇嘛传》，冯智译，中国藏学出版社，2006，第170页。

翼头班噶勒丹锡埒图呼图克图，二班济隆呼图克图，皆列于雍和宫总堪布、避暑山庄普宁寺总堪布之上。[①]

驻京八大呼图克图中章嘉呼图克图、噶勒丹锡埒图呼图克图、敏珠尔呼图克图和济隆呼图克图，又称为清朝四大呼图克图，其宗教地位高于其他四位驻京呼图克图。可以说，驻京八大呼图克图基本上代表了卫藏及多康等广大藏族地区和蒙古地区的宗教势力，如济隆呼图克图来自卫藏地区、察罕达尔汗呼图克图来自蒙古地区，其余可归属多康藏族地区。

除了驻京八大呼图克图之外，尚有不少居住在京城的著名高僧活佛，他们在京城或在蒙古地区时常讲经传法，对于藏传佛教在内地和蒙古地区长盛不衰，发挥着重要作用，因而也可归属驻京呼图克图范畴。例如，土观活佛（thuvu bkwan）、东科尔活佛（stong vkhor）等皆是其优秀代表，而且，许多史书对他们的弘法事迹做了描述。《蒙古佛教史》记载：

> 当今皇帝色西雅勒泰伊热克勒图嘉庆皇帝对太上皇帝的善规认真守护，以历辈与我等汉地蒙古众生有不解法缘的恩德无量的救护依怙三界众生的上师章嘉活佛意希丹贝坚赞、噶勒丹锡埒图活佛阿旺土丹旺秋贝丹赤烈嘉措、赤钦南喀桑布的转世诸部坛城之主金刚持晋美南喀等上师为自己的福田，敬奉三宝，使佛法及众生的利乐日益增盛。此外，在以上诸帝在位之时，还迎请全部教法之主巴索济隆活佛、敏珠尔诺们罕、土观活佛洛桑却吉尼玛、东科尔曼珠室利诺们罕、阿嘉活佛、阿旺班觉呼图克图等贤哲大德，弘扬佛法。这样，大清朝的历代皇

---

① （清）会典馆编光绪朝《钦定大清会典事例·理藩院》卷九七四，中国藏学出版社，2006。

帝都只与无比的格鲁派的大德结为施主与福田，同时，这些大
德中的大多数又为汉地、满洲，特别是广大蒙古地区的以官员
们为首的臣民众生降下佛法的甘雨，满足他们的心愿，使宗喀
巴大师的教法在各个地方日益发扬光大。上述的诸位皇帝法王
从西藏安多地方迎请众多高僧大德使汉地和蒙古各处以显密教
法和讲辩为代表的佛陀教法如白昼一般显明的巨大功业，使吐
蕃诸法王从印度迎请贤哲大德弘传佛法的功业也难与之比美。①

以上引文描述了清代嘉庆时期驻京呼图克图在内地和蒙古地区
弘扬佛法的不朽事迹，并歌颂了嘉庆皇帝敬奉佛教三宝、重视高僧
活佛的高尚品德和崇高行为。特别在文中强调了第四世章嘉活佛益
西丹贝坚赞（lcang skya ye shes bstan pavi rgyal mtshan，1787 ~
1846）、第四世（赛赤）噶勒丹锡埒图·阿旺土丹旺秋白丹赤烈嘉
措（dgav ldan gser khri ngag dbang thub bstan dbang phyug dpal ldan
vphrin las rgya mtsho，1773 ~ ?）、第二世（萨木察）赤钦·晋美南
喀（khri chen vjigs med nam mkhav，1768 ~ 1821）等高僧活佛受到
嘉庆皇帝的敬重。同时，还赞扬了济隆活佛、敏珠尔活佛、土观活
佛、东科尔活佛、阿嘉活佛等清朝大呼图克图进京弘法的事迹。此
外，《蒙古佛教史》描述了专门在蒙古各部献身于佛教事业的高僧
活佛：

> 在喀尔喀地方有大修行成就者黑行者、遍知绛洋却杰和大
> 成就者多罗那它的转世，其宝盖上有如来虚空明点的示现佛陀
> 功业的哲布尊丹巴洛桑丹贝坚赞的历辈转世，以及以《甘珠

---

① 固始噶居巴·罗桑泽培：《蒙古佛教史》，陈庆英、乌力吉译注，台湾，全佛文化事
业有限公司，2004，第178页。

尔》经典和密多罗金刚宝串降下佛法甘雨广弘佛教的大德、班禅洛桑却吉坚赞和五世达赖喇嘛的亲传弟子扎雅班智达罗桑赤列、喀尔喀曼珠室利诺们罕、喀尔喀额尔德尼班智达旺钦诺们罕、青苏祖克图诺们罕等大德降生，在各地兴建大寺院，建立许多显宗扎仓和密宗扎仓，弘传佛法。①

以上引文提到的高僧活佛既有清代四大活佛之一的哲布尊丹巴，又有蒙古地区传扬藏传佛教最杰出的蒙古族高僧扎雅班智达。扎雅班智达（dza ya pantita，1599～1662）是漠西蒙古厄鲁特部第一位出家为僧的藏传佛教格鲁派高僧，他在漠西蒙古地区传扬藏传佛教，使厄鲁特部民众信仰佛教并皈依了藏传佛教格鲁派。特别是扎雅班智达参与1640年在塔尔巴哈台（今塔城）召开的厄鲁特部和喀尔喀部王公参加的大联盟会，会上商议并制定了《卫拉特法典》，其中规定藏传佛教作为蒙古各部信仰的唯一宗教，不准信奉其他任何形式的宗教。从此，在广袤的蒙古地区兴起信仰和传扬藏传佛教的风气。根据《蒙古佛教史》记载：

> 在土尔扈特的阿玉奇汗的地方佛教也很兴盛。在其东方有蒙古王噶尔丹卓里克图洪台吉之时兴建的显宗扎仓、道次扎仓、密宗扎仓等四个扎仓的寺院，有沙弥和比丘二万余人，他们都严守戒律，讲论纯正的显密经典以及宗喀巴师徒和班禅洛桑却吉坚赞的著作，依律修习体验三学处，遍布于各地。在阿拉善地方，有上师达布活佛更卓诺们罕建立的显宗讲经院，弘扬佛法。在卫拉特地方，有大学者丁科尔班智达兴建白格尔却

---

① 固始噶居巴·罗桑泽培：《蒙古佛教史》，第179页。

林寺，建立显宗和时轮扎仓，广弘佛法。①

从引文中我们可以看出，在蒙古各地创建的藏传佛教寺院，规模宏大，结构完整，不仅建立了显宗学院和密宗学院，而且创建了道次第学院和时轮学院。这种弘扬藏传佛教的盛况，在其他地区极为少见。《蒙古佛教史》记载：

> 厄鲁特、青海、鄂尔多斯、呼和浩特、察哈尔、苏尼特、杜尔伯特、巴林、阿鲁科尔沁、科尔沁、敖汉、乃曼、翁牛特、扎鲁特等外藩和内属蒙古各大部都从前后藏及安多等地迎请精通显密教法的高僧大德，蒙古各旗也有许多僧人前往前后藏及安多等地学法，有一些贤哲还在蒙古各地兴建大小寺院，建立显宗讲经院及密宗院、修习道次的扎仓等，僧人们讲论佛法，守持戒律，使佛陀的教法在蒙古各地普遍弘扬。②

历史上除了有众多蒙古族青年赴藏区各大寺院学习佛教经典之外，还有迎请大批藏族高僧到蒙古地区讲经传法的做法，这就推动了藏传佛教在蒙古地区进一步兴隆发展。同时，蒙古王公贵族对藏传佛教的虔诚信仰和全力支持，对于藏传佛教在蒙古地区得以持续兴隆也起到了至关重要的作用。《蒙古佛教史》记载：

> 在我们喀喇沁土默特部，有由于以前积聚的广大福德，具有善趣七德（种姓高贵、形色端严、长寿、无病、缘分优异、

---

① 固始噶居巴·罗桑泽培：《蒙古佛教史》，第 179 页。
② 固始噶居巴·罗桑泽培：《蒙古佛教史》，第 179 页。

时势富足、智慧广大），对上师及三宝有不退转之信仰，奉章嘉活佛为上师努力修习道次第及密法之伟人、佛法之大施主扎萨克贝子哈穆噶巴雅斯呼朗图。他为使佛法弘扬并长久住世，在自己王府的附近兴建了一座以规模宏丽的大经堂为主的寺院，在寺院中建立显宗扎仓。他为僧人提供生活所需的用品，并向西藏的达赖喇嘛和班禅大师奉献大量布施。特别是他迎请恩德无比的遍知一切的上师嘉木样活佛官却晋美旺布来到自己的牧地，并为嘉木样活佛在本旗及蒙古各地广弘佛法提供资具，对佛法实有无上之恩德。①

清代在蒙古地区兴建了许多藏传佛教寺院，特别是其中的著名寺院，大都有其建造或产生的文化背景和现实需求。例如，内蒙多伦诺尔的汇宗寺和善因寺、外蒙库伦的庆宁寺和甘丹寺、漠西卫拉特的固尔扎庙、塞外热河的普宁寺和普陀宗乘之庙，以及京城的雍和宫和黄寺等，从不同角度反映了当时的政治经济制度、民族宗教政策和文化生活习俗。

四　清代建档呼图克图

清代建档呼图克图，不仅数目庞大，而且名目繁多。在清代历朝《大清会典》中有相关记载，并对呼图克图中的不同头衔做了一一阐释，同时也对不同地区的呼图克图做了分门别类的说明。在此以各类头衔为例，诸如掌印扎萨克达喇嘛、副掌印札萨克达喇嘛、札萨克喇嘛、达喇嘛、副达喇嘛、苏拉喇嘛；以不同地区为例，主要分为驻京喇嘛、西藏喇嘛、西番喇嘛和游牧喇嘛。至于驻京喇

①　固始噶居巴·罗桑泽培：《蒙古佛教史》，第180页。

嘛，是泛指驻京高僧活佛，其中又分为不同头衔的喇嘛，这在光绪时期的《大清会典》中有翔实的记载：

> 驻京喇嘛，大者曰掌印扎萨克达喇嘛，曰副掌印扎萨克达喇嘛，其次曰扎萨克喇嘛，其次曰达喇嘛，曰副达喇嘛，其次曰苏拉喇嘛，其次曰德木齐，曰格思贵，其徒众曰格隆，曰班第。热河、盛京、多伦诺尔、五台山各庙，皆分驻喇嘛，定有额缺，按等升转，与驻京喇嘛一例。又伊犁之掌教堪布一人，四川懋功之广法寺堪布一人，系由驻京喇嘛内派往，三年一更代。驻京喇嘛中，历辈阐扬黄教如章嘉呼图克图、噶勒丹锡埒图呼图克图、敏珠尔呼图克图、济隆呼图克图，或在京掌教，或赴藏办事，俱曾加国师、禅师等名号。乾隆五十一年，高宗纯皇帝钦定喇嘛班次，左翼头班章嘉呼图克图、二班敏珠尔呼图克图，右翼头班噶勒丹锡埒图呼图克图、二班济隆呼图克图，皆列于雍和宫总堪布、避暑山庄普宁寺总堪布之上。其余驻京之呼图克图，有东科尔呼图克图，果蟒呼图克图，那木喀呼图克图，鄂萨尔呼图克图，阿嘉呼图克图，喇果呼图克图，贡唐呼图克图，土观呼图克图，多伦诺尔有锡库尔锡埒图诺颜绰尔济呼图克图，皆出呼毕勒罕，入于院册。仁宗睿皇帝时定额，设札萨克喇嘛四，雍和官一，作为唐古特专缺，以呼图克图堪布充。其余三缺，蒙古达喇嘛充其一，未受职之呼图克图充其一，由藏调京之堪布等俱以达喇嘛用。道光年间，以章嘉呼图克图、噶勒丹锡埒图呼图克图、敏珠尔呼图克图、那木喀呼图克图、阿嘉呼图克图，历经驻京掌印务，诏各设商卓特巴札萨克喇嘛一。[1]

---

① 张羽新：《清朝治藏典章研究》（上），中国藏学出版社，2004，第 264~265 页。

驻京喇嘛包括派往热河、盛京、多伦诺尔、五台山等各庙的住持以及新疆伊犁之掌教堪布和四川懋功之广法寺堪布。同时，章嘉呼图克图、噶勒丹锡埒图呼图克图、敏珠尔呼图克图和济隆呼图克图，他们作为清代驻京四大呼图克图，都加封国师、禅师等名号，不仅在京城掌教，而且享有赴藏办事的特权。此外，还设有四个札萨克喇嘛头衔的僧职。

清代在理藩院建立档册的呼图克图达160人。其中驻锡京城者主要有章嘉呼图克图、敏珠尔呼图克图、噶勒丹锡埒图呼图克图、济隆呼图克图、东科尔呼图克图、郭莽呼图克图、南木喀呼图克图、鄂萨尔呼图克图、阿嘉呼图克图、喇果呼图克图、贡唐呼图克图、土观呼图克图等；驻锡多伦诺尔者主要有锡库尔锡埒图诺颜绰尔济呼图克图；驻锡西藏前后藏者除达赖喇嘛、班禅额尔德尼两人外，尚有第穆呼图克图、噶喇木巴呼图克图、色木巴呼图克图、布鲁克巴呼图克图、嘉拉萨赖呼图克图、鄂朗济永呼图克图、朋多江达笼庙之呼图克图、摩珠巩之志巩呼图克图、贡噶尔之嘉克桑呼图克图、奈囊保呼图克图、朗埒仔之萨木党多尔济奈觉尔女呼图克图、觉尔隆阿里呼图克图、楚尔普嘉尔察普呼图克图、多尔吉雅灵沁呼图克图、伦色之觉尔泽呼图克图、协布隆呼图克图、摩珠巩之志巩小呼图克图、达拉冈布呼图克图。凡18人，另有沙布隆12人，皆出呼毕勒罕；驻锡安多康区的转世活佛主要有木里、乍雅、察木多和类乌齐5人、西宁33人；驻锡在蒙古地区的呼图克图主要有归化城12人、察哈尔9人、锡埒图库伦2人、科尔沁3人、郭尔罗斯1人、土默特6人、乌珠穆沁6人、浩齐特1人、阿巴噶斯1人、阿巴哈纳尔5人、苏尼特2人、四子部落1人、乌喇特5人、鄂尔多斯1人、阿拉善2人、喀尔喀19人。

此外，尚有未能进入理藩院档册的无数转世小活佛，他们遍布藏蒙广大地域。按清朝中央政府的宗教政策，无论活佛还是高僧，入

213

档需要具备一定资格。如理藩院明文规定："呼图克图诺们罕未经入档，如系赏过名号印敕，及徒众过 500 名者，仍准其补行入档。"[1]否则，不可入档进册。

五　清代金瓶掣签

金瓶（gser bum），又称金本巴，后者乃汉藏合璧之称谓；藏语名"赛吉本巴"（gser gyi bum pa），意译为"金瓶"。而金瓶掣签，或金本巴掣签，是一种以掣签的方式选定大活佛转世灵童的宗教制度。从历史上看，金瓶掣签或金本巴掣签制度，不仅是清朝中央政府创立的确认藏蒙地区藏传佛教大活佛继承人的法定制度，包括选定达赖喇嘛、班禅额尔德尼、哲布尊丹巴呼图克图和章嘉呼图克图等大活佛的转世灵童，而且是清代藏传佛教政策与管理的主要内容之一。

（一）金瓶掣签之设立

清代乾隆年间，藏传佛教在活佛转世过程中存在或不断发生诸多错综复杂的现实利益问题，包括由活佛转世直接引发的诸如关于转世灵童的因缘条件、家族谱系、社会裙带等复杂情况，尤其在转世灵童的出生区域或家庭背景等方面不时出现血缘关系和经济利益纷争现象。为此，清朝中央政府不得不出面加以整顿，遂产生金瓶掣签制度。《番僧源流考》记载：

> 查乾隆五十七年六月内奉旨：达赖喇嘛、班禅额尔德尼二大喇嘛乃西方布行黄教，掌管佛法之宗，但南北所有地方一切

---

① （清）会典馆编《钦定大清会典事例·理藩院》卷九七四，第 163 页。

事务僧俗人等，皆系达赖喇嘛管辖，必须聪慧有福相之人，方能护持佛法而有裨益于黄教。从前认呼毕勒罕，皆恃拉穆吹仲看龙单于此，拉穆吹仲或受贿恣意舞弊，或偏庇亲戚妄指，或达赖喇嘛、班禅额尔德尼暗中授意，令其指谁，此等皆有之事，朕悉知之，而与法教中甚为无益。即令达赖喇嘛一家之中，大呼图克图之呼毕拉罕出有数人，而此辈班禅额尔德尼之呼毕拉罕，又系拉穆吹仲之外孙，即如内地汉僧等传衣钵，亦皆各传各弟子，相沿已久，竟成蒙古王公、八旗世职相同。如此谋利舞弊，则不但不能振兴黄教；而反致于坏其教。何则出家之人，当万虑皆空，无我无人，净持佛教。昨据生擒之廓尔喀贼供称，沙玛尔巴呼图克图，即前辈班禅额尔德尼之兄。而班禅额尔德尼遗留物件，伊亦有分，是其所供，皆为争财。此次廓尔喀贼抢掠后藏之事，皆伊诱唆所致者，即是不慎认呼毕拉罕之明做也。从前喀尔喀四部落人等，共争哲布尊丹巴呼图克图之呼毕拉罕时，有郡王桑斋多尔济尚然具奏，嗣后请一阿哥作为呼毕拉罕之语。朕彼时将桑斋多尔济训诫责斥。以此观之，不拘何人均可以谓之呼毕拉罕。若果呼毕拉罕者，必能前世所诵经典，认记所持过物件，则始可以谓之呼毕拉罕。倘惟计其亲属，徇其情面，即作为呼毕拉罕，焉能振兴黄教以服众心哉。今朕送去一金瓶，供奉前藏大招（昭）寺内。嗣后达赖喇嘛、班禅额尔德尼、哲布尊丹巴、噶勒丹锡勒图、第穆、济咙等，并在京掌印大呼图克图及藏中大呼图克图等圆寂，出有呼毕拉罕时，禁止拉穆吹仲着龙单，著驻藏大臣会同达赖喇嘛、班禅额尔德尼将所出呼毕拉罕有几人，今将伊等乳名各各书签放入瓶内，供于佛前虔诚祝祷念经，公同由瓶内掣取一签，定为呼毕拉罕，如此佛之默祐，必得聪慧有福相之真正呼毕拉罕，能保持佛教。朕尚且不能主定，拉穆吹仲更不得从中舞弊，恣意指出，众心始可以服。钦此。①

由此可见，活佛转世中存在或出现诸多弊端，是直接促成清朝中央政府下决心出台新政策的主要因素。乾隆五十七年（1792），乾隆帝参照选任文武官员时抽签确定其任职地点的办法，并借驱逐侵藏廓尔喀军队及整顿西藏政务之机，谕旨设立金瓶掣签制，以整肃活佛转世中存在的弊端。制一金本巴瓶，派员赍往，设于前藏大昭寺，藏内或出达赖喇嘛、班禅额尔德尼及大呼图克图之呼毕勒罕时，将其生年月日名姓，各写一签，入于瓶内，交达赖喇嘛念经，会同驻藏大臣，共同签掣。②

当清廷御前侍卫惠伦和乾清门侍卫阿尔塔锡第二人将金本巴瓶送至拉萨时，福康安及济隆活佛等率领僧俗官员远出迎接，达赖喇嘛先期在大昭寺等候，并派高僧等各执香花幡幢导引，金本巴瓶置于大昭寺楼上宗喀巴像前，敬谨供奉。达赖喇嘛赞颂：呼毕勒罕转世，递延禅宗，关系郑重。今蒙大皇帝振兴黄教，唯恐吹忠等降神作法，指认未真，致有流弊，特颁金本巴瓶，卫护佛门，实已无微不至，我实感戴难名。嗣后唯有钦遵圣训，指认呼毕勒罕时，虔诵经于大众前秉公拈定，庶使化身真确，宣扬正法，远近信心，阖藏僧俗顶戴天恩，无不感激。③

同时，清朝中央政府又制一金本巴瓶置于京城雍和宫内，供蒙古地方出呼毕勒罕，即报明理藩院，将出生年月姓名缮写签上，入于瓶内，一体掣签。以停止从前王公子弟内私自作为呼毕勒罕之陋习。各蒙古汗王贝勒等既有世爵可以承袭罔替，已极尊荣，不必又

---

① （清）张其勤等编撰《西藏宗教源流考》、《番僧源流考》（合刊），西藏人民出版社，1982，第 37～38 页。
② （清）松筠撰《卫藏通志》，西藏人民出版社，1982，第 268 页。
③ （清）松筠撰《卫藏通志》卷五，第 265 页。

占一呼毕勒罕，又谋喇嘛之利。①

乾隆五十八年（1793）颁布的《钦定藏内善后章程二十九条》中明确规定：关于寻找活佛及呼图克图的灵童问题，依照藏人例俗，确认灵童必问卜于四大护法，如此难免发生弊端。皇帝为求黄教得到兴隆，特赐一金瓶，今后遇到寻认灵童时，邀集四大护法，将灵童的名字及出生年月，用满、汉、藏三种文字写于签牌上，放进瓶内，选派真正有学问的活佛，祈祷七日，然后由各呼图克图和驻藏大臣在大昭寺释迦牟尼佛像前正式认定。假若找到灵童仅有一名，亦须将一个有灵童名字的签牌和一个没有名字的签牌，共同放进瓶内，假若抽出没有名字的签牌，就不能认定已寻得的儿童，而要另外寻找。达赖喇嘛、班禅额尔德尼关系像父子一般，认定他们的灵童时，亦须将他们的名字用满、汉、藏三种文字写于签牌上，同样进行，此举皆是为了黄教的兴隆和不使护法弄假作弊。金瓶平时置于宗喀巴像前，需要保护净洁，并进行供养。② 其实际掣签典礼的场面，在《番僧源流考》中有一段描述：

> 进门先挨次入座，献清茶，次献酥茶，毕。令满印房人将原文呈阅，合对入掣牙签上所写满洲字、蒙古字、西番字名字年岁相符，又令官送至达赖、班禅阅看后，将该入掣各本家之人唤来跪着鉴上名字、年岁有无舛误，祛彼疑心。后交满印房宫人觌面，用黄纸包妥，供在瓶前。又俟番僧诵经念至应将签入瓶时，喇嘛回请该帮办大臣，起立行至瓶前，行一跪三叩首礼毕，不起立即跪，将签双手举过额入瓶内，以手旋转二次，盖瓶盖，起立仍归旧座。其帮办大臣将签入瓶时，正办大臣在

---

① （清）松筠撰《卫藏通志》卷五，第268页。
② 乾隆朝《钦定藏内善后章程二十九条》。

左傍侍立礼毕，同归本座。又俟念经至掣签时，仍系喇嘛回请正办大臣，亦行一跪三叩首礼毕，跪启瓶盖，用手旋转，掣签一枝。帮办大臣在左侍立，拆开黄纸，同众开看，唤掣得本家人跪听，令其观签后，又使满印房官人送至达赖、班禅前阅看，将签供设瓶前，又将未曾掣出之签拆阅与众人观看，又给各本家之人观看，以除疑义，后用纸擦去。①

以上引文中认为签牌上是以满、蒙、藏三种文字书写，这与其他文献记载略有不同。至于金瓶掣签的具体操作，引文中有着详尽的描述，必须经过一整套严格程序。在金瓶掣签之前，寻访呼图克图或活佛转世之候选灵童时，须遵循有关规章制度。蒙古藏族部落呈报呼图克图大喇嘛之呼毕勒罕出世，准于闲散台吉或属下人等及藏族平民之子嗣内指认。其达赖喇嘛、班禅额尔德尼之亲族及各蒙古汗、王、贝勒、贝子、公、札萨克台吉等子孙内，均禁止指认呼毕勒罕。② 此乃选定转世灵童时务必遵循的前提条件。

此外，清朝中央政府在推行或实施金瓶掣签制度的过程中，既坚持原则又可采取灵活措施。乾隆帝曾明确指出：思察木多等处系属藏地，与蒙古各札萨克不同，该处至前藏 3000 余里，距成都亦属遥远，驻藏大臣与四川总督皆属鞭长莫及，福康安等察看情形，如能遵照昨降谕旨，固属其善；若有碍难办理之处，即仍其旧，以免更张而从方俗，究亦不致为大弊有害国政，亦无不可。因此，察木多、类乌齐等藏内边远地区活佛圆寂后，因地制宜，多采用灵活性，允许该地区信众自行寻觅认定其转世灵童。

清朝中央政府在尽可能杜绝大活佛呼毕勒罕在藏蒙汗王贵族或

---

① 张其勤等编撰《西藏宗教源流考》、《番僧源流考》（合刊），第 39 页。
② 光绪朝《钦定理藩部则例》卷五十八（喇嘛事例三）。

亲族中产生的同时，又不固守成法而灵活商办活佛转世事宜。青海察罕诺们罕，系札萨克，有管理游牧之责。其拟掣呼毕勒罕时，无论亲族，唯视属下人等众情悦服者，入于金本巴瓶内掣定，不与各呼毕勒罕一例办理。[①] 在理藩部则例中亦有硬性规定：其无名小庙坐床，从前并未出有呼毕勒罕之寻常喇嘛已故后，均不准寻认呼毕勒罕。[②] 以此限定活佛转世在藏蒙地区任意滋长蔓延。

（二）清代四大活佛转世灵童掣签

金瓶掣签制度，自实施至清朝灭亡100多年间，在藏族蒙古族地区选定活佛转世灵童的过程中发挥了重要作用。除了第九世达赖喇嘛、第十三世达赖喇嘛作为特例免于掣签之外，第十世达赖喇嘛、第十一世达赖喇嘛、第十二世达赖喇嘛和第八世班禅额尔德尼、第九世班禅额尔德尼，以及哲布尊丹巴呼图克图等大活佛，皆经过金瓶掣签认定。

1. 达赖喇嘛转世灵童掣签

藏历第十四绕迥木猪年，即嘉庆二十年（1815），第九世达赖喇嘛幼年圆寂；经多方协同寻访其转世灵童，于道光二年（1822），在藏区寻得三名候选灵童，并邀请第七世班禅额尔德尼丹贝尼玛（1782～1853）前往拉萨圣城，在布达拉宫三界殊胜殿主持金瓶掣签仪式。康区理塘地方出世之灵童中签，成为首次通过金瓶掣签选定的达赖喇嘛，即第十世达赖喇嘛慈臣嘉措（1816～1837）；当时第四世章嘉呼图克图·益西丹贝坚赞（1787～1846）奉旨从京城赴藏照料坐床。道光十四年（1834），第十世达赖喇嘛拜第七世班禅额尔德尼为师受比丘戒。是年，第十世达赖喇嘛在布达拉宫接见喀

---

① 光绪朝《钦定理藩部则例》卷五十八〈喇嘛事例三〉。
② 光绪朝《钦定理藩部则例》卷五十八〈喇嘛事例三〉。

尔喀第五世哲布尊丹巴·洛桑慈臣晋美丹贝坚赞（1815～1841）和土尔扈特汗王。道光十七年（1837），第十世达赖喇嘛在布达拉宫寝室圆寂，未能亲政。

藏历第十四绕迥铁牛年，即道光二十一年（1841），在时任摄政的策墨林活佛的主持下，在藏区寻得第十世达赖喇嘛转世之三名候选灵童，皆迎往拉萨：在布达拉宫三界殊胜殿举行金瓶掣签仪式，康区噶达（泰宁）地方灵童中签，由第七世班禅额尔德尼剃度授戒，取名凯珠嘉措；翌年，迎至布达拉宫坐床即位，成为第十一世达赖喇嘛凯珠嘉措（1838～1855）；道光皇帝再次特派第四世章嘉呼图克图赴藏照料，并送达清廷颁发之金册；第二世策墨林活佛阿旺绛贝慈臣嘉措（1792～1862）代理摄政。道光二十四年（1844），摄政策墨林活佛被免职；道光二十五年（1845），道光帝下诏书，任命第三世热振活佛阿旺益西慈臣坚赞（1817～1862）为摄政。咸丰五年（1855），第十一世达赖喇嘛亲政，掌管西藏政教事务，不久达赖喇嘛圆寂。

藏历第十四绕迥土马年，即咸丰八年（1858），在时任摄政的热振活佛的主持下，在藏区寻得第十一世达赖喇嘛转世之三名候选灵童，皆迎往拉萨，在布达拉宫三界殊胜殿举行金瓶掣签仪式，前藏沃噶（vod dgav）地方（今西藏山南市桑日县）灵童中签，由热振活佛剃度受戒，取名赤列嘉措；咸丰十年（1860），在布达拉宫坐床即位，成为第十二世达赖喇嘛赤列嘉措（1856～1875）。同治十二年（1873），第十二世达赖喇嘛亲政，仅两年后圆寂。

2. 班禅额尔德尼转世灵童掣签

藏历第十四绕迥火龙年，即咸丰六年（1856），扎什伦布寺灵童寻访筹备组，在藏区寻得第七世班禅额尔德尼转世之两名候选灵童，皆迎往拉萨圣城，在布达拉宫举行金瓶掣签仪式，由驻藏大臣、摄政、噶厦官员以及拉萨三大寺代表和后藏扎什伦布寺札萨克喇嘛参加，后藏南木林宗托布加溪卡（今西藏日喀则南木林县托布加村）灵童中签，咸丰十年（1860），在后藏扎什伦布寺举行隆重坐床典礼，摄政第三世热振活佛前往代理达赖喇嘛授戒，取法名丹贝旺秋，成为第八世班禅额尔德尼丹贝旺秋（1855～1882）。

藏历第十五绕迥土鼠年，即光绪十四年（1888），扎什伦布寺灵童寻访组，在藏区寻得第八世班禅额尔德尼转世之三名候选灵童，皆迎往拉萨圣城，在大昭寺释迦牟尼佛像前举行金瓶掣签仪式，前藏达布地方（今西藏林芝市）灵童中签，由第十三世达赖喇嘛土丹嘉措（1876～1933）剃度授戒，取法名洛桑土丹却吉尼玛；光绪十八年（1892），在后藏扎什伦布寺坐床即位，成为第九世班禅额尔德尼却吉尼玛（1883～1937）；光绪二十八年（1902），第九世班禅额尔德尼在拉萨大昭寺拜第十三世达赖喇嘛为师受比丘戒；光绪三十年（1904）至光绪三十二年（1906）间，第九世班禅额尔德尼前往印度朝礼佛教名胜古迹。

3. 哲布尊丹巴转世灵童掣签

藏历第十四绕迥木龙年，即道光二十四年（1844），哲布尊丹巴灵童寻访组，在藏区访获第五世哲布尊丹巴呼图克图转世之三名候选灵童，皆迎往拉萨；第七世班禅额尔德尼专门从后藏扎什伦布寺赴前藏拉萨，会同驻藏大臣、达赖喇嘛及伊徒达喇嘛等高僧活佛，在大昭寺释迦牟尼佛像前举行金瓶掣签仪式，来自结勒切灵童中签，成为第六世哲布尊丹巴呼图克图·阿旺洛桑绛白丹增慈臣嘉措（1842～1849）。

藏历第十四绕迥铁狗年，即道光三十年（1850），哲布尊丹巴灵童寻访组，在藏区访获第六世哲布尊丹巴呼图克图转世之两名候选灵童，皆迎往拉萨圣城，由第十一世达赖喇嘛会同驻藏大臣、第七世班禅额尔德尼及伊徒达喇嘛等高僧活佛，在大昭寺释迦牟尼佛像前举行金瓶掣签仪式，藏族尼玛之子中签，成为第七世哲布尊丹巴呼图克图·阿旺却吉旺秋赤列嘉措（1850～1869）；咸丰三年

（1853），第七世哲布尊丹巴呼图克图迎往漠北库伦大寺坐床即位，清廷极为重视，准其沿途即用黄布围墙、黄色车轿。

藏历第十五绕迴铁羊年，即同治十年（1871），哲布尊丹巴灵童寻访组，在藏区访获第七世哲布尊丹巴呼图克图之转世灵童，由驻藏大臣会同第十二世达赖喇嘛，在大昭寺释迦牟尼佛像前举行金瓶掣签仪式，藏民贡却慈仁之子中签，成为第八世哲布尊丹巴呼图克图·阿旺洛桑却吉尼玛丹增旺秋（1870～1923）；同治十三年（1874），第十二世达赖喇嘛为第八世哲布尊丹巴呼图克图授予沙弥戒，并封赐"大喇嘛"名号。

4. 章嘉活佛转世灵童掣签

章嘉活佛，又名章嘉呼图克图、章嘉国师，作为清代国师，其转世灵童的寻访和认定，清朝历代皇帝都要一一过问和确认。第四世章嘉活佛益西丹贝坚赞（1787～1846）圆寂后，四年时间未出世其转世灵童，道光皇帝下谕旨，催办有关事宜。《清实录》记载：

> 道光三十年（1850），谕军机大臣等："哈勒吉那奏卓札巴地方产生章嘉呼图克图呼毕勒罕奏闻一折。章嘉呼图克图系勋旧有为之呼图克图，自涅槃以来已历四载。兹据哈勒吉那奏称：所生幼童噶勒藏楚克噜布，据扎萨克喇嘛爵木磋称，此子似识章嘉呼图克图之物，即系呼图克图之呼毕勒罕"等语，朕闻之殊深欣慰。惟此子甫经九月，尚未能言。从前乾隆年间若有呼图克图呼毕勒罕出世，均将所生数子年岁、花名书写签支，入于瓶内掣定。著哈勒吉那转谕吹布藏呼图克图、扎萨克喇嘛爵木磋等，于该地方再为访察二三幼童及此子之名一并具奏，再降谕旨办理。①

---

① 《清实录藏族史料》（八），西藏人民出版社，1982，第4149页。

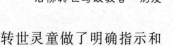

　　道光皇帝在谕旨中对寻访章嘉活佛的转世灵童做了明确指示和具体安排，之后，等到选定转世灵童的各项预备工作完毕，道光皇帝又下达了最后的谕旨，认定金瓶掣签结果。《清实录》记载：

　　　道光三十年（1850），谕内阁："哈勒吉那等奏询访章嘉呼图克图呼毕勒罕，查有三子等因一折。朕以必有大呼图克图呼毕勒罕出世，甚为欣慰。兹由理藩院将现在雍和宫唪经之三子，其名归入金瓶，将端噜布所生之子桑哈色特迪掣定。且端噜布之子桑哈色特迪识认前代章嘉呼图克图曾用物件，即铃杆、素珠、木碗三项应手认出，则是章嘉呼图克图呼毕勒罕无疑矣。朕心何胜欢悦，著将朕素日常用念珠一串赏给该呼毕勒罕，交哈勒吉那敬领，转交该呼毕勒罕收领。将此晓谕各蒙古王公及在京之呼图克图、喇嘛等，并章嘉呼图克图住持寺院各喇嘛外，仍著晓谕驻藏大臣，转行知照达赖喇嘛、班禅额尔德尼等，以慰所望。"[1]

　　由此可见，章嘉活佛的转世灵童，须经过金瓶掣签认定。道光二十六年（1846），第四世章嘉活佛圆寂，其嗣法弟子经过四年努力终于在安多地区寻得前辈转世之候选灵童，并上报理藩院，在京城皇家寺院雍和宫举行金瓶掣签仪式，结果来自安多华热（今甘肃省天祝县）出世灵童中签，成为第五世章嘉活佛洛桑土丹达杰（1849～1874）。

（三）其他大活佛转世灵童掣签

　　清代金瓶掣签制度，除了规定清代四大活佛（达赖喇嘛、班禅

额尔德尼、哲布尊丹巴呼图克图和章嘉国师）需经过金瓶掣签认定
之外，其余各地大活佛之转世灵童，亦须经过金瓶掣签认定。理藩
院明文指出：各处之呼图克图及旧有之大喇嘛等圆寂后，均准寻认
呼毕勒罕；而且西藏所属各地方及西宁所属青海藏民等处所出之呼
毕勒罕，均咨行驻藏大臣会同达赖喇嘛缮写名签，入于大昭寺供奉
金本巴瓶内，共同掣定。① 正如松筠所说：

> 颁赐金本巴瓶，供于大昭，入瓶签掣，立法极为尽善。臣
> 等留心体察，并行文各处，访问有无呼毕勒罕？以便遵旨试
> 掣，总未见有呈报。缘卫藏地方，虽皆属达赖喇嘛管辖，如察
> 木多、类乌齐、乍丫、萨喀等处，各有呼图克图管理；一切事
> 件，从不关白藏中。而各呼图克图中，又有红黄黑三种，各行
> 其教，各子其民。自去年臣等行文各处，令将所有呼图克图，
> 无论大小有名无名，俱著将转世辈数开列呈报，以凭咨明理藩
> 院立案去后。昨据陆续报到。臣等查有察木多所属甲拉呼图克
> 图、咙色所属觉喇泽小呼图克图、又藏咙借结呼图克图三名，
> 皆已圆寂一二年，尚未出世。虽皆系极小呼图克图，如候各该
> 处自行呈送到日，再入金本巴瓶签掣，设其所报，即系该呼图
> 克图之亲族世家子弟，妄指一二人，皆不可定。彼时方始驳
> 伤，不但徒事周章，而是否系伊亲族，亦无从查察。今臣等公
> 同商酌，应即遵旨照认识额尔德尼班第达之例，会同彼处汉
> 官，于圆寂地方之一二年所生之有福相聪俊幼孩内，各拣选四
> 五名来藏，如法念经，入于金本巴瓶内签掣。候找寻到日，掣
> 得何名，另行具奏外，并一体传知各处，嗣后遇有呼图克图圆

---

① 光绪朝《钦定理藩部则例》卷五十八 "喇嘛事例三"。

寂，即令随时呈报，不必候其出世，以凭一体办理等因具奏。①

此外，蒙古各部落所处之呼毕勒罕，呈报理藩院堂官会同掌喇嘛印之呼图克图缮写名签，入于雍和宫供奉金本巴瓶内，公同掣定。② 可见蒙古族地区选定呼毕勒罕大都在京城雍和宫举行金瓶掣签仪式，而藏族地区选定活佛转世一般在拉萨大昭寺举行金瓶掣签仪式。就此略述藏蒙地区部分大活佛转世灵童之金瓶掣签实例。

藏历第十三绕迥火龙年，即嘉庆元年（1796），寻访昌都寺第七世帕巴拉呼图克图转世之三名候选灵童，由第八世达赖喇嘛·绛白嘉措、达察诺们罕、驻藏大臣松筠及帮办大臣和宁共同在拉萨大昭寺举行金瓶掣签仪式，康区理塘灵童中签，并上报朝廷审核钦定，遂由皇帝转经驻藏大臣颁赐金字批文，成为第八世帕巴拉呼图克图·洛桑晋美班丹旦贝尼玛（1795～1847）。

藏历第十三绕迥铁鸡年，即嘉庆六年（1801），在第八世达赖喇嘛的恳请下，寻访并找到其经师噶钦·益西坚赞转世之三名候选灵童，由驻藏大臣和宁偕同第八世达赖喇嘛、第八世达察（济隆）呼图克图，在布达拉宫举行金瓶掣签仪式，后藏江孜地方灵童中签。此乃嘉庆皇帝格外加恩初次掣定达赖喇嘛经师转世之呼毕勒罕者。

藏历第十四绕迥水鸡年，即嘉庆十八年（1813），寻得第八世达察（济隆）呼图克图转世之两名候选灵童，由驻藏大臣偕同第九世达赖喇嘛呼毕勒罕、第七世第穆呼图克图，在布达拉宫举行金瓶掣签仪式，康区出世之灵童中签，取名阿旺洛桑丹贝坚赞，成为第九世达察呼图克图（1811～1848）。

---

① （清）松筠：《卫藏通志》，第 270 页。
② 光绪朝《钦定理藩部则例》卷五十八"喇嘛事例三"。

藏历第十四绕迥火鸡年，即清道光十六年（1837），寻得前辈察罕诺们罕（第五世拉莫活佛，又称夏茸尕布活佛）转世之两名候选灵童，在拉萨大昭寺举行金瓶掣签仪式，掣定其中一名为呼毕勒罕，成为第六世拉莫活佛阿旺却珠丹贝坚赞（1832～1872）。

藏历第十四绕迥木牛年，即同治四年（1865），寻访前辈乍雅（扎雅）呼图克图转世之两名候选灵童，由驻藏大臣满庆会同第十二世达赖喇嘛赤列嘉措，在拉萨布达拉宫举行金瓶掣签仪式，掣定其中一名为呼毕勒罕，第十二世达赖喇嘛遵循藏传佛教规制，为新认定的扎雅呼图克图取名阿旺隆多丹贝坚赞。

藏历第十五绕迥木蛇年，即光绪三十一年（1905），寻得前辈（第二世）德柱呼图克图（1876～1897）转世之两名候选灵童，由驻藏大臣有泰会同甘丹赤巴（甘丹寺法台），在拉萨大昭寺举行金瓶掣签仪式，遵照定例，掣定一名为呼毕勒罕，随后灵童从热振寺迎往德柱拉章（府邸）坐床，成为第四世德柱活佛（1898～？）。

藏历第十五绕迥土猴年，即光绪三十四年（1908），寻得前辈（第六世）噶勒丹锡埒图呼图克图转世之两名候选灵童，因达赖喇嘛当时驻锡西宁塔尔寺，金瓶掣签仪式遂在该寺举行，掣定其中一名为呼毕勒罕，成为第七世（赛赤）噶勒丹锡埒图·根敦隆多尼玛（1904～1932）。

六　清代册封赏赐制度

中国历代封建王朝对于藏传佛教高僧活佛的册封赏赐，始于元代而盛于明朝。有清一代，基本沿袭旧制，仅有改换名称或增减数量而已。清顺治皇帝始，将明朝授予藏传佛教高僧活佛之诰封印信，若来进送，一律按旧例改授。正如后来乾隆帝在《喇嘛说》中所做的追述性说明："达赖喇嘛、班禅额尔德尼之号，不过沿元明之旧，换其袭敕耳。"其目的显而易见，保持其固有宗教特权和社会地位，使他们诚心归附清王朝。

清朝中央政府在沿袭旧制的基础上，又制定出封授不同职衔、名号及权限等具体细则，以便有章可循。如理藩院明文规定：凡呼图克图、诺们罕、班第达、堪布、绰尔济系属职衔；国师、禅师系属名号。该呼图克图等除恩封国师、禅师名号者准其兼授外，概不得以呼图克图兼诺们罕、班第达、堪布、绰尔济等职衔，亦不得以国师兼禅师名号用之。而呼图克图等印信、册命、敕命亦有具体定制：达赖喇嘛、班禅额尔德尼、哲布尊丹巴呼图克图如蒙恩赏给印册，其印册均用金。其达赖喇嘛历世所得玉印、玉册只准敬谨尊藏，非特旨不准擅用。其余各呼图克图等，如恩封国师名号者，印册均用银镀金，恩封禅师名号者印用银，颁给敕书。①

清朝中央政府以掌管藏传佛教高僧活佛的封授权来加强中央政府对藏蒙地区的统治，故对达赖喇嘛、班禅额尔德尼、哲布尊丹巴呼图克图和章嘉国师四大活佛以及驻京八大呼图克图等活佛之册封，制定了严格而明细的法规制度。

（一）达赖喇嘛名号

清朝中央政府在向藏传佛教大活佛颁赐印册敕书时，优礼达赖喇嘛和班禅额尔德尼，并出台具体的细则，以法律和制度的形式确立达赖喇嘛和班禅额尔德尼两大活佛世系的宗教名号和社会地位。理藩院明文规定：达赖喇嘛、班禅额尔德尼圆寂转世，其印信册敕分别办理。当圆寂时，其印信由驻藏大臣奏闻，派人护理。至转世后，特旨钦差大臣等赴藏照料，坐床之日会同该大臣奏闻移授，其册命即由钦差大臣带回呈览后，交广储司融化贮库。至应行换赏金

---

① 光绪朝《钦定理藩部则例》卷五十六"喇嘛事例一"。

册，由军机处奏交内阁撰拟册文，恭候钦定。达赖喇嘛缮写满、汉、蒙、藏四体，班禅额尔德尼采用梵、藏、满三体，后于乾隆年间又加蒙古文和汉文，删去梵文，同样以四体字缮写，并填写几辈达赖喇嘛和班禅额尔德尼。其随赏对象一并叙入册式进呈，交工农商部等衙门依照旧式鎏成金册。办理完竣，奏派大臣一员、呼图克图一人、侍卫一员赴藏赍送。①

　　根据历史文献，达赖喇嘛名号，始于明朝。明万历五年（1577），顺义王俺答（阿勒泰汗）建寺西海岸，以寺额请，赐名"仰华"。②万历六年（1578），藏传佛教格鲁派大活佛索南嘉措（bson nams rgya mtsho，1543～1588）应邀前往青海湖畔，与蒙古土默特部首领俺答汗（又名阿勒坦汗，1507～1583）会面于仰华寺（今青海省海南藏族自治州共和县境内），互赠尊号。索南嘉措赠俺答汗以"咱克喇瓦尔第彻辰汗"③；俺答汗赠索南嘉措以"圣识一切瓦齐尔达喇达赖喇嘛"④，并赠金印一方，刻有蒙古文"持金刚达赖喇嘛印"，始有"达赖喇嘛"名号。后追认根敦珠巴（dge vdun grub pa，1391～1474）为第一世达赖喇嘛、根敦嘉措（dge vdun rgya mtsho，1475～1542）为第二世达赖喇嘛；第三世达赖喇嘛即索南嘉措。

　　明万历七年（1579），万历皇帝闻达赖喇嘛之名，颇为重视，遂派三位大臣，颁给第三世达赖喇嘛"护国弘教禅师"的封诰印信及官帽、官服、诏书，并赏赐绿黄金边袈裟一套、大红金边袈裟一

---

① 光绪朝《钦定理藩部则例》卷五十六"喇嘛事例一"。
② 《明实录藏族史料》（二），西藏人民出版社，1982，第1099页。
③ "咱克喇瓦尔第"为梵文，意为"转轮王"；"彻辰汗"是蒙古语，意为"聪明睿智之汗王"。
④ 其中"圣"即超凡之人；"识一切"是藏传佛教对在显宗方面取得最高成就的僧人的尊称；"瓦齐尔达喇"是梵文"VajraDhara"的音译，意为"执金刚"，也是藏传佛教对在密宗方面取得最高成就的僧人的尊称；"达赖"是蒙古文音译，意为"大海"；"喇嘛"是藏文音译，意为"上师"，这是达赖喇嘛活佛世系名号的最初由来。

套、花金边袈裟一套和金、银、绸缎等宫廷用品。万历十六年
（1588），万历皇帝遣使至归化城，又敕封第三世达赖喇嘛为"朵儿
只唱"（持金刚），赐金印，邀其来京，未及成行。

万历四十四年（1616），万历皇帝遣使进藏，册封第四世达赖
喇嘛云丹嘉措（1589～1616）以"遍主金刚持佛王"，赐印信及僧
官衣帽等，并诏迎去汉地，未及成行。

清顺治十年（1653），顺治皇帝命礼部尚书觉罗朗球、理藩院
侍郎席达礼等携带金册、金印，前赴岱噶地方（今内蒙古自治区凉
城县）册封第五世达赖喇嘛阿旺嘉措（1617～1682）。在册文中如
是曰：

> 朕闻兼善独善，开宗之义不同；世出世间，设教之途亦
> 异。然而明心见性，淑世觉民，其归一也。兹尔罗布臧札卜素
> 达赖喇嘛，襟怀贞朗，德量渊泓，定慧偕修，色空俱泯，以能
> 宣扬释教，诲导愚蒙，因而化被西方，名驰东土。我皇考太宗
> 文皇帝闻而欣尚，特遣使迎聘。尔早识天心，许以辰年来见。
> 朕荷皇天眷命，抚有天下，果如期应聘而至。仪范可亲，语默
> 有度，臻般若圆通之境，扩慈悲摄受之门。诚觉路梯航，禅林
> 山斗，朕甚嘉焉。兹以金册印封尔为"西天大善自在佛所领天
> 下释教普通瓦赤喇怛喇达赖喇嘛"。应劫现身，兴隆佛化，随
> 机说法，利济群生，不亦休哉。印文曰："西天大善自在佛所
> 领天下释教普通瓦赤喇怛喇达赖喇嘛之印。"①

以上引文强调教义之间虽有出世入世之差异，但在共同追求的
理想或目标上是一致的，均为社会福祉和民众觉醒谋利益，并称赞

① 《清世祖实录》卷七四，《清实录藏族史料》（一），第25～26页。

达赖喇嘛为"应劫现身，兴隆佛化，随机说法，利济群生，不亦休哉"等。其金册共十五页，用汉、藏、满、蒙四种文字书写；印文亦是汉、藏、满、蒙四种合璧文字①，与册文同。这是清朝中央政府正式册封达赖喇嘛之始。从此，历代达赖喇嘛作为"西天大善自在佛所领天下释教普通瓦赤喇怛喇达赖喇嘛"，在藏传佛教界享有至高无上的宗教领袖地位。

清康熙四十九年（1710），康熙帝封前藏益西札穆苏（益西嘉措）为第六世达赖喇嘛，给予金册、金印；后又因事实不符而变故废除。

康熙五十九年（1720），康熙帝封康区理塘出世之呼毕勒罕为"弘法觉众第六世达赖喇嘛"（格桑嘉措），后改称第七世达赖喇嘛，并赐以藏、蒙、满三种文字书写之金册，以期弘扬佛法，效忠大清，勤习经典，精进不懈。

清雍正元年（1723），雍正帝专门派遣大喇嘛噶居洛桑班觉、加尔格齐等入藏，加封第七世达赖喇嘛格桑嘉措（1708～1757）为"西天大善自在佛掌管天下佛教知一切翰齐尔达喇达赖喇嘛"，印文新增蒙古字，以满、藏、汉、蒙四体缮写，别给敕书，令其推广佛道，引渡众生，使边陲庶民安乐。

清乾隆二十二年（1757），乾隆帝向第七世达赖喇嘛赐以金印，印文亦如第五世达赖喇嘛之印："西天大善自在佛统领天下释教普觉班杂达热达赖喇嘛之印。"是年，第七世达赖喇嘛圆寂，用金一万五千九百五十两，建造金质灵塔，供奉于布达拉宫。

乾隆四十六年（1781），乾隆帝依前辈之例，封第八世达赖喇嘛绛白嘉措（1758～1804）为"西天大善自在佛统领天下释教普通

---

① 参见《元以来西藏地方与中央政府关系档案史料汇编》第二册，中国藏学出版社，1994。

瓦赤拉怛喇达赖喇嘛"，改授金册，以满、汉、藏、蒙四体文书写。

乾隆四十九年（1784），清廷派遣乾清门侍卫伊鲁勒图等进藏，赏给第八世达赖喇嘛如意、数珠、缎匹、玻璃瓷器等物，并赐予册宝。①

清嘉庆十四年（1809），嘉庆帝赏赐第九世达赖喇嘛镀金六十两重茶桶及银瓶、酥油灯、绸缎等物件，以资勉励，用心学经，致力佛法，弘扬黄教，造福众生。

清道光二年（1822），第十世达赖喇嘛坐床之际，清廷派驻藏大臣文干会同成都副都统苏冲阿及章嘉呼图克图看视。所有颁赏达赖喇嘛之敕书例赏等件，由理藩院派司员二人一同带往赐给②，以表祝贺。

道光二十一年（1841），道光帝依前辈之例，封第十一世达赖喇嘛为"西天大善自在佛所领天下释教普通瓦赤拉怛喇达赖喇嘛"，改授金册。以期专心学习所有经典，弘扬黄教。

清咸丰十一年（1861），清廷派遣满庆、恩庆赴藏看视第十二世达赖喇嘛坐床，并赐银一万两，以表祝贺。同治六年（1867），清廷议准，前辈（第十一世达赖喇嘛）原领金册十三页，自此辈（第十二世）达赖喇嘛起，照旧掌管。嗣后接辈，均请免其更换，俾免往返。③

清光绪五年（1879），清廷赠予第十三世达赖喇嘛坐床贺礼，赏给黄哈达一方、佛一尊、念珠一串，并准其钤用金印及黄轿、黄车、黄鞍、黄缰并黄布城。

在历史上，清廷曾两次革除第十三世达赖喇嘛名号。光绪三十年（1904），以"天威所在不知，人言亦所不恤，骄奢淫逸，暴戾

---

① 参见《清高宗实录》卷一二〇〇，《清实录藏族史料》（六），第3028页。
② 详见《清代藏事辑要》，西藏人民出版社，1983，第393页。
③ 详见《清代藏事辑要》，第536页。

恣睢，无事则挑衅，有事则潜踪远遁"（潜逃库伦）为由，将第十三世达赖喇嘛名号暂行革去。

清宣统元年（1909），清廷议准，以照优异，在原封"西天大善自在佛"之基础上，又特加封第十三世达赖喇嘛为"诚顺赞化西天大善自在佛"。

宣统二年（1910），清廷以"反复狡诈，自外生成，实属上负国恩，下辜众望，不足为呼图克图之领袖"（外逃印度）为由，又一次革去第十三世达赖喇嘛名号。[①]

（二）班禅额尔德尼名号

班禅额尔德尼（Pan chen AerTeNi）名号，始于清初，至康熙末年正式确立。清顺治二年（1645），漠西蒙古厄鲁特部固始汗向后藏扎什伦布寺大活佛第四世班禅·罗桑确吉坚赞（1570～1662），赠以"班禅博克多"尊号[②]，并用梵、藏、蒙三体文缮写。

清康熙五十二年（1713），康熙帝鉴于历辈班禅的佛学功德，下谕旨给理藩院："班禅呼图克图，为人安静，熟谙经典，勤修贡职，初终不倦，甚属可嘉。著照封达赖喇嘛之例，给以印册，封为班禅额尔德尼。"[③]遂派遣钦差赴藏，照达赖喇嘛之例，封第五世班禅洛桑益西（1663～1737）为"班禅额尔德尼"[④]，颁赐以汉、藏、满三体文的金册、金印[⑤]，并将扎什伦布寺所属各寺、庄园等作为静养之地赏予班禅额尔德尼管理，他人不可借口滋事。厚望班禅额

---

① 中国第一历史档案馆、中国藏学研究中心合编《清末十三世达赖喇嘛档案史料选编》，中国藏学出版社，2002，第262页。

② 尊号中"班"字是梵文"班智达"的缩写，意为通晓"五明学"的大师级的学者；"禅"字是藏文"chen po"的缩写，意为"大"或"大师"；"博克多"是蒙古语，意为"睿智英武之人物"。

③ 《清圣祖实录》卷二五三，《清实录藏族史料》（一），第189页。

④ 其中"额尔德尼"为满文，意指"宝"。

⑤ 参见《元以来西藏地方与中央政府关系档案史料汇编》第二册，1994。

尔德尼一如既往，勤奋净修佛法，悉心教诲僧侣，修行正果，使佛教得以弘扬。这是清朝中央政府首开册封班禅额尔德尼之例，遂成为定制，延续至今。

清乾隆三十年（1765），乾隆皇帝派遣阿思哈大人，并札萨克喇嘛、阿旺巴勒珠三等侍卫赴后藏，赏赐第六世班禅额尔德尼金册一本，重一百一十三两，所有金印，系前辈班禅额尔德尼遗留。①

乾隆四十五年（1780），乾隆帝敕谕第六世班禅额尔德尼颁赐玉册玉印，以满、汉、蒙、藏四体字书写，藏文档案如实记载：

奉天承运皇帝敕谕班禅额尔德尼：

社稷百年民福乐，扬佛育众世安谧。宗喀巴乃至上弘扬释教者，为黄教之主。尔班禅额尔德尼为宗喀巴之高徒凯珠·格勒贝桑布之六世矣。因前世福资，即天资聪敏，心性沉静，为内外众生所尊赞。朕七十寿辰吉庆之时，尔不远万里来京朝贺。特仿照扎什伦布寺建造避暑之殿，任尔用之。今普天众生一体祈福，乃社稷之幸，朕甚喜悦。因尔喇嘛精于佛典，致力宏扬释教，特赏尔玉册、玉印，俟返回扎什伦布寺时赍往。惟政教大事方可启用，凡私事及寻常信函，仍用旧印。嗣后尔喇嘛应仰体朕恩，为宏扬黄教，造福众生，尤为大清国万古长青，事佛祈祷不懈。特谕。（西藏馆藏，原件藏文）②

清道光二十五年（1845），道光皇帝在上奏拟册封清单（大慈普安、宣化绥疆、觉生惠济）中钦定"宣化绥疆"四字，加赏第七世班禅额尔德尼以"班禅额尔德尼宣化绥疆"名号。

① （清）松筠：《卫藏通志》卷五，第271页。
② 《元以来西藏地方与中央政府关系档案史料汇编》第二册，第602页。

清咸丰十年（1860），清廷派遣恩庆会同札萨克喇嘛朗结曲培看视第八世班禅额尔德尼坐床，并赏银一万两。

清光绪十八年（1892），清廷派遣升泰会同第穆呼图克图、札萨克喇嘛等看视第九世班禅额尔德尼坐床，并将其所有颁给敕书、赏赉等件，一并赐予。

（三）哲布尊丹巴呼图克图名号

哲布尊丹巴呼图克图之名号，始于明末清初。明崇祯八年（1635），漠北喀尔喀部土谢图汗家适得一子，自幼出家，推崇为转世活佛，并得到喀尔喀各部信众之敬仰，后尊称为"温都尔格根"①，藏语称"哲布尊丹巴"（rje btsun dam pa），意即"圣人"。由此萌生哲布尊丹巴活佛世系。

藏历第十一绕迥土牛年，即顺治六年（1649），第一世哲布尊丹巴·洛桑丹贝坚赞（1635~1723）赴藏求法，先在扎什伦布寺第四世班禅·洛桑确吉坚赞座前受沙弥戒，后在拉萨入格鲁派大僧院哲蚌寺修学。当第一世哲布尊丹巴返回漠北库伦之际，第五世达赖喇嘛授予他"哲布尊丹巴呼图克图"名号。

清康熙三十二年（1693），康熙皇帝以第一世哲布尊丹巴呼图克图率喀尔喀蒙古各部内附有功，封为"大喇嘛"，于喀尔喀地方立为库伦，广演格鲁派教法。② 始有清朝中央政府册封哲布尊丹巴呼图克图之例。

清雍正元年（1723），清廷议准，第一世哲布尊丹巴呼图克图照达赖喇嘛、班禅额尔德尼之例，给予封号、金印和敕书，授以"启法哲布尊丹巴喇嘛"名号，加强他在喀尔喀蒙古诸部中固有之

---

① "温都尔格根"，是蒙古语，意为"高僧"。
② （清）会典馆编《钦定大清会典事例·理藩院》，中国藏学出版社，2006，第155页。

宗教领袖地位。

清乾隆三年（1738），乾隆皇帝敕谕第二世哲布尊丹巴呼图克图仍照前身锡号给封。《大清会典》记载：

> 哲布尊丹巴呼图克图前身，乃众喀尔喀汗王等以师礼供养有名之大喇嘛也，皇祖、皇考皆特恩轸恤，皇考命锡册印，封为启法哲布尊丹巴喇嘛。今看此呼毕勒罕赋性聪明，举止端重，仪表甚好，曾蒙皇考睿鉴降旨云，此实系哲布尊丹巴喇嘛之后身。今呼图克图既奏请来京，其颁给册印敕封之处，著理藩院察例议奏。钦此。遵旨议定：将哲布尊丹巴呼图克图之后身，仍照前身锡号给封，前赐启法哲布尊丹巴喇嘛之印照常存留外，别制新册颁给。[①]

乾隆二十一年（1756），清廷加封第二世哲布尊丹巴呼图克图为"隆教安生哲布尊丹巴呼图克图"名号，给予册印。

乾隆二十三年（1758），乾隆皇帝以哲布尊丹巴呼图克图劝令喀尔喀蒙古诸部王公不附逆青衮杂卜之乱有功，晋封"敷教安众大喇嘛"名号。

历辈哲布尊丹巴呼图克图圆寂并转世后，其印册由驻扎库伦办事大臣照达赖喇嘛、班禅额尔德尼例办理。其余各呼图克图等，如恩封国师者，圆寂时，其印信册命交该商卓特巴于本庙敬谨尊藏。俟该呼图克图转世后，裁撤呼毕勒罕之日报部奏闻移授，并将册命呈送理藩院，奏交各该衙门填写。如恩封禅师者，圆寂时，其印信照国师例办理。如未设有商卓特巴，交该徒众中之达喇嘛于本庙敬谨尊藏。授印后，其敕书在京由喇嘛印务处，在外由该管大臣、盟

---

① （清）会典馆编《钦定大清会典事例·理藩院》，第158页。

长备文报部，奏交内阁更换。仍各填写第几辈某呼图克图字样。凡有未裁撤呼毕勒罕以前呈请得给印敕者，概行由部饬驳。[①] 对蒙古地区又另行规定："口外各呼图克图徒众过八百名，距该旗五百里以外，应领印信者，由该盟长确查报院，由院咨行附近之将军大臣等查复相符，奏明颁赏印信。"[②]

（四）章嘉国师名号

章嘉国师（lcang skya）名号，始于清康熙年间。康熙三十二年（1693），康熙帝封第二世章嘉活佛阿旺洛桑却丹为"札萨克达喇嘛"；康熙四十年（1701），又命章嘉活佛担任"多伦喇嘛庙总管喇嘛事务之札萨克喇嘛"职位；康熙四十五年（1706），正式册封第二世章嘉活佛为"灌顶普善广慈大国师"，赏赐一颗八十八两八钱八分重量的金印，使历辈章嘉活佛成为与达赖喇嘛、班禅额尔德尼和哲布尊丹巴呼图克图相似的掌管一方藏传佛教事务的宗主。

清雍正十二年（1734），雍正皇帝按旧例册封第三世章嘉活佛·若贝多杰为"灌顶普善广慈大国师"，并赐金册、金印等。是年，清廷又复准：章嘉呼图克图呼毕勒罕，来历甚明，于经典性宗皆能通晓，不昧前因，实为喇嘛内特出之人，应照前身锡封国师之号，其原有灌顶普善广慈大国师印，现在其徒收储，毋庸颁给外，应给予诰命敕书。[③]

清乾隆元年（1736），乾隆皇帝赏章嘉活佛"札萨克达喇嘛"印一枚；乾隆十六年（1751），又赐"振兴黄教大慈大国师"之印。

---

① 光绪朝《钦定理藩部则例》卷五十六"喇嘛事例一"。
② （清）会典馆编《钦定大清会典事例·理藩院》，第164页。
③ （清）会典馆编《钦定大清会典事例·理藩院》，第158页。

清嘉庆二十四年（1819），嘉庆皇帝封第四世章嘉活佛·益西丹贝坚赞为"管理京都喇嘛班第札萨克大喇嘛掌印喇嘛"；道光十四年（1834），又赏"大国师"金印。

清同治九年（1870），同治皇帝封第五世章嘉活佛·洛桑土丹达杰为"大国师"，并赏金印。

清光绪二十五年（1899），光绪皇帝封第七世章嘉活佛·洛桑班丹旦贝卓美为"京师札萨克掌印喇嘛"。

清代推崇藏传佛教，尤其礼遇格鲁派，令大清国大国师章嘉呼图克图驻锡京城嵩祝寺（国师府邸）。然而，清代不同于元朝时期，虽兴藏传佛教，但并无加崇帝师封号者。

（五）其他活佛名号

清朝中央政府除了册封赏赐达赖喇嘛、班禅额尔德尼、哲布尊丹巴呼图克图和章嘉国师四大活佛之外，亦对驻京八大呼图克图等其他有影响的大活佛极为关照，并给予基本相等的册封和赏赐。大略如下：

清顺治十八年（1661），给喀尔喀丹津喇嘛敕印。

清康熙十八年（1679），向札萨克大喇嘛给予印信，其余格隆、班第等给予禁条、度牒，不给印信。

康熙三十七年（1698），册封札萨克大喇嘛墨尔根绰尔济为"灌顶普惠宏善大国师"，给予印信。

康熙四十年（1701），册封阿望丹进为"静觉寺国师"，给予印信。

康熙五十八年（1719），清廷议准，册封扎雅呼图克图为"阐扬黄教诺们罕"、察木多呼图克图为"大阐黄教额尔德尼诺们罕"，均给予敕印。

康熙五十九年（1720），清廷议准，青海罗卜藏丹津奏请却卜藏呼图克图封号，授为"资教额尔德尼诺们罕"，给予敕印。

清雍正元年（1723），清廷议准，多尔济旺楚克，给以"掌管哲布尊丹巴呼图克图徒众、办理库伦事务额尔德尼商卓特巴"之号；堪布诺们罕，给以"掌管哲布尊丹巴呼图克图经坛、总理喇嘛事务堪布诺们罕"之号，各给予敕印。

　　是年，封甘珠尔巴噶卜楚为"述教甘珠尔巴墨尔根诺们罕"，封额尔济格特诺们罕为"兴教善知识诺们罕"，各给予敕印。

　　是年，又议准，康区类乌齐寺喇嘛阿旺札步辰勒呼图克图，嘉喇嘛阿旺呼图克图，均给予"呼图克图"封号、敕印。此乃清朝中央政府首次册封藏传佛教达隆噶举派（stag lung bkav brgyud）大活佛之例。

　　雍正十二年（1734），册封第二世土观活佛为"静修禅师"，给予敕印。是年，封第七世达赖喇嘛经师道都温都逊堪布为"阐扬黄教阿齐图诺们罕"，给予敕印；又封噶勒丹锡埒图为"慧悟禅师"，给予敕印。[①]

　　是年，又封布鲁克巴（不丹）呼毕勒罕喇嘛札尔西里布鲁克顾济，为掌管布鲁克巴黄教札尔西里呼毕勒罕，诺颜林沁齐雷喇卜济为额尔德尼，第巴噶毕冬鲁卜为掌管地方噶毕冬鲁卜喇嘛，各给予敕印。[②]

　　清乾隆二年（1737），乾隆皇帝以第三世松巴活佛益西班觉在京纂修佛教典籍有功，赏给"额尔德尼班第达"名号。

　　乾隆十八年（1753），清廷议准，封济隆（达察）呼图克图为"慧通禅师"，给予敕印。

　　乾隆二十年（1755），封喀尔喀额尔德尼诺颜绰尔济罗卜藏诺尔布为"青素珠克图诺们罕"，颁给总管喀尔喀青素珠克图额尔德尼诺颜绰尔济徒众之印，分镌满、蒙、藏三体字。

　　乾隆二十三年（1758），赏给第六世第穆活佛阿旺绛白德勒嘉

　　① （清）会典馆编《钦定大清会典事例·理藩院》，第158页。
　　② （清）会典馆编《钦定大清会典事例·理藩院》，第158页。

措"管理黄教巴勒丹诺们罕"名号，又赏给第七世济隆呼图克图"札萨克"名号，均给予印信。翌年，视达赖喇嘛圆寂后，西藏事务不可无总办之人，封第六世第穆呼图克图为"秉持黄教大德诺们罕"，管理西藏事务，旋给册文、银印。

乾隆三十年（1765），阿旺慈勒提木（噶勒丹锡埒图）进京朝贡，清廷赏"额尔德尼诺们罕"名号，给予敕印。

乾隆四十五年（1780 年），乾隆皇帝敕谕给第六世班禅额尔德尼之兄仲巴呼图克图赐予"额尔德木图诺们罕"名号。历史档案如实记载：

> 奉天承运皇帝敕谕班禅额尔德尼下商卓特巴仲巴呼图克图：
>
> 尔为班禅额尔德尼之兄，且任商卓特巴之职，随班禅额尔德尼远道入觐，朕极赏识。（十一月初六日改添：正欲施恩，不料班禅额尔德尼猝然圆寂，朕不胜恻然，对尔益加悯爱。尔其节哀，但当尽心办理喇嘛事务，虔诚诵经，祈祷呼毕勒罕尽早转世。）尔为大呼图克图，谙悉经典，朕为振兴黄教，特此施恩，赏尔额尔德木图诺们罕名号，随敕赏琥珀念珠一串、大哈达三十方、蟒缎三匹、锦缎三匹、黄大缎三匹、红大缎三匹、漳绒三匹。尔当感激朕恩，尽心尽职。（十一月初六日改添：谨慎侍奉喇嘛舍利，管束属下沙弥黑人等，俟明年返回扎什伦布，仍行虔诚诵经，努力祈祷喇嘛之呼毕勒罕尽速转世。）敬之勿怠。特谕。（一史馆藏军机处满文班禅明发档）①

清朝中央政府在格外重视达赖喇嘛、班禅额尔德尼、哲布尊丹巴呼图克图和章嘉国师等大活佛转世灵童的培养和成长的同时，亦

---

① 《元以来西藏地方与中央政府关系档案史料汇编》第二册，第 603 页。

对他们的经师关怀备至，并赏赐禅师、诺们罕、班第达等不同名号，以资鼓励。大略如下。

清乾隆四十六年（1781），清廷赏给第六世班禅额尔德尼的经师罗布藏曲培"班第达达尔罕"名号。

乾隆五十四年（1789），清廷以第七世班禅额尔德尼的经师喇嘛运丹嘉木璨，于班禅前承教经艺，尽力勤勉，赏给"班第达诺们罕"名号；以喇嘛噶布伦噶勒藏纳木占①，平素管理札萨克事务甚好，赏给"墨尔根额尔德木图堪布"名号，一并鼓励。

清嘉庆二年（1797），清廷又加赏第七世班禅额尔德尼的经师喇嘛罗布藏敦珠布"诺们罕"名号。

清道光四年（1824），清廷因第十世达赖喇嘛的经师（副师傅）嘉木巴勒依喜丹贝嘉木磋，传授达赖喇嘛经典，卓有成效，加赏"诺们罕"名号。

道光十三年（1833），清廷赏给哲布尊丹巴呼图克图经师喇嘛罗布桑札木延"诺们罕"名号，伊什格勒克"绰尔济"名号。②

道光十四年（1834），清廷加赏第十世达赖喇嘛经师（正师傅）萨玛第巴克什（阿旺强白慈臣）"翊教"二字，前已得"衍宗禅师"名号；并赏给副师傅原噶勒丹赤巴阿旺念札"班第达"名号，以此激励。

道光十八年（1838），清廷再次加赏第十世达赖喇嘛经师（正师傅）萨玛第巴克什（阿旺强白慈臣）"靖远"二字，此前他曾得"衍宗翊教禅师"名号。

清咸丰十一年（1861），清廷赏给第八世班禅额尔德尼经师噶钦罗布藏丹巴坚参"诺们罕"名号。

---

① 此即热振活佛。
② （清）会典馆编《钦定大清会典事例·理藩院》，第 163 页。

清光绪二十年（1894），清廷因第九世班禅额尔德尼的经师罗布藏丹增汪结深通经典，道法精能，且为班禅额尔德尼传授大藏经卷，循例赏赐"诺们罕"名号。

清朝中央政府依照以上各辈转世活佛之职衔、名号等差异，制定详细规章，办理各自不同印信、册封事项。达赖喇嘛、班禅额尔德尼和哲布尊丹巴呼图克图转世后，即于坐床之日，裁撤呼毕勒罕字样；章嘉活佛等驻京呼图克图，均于转世后来京瞻仰天颜之日，裁撤呼毕勒罕字样；其余各游牧之呼图克图、诺们罕、班第达、堪布、绰尔济等转世后，均俟年至18岁，裁撤呼毕勒罕字样。

此外，清朝中央政府对有功政绩者喇嘛又采取晋升封号或允许转世等奖赏措施。清道光十四年（1834），察汗喇嘛绰尔济，系由国初投效来京，且在西藏军前效力，撤销其绰尔济，赏给呼图克图职衔，换给黄敕，圆寂后并准作为呼图克图转世。

总之，有清一代，以中央政府加强对西藏地方和蒙古地区的行政管理为目标，借鉴元明两代处理藏传佛教事务的经验教训，并根据藏传佛教自身的宗教文化特点，结合藏蒙地区的政治、经济、文化、信仰、习俗等状况，逐步在教内外建立起一整套宗教管理制度。从清朝历史上看，对藏传佛教的管理肇始于皇太极，后经顺治、康熙、雍正、乾隆四朝不断调整、完善和制度化，至乾隆中后期，已经建立了较为健全和成熟的长效制度，这也成为清朝中央政府的重要政教事务之一。

结　语

　　西藏政教合一制度有一个漫长的发展演进的历史过程，它萌生于藏传佛教后弘期，即西藏地方分裂割据时期，正式建立于蒙元萨迦达钦政权时期，至明朝帕主第悉政权时期，又得到进一步发展，有清一代包括噶丹颇章和噶厦政府时期，则趋于成熟，并形成了稳固的长效机制，直到 20 世纪 50 年代方结束其历史使命。西藏百万农奴翻身得解放，西藏地方步入社会主义社会的康庄大道，人们过上自由自在、安定团结、幸福美满的生活。

　　从人类社会的发展演进来看，政教合一制度作为古代国家或地区政权体制的模式之一，曾在世界不少地区产生并给后世留下极其残酷、黑暗的深刻印记，尤以中世纪的欧洲政教合一制度为大家所熟知。在此不妨以其为参考系，解析西藏政教合一制度的实质。

　　所谓"政教合一"制度，乃是指其实行政权和神权合而为一的政治制度，其基本特点在于政府元首和宗教领袖同为一人，由一人执掌政权和教权。在欧洲历史上曾出现过宗教控制政权或由封建君主担任教主的局面，如拜占庭帝国、亨利八世时代的英国，都是比较典型的政教合一的政体。实际上，政教合一制度是宗教和政治结合最密切的形式，而这种形式最终致使宗教教会完全深入世俗社会，主要体现在对人性的束缚和教会政治的腐败。故当时的宗教束缚了社会的进步与发展。

而西藏的政教合一制度也类似于上述中世纪欧洲的政教合一制度，是一种主要由僧侣主持管理一切政教事务的地方政权体制。从历史的视域看，西藏政教合一制度始于元代，1269 年，元世祖忽必烈册封萨迦派主持八思巴为"帝师"，将西藏 13 万户的政教大权赏赐给他，西藏政教合一制度开始建立。

1354 年，由朗氏家族主持的帕主噶举派从萨迦派法王手中夺取掌管西藏地方政教的大权，在西藏建立新的政教合一制度，即帕主第悉政权，得到明朝中央政府的册封。帕主第悉政权建立之后，便颁布了《法典十五条》等一系列法规，设立宗本制度，使西藏政教合一制度得以进一步发展。

1642 年，蒙古汗王与格鲁派领袖又夺取西藏地方政教大权，在哲蚌寺建立噶丹颇章政权；1653 年，第五世达赖受到清朝中央政府的册封。1721 年，清朝中央政府将西藏地方政权中总揽大权的第悉职位撤销，初设噶伦职位，后又封立郡王；1751 年，清朝中央政府废除郡王制，正式授权第七世达赖喇嘛，构建噶厦政府，由达赖喇嘛亲自领导噶厦政府，管理西藏的一切事务。而噶厦政府则是一个由僧俗官员共同执政，以僧官为轴心的地方政府。从此西藏政教合一制度更加成熟和巩固。有学者认为，"清朝正式任命七世达赖掌管西藏地方政权，格鲁派各大寺院上层僧侣直接进入地方政府各级机构，形成政府内的僧官系统，他们以政府法令的形式多次提高寺院组织的地位，使格鲁派寺院系统成为具有行政、民事、军事、司法、经济管理职能的自上而下的独立体系。规定世俗贵族参政信奉格鲁派，还广建若干属寺，对其赐予土地、农奴，并令各地按量长期供给格鲁派寺院宗教活动费用，对僧人免除一切差税。许多佛寺还拥有僧人武装，往往以军事力量干预社会政治生活。文化教育上，'舍寺院外无学校、舍喇嘛外无教师'，寺院组织几乎长期垄断了西藏的教育，从精神上控制了西藏人民，对藏民族心理和性格的形成产生巨大的作用"①。

众所周知，在中世纪欧洲的政教合一制度下人性遭到极大的压抑，尤其教会极端蔑视人性，判定人生下来就是有罪的、肮脏的、下贱的，每个人的短暂一生就是为赎罪而活着。可以认为，在中世纪1000多年的漫长历史进程中，欧洲社会发展基本处于停滞状态，故被历史学家称为"黑暗的中世纪"。因为没有政教分离、国家和意识形态分离，就没有思想和信仰自由，就不会有民主。所以，以政教分离和自由民主为特点的西方当代文明，是长期反对西方宗教专制的产物。比如，文艺复兴以来的700年历史中，人们与基督教宗教专制进行了艰苦卓绝的、前赴后继的斗争，付出了无数生命，才得到当代政教分离的自由民主制度，对整个世界产生了巨大的影响，促进了全人类的文明进步。

同样，西藏的"政教合一制度"，不仅对人类进步与社会发展产生消极影响，它将人为的社会等级变成超自然的命中注定，把人分为三等九级，只占人口不到5%的世袭贵族、政府官员和寺院上层僧侣三大领主，占有西藏的绝大部分耕地、牧场、森林、山川以及大部分牲畜；而占人口95%以上的农牧民，没有自己的土地和生产资料，也没有人身自由和民主权利，甚至不少农奴的生活极端困苦。直至1951年西藏和平解放，尤其是1959年开始实行民主改革，废除了政教合一制度，西藏百万农奴获得了自由。西藏地方政教分离，不仅解放了藏族地区的社会生产力，而且体现了真正意义上的宗教信仰自由。1965年西藏自治区成立，彻底肃清了西藏地方的政教合一制度，建立了人民群众当家做主的人民民主专政，藏族人民在中华人民共和国的民族大家庭中充分享受到民族平等和民族区域自治的权利。

---

① 董莉英：《西藏政教合一制度产生、发展与衰亡》，《西藏民族学院学报》（社会科学版）1999年第4期。

附录　原西藏地方政府组织机构[*]

　　吐蕃王朝第三十三代赞普松赞干布统一蕃地后，设置了各种军政机构，并制定了《六法》（即六条基本制度和法律）、《六级褒状》（用松石、猫眼石、金、银、铜、铁等研成粉末调汁写成字体大小不同的奖状以褒奖有功人员）、《六大政要》等规章制度。赞普以下设公论三人、内臣三人、噶伦三人以及军官、厩吏、安本（管理金、银、粮食的人员）、楚本（营地管理人员）、法官、王宫卫官、边卡哨官、赞普咒师、诵经师等。

　　行政区域划分为"如"和千户区。前后藏和苏毗（西藏和青海毗连处）地区分为五个如——除苏毗如下设十一个千户区外，其他每如下设十个千户区；此外，上下祥雄地区划为十个千户区。以上共计六十一个千户区。另外，在乌如、后藏、多康（青海和康区总称）等地还设有十八个地方官。

　　根据《六级褒状》规定，对有功人员按照官职等级颁发不同的褒状：高等者颁发松石、黄金粉汁书写的奖状，中等者颁发银、猫眼石粉汁书写的奖状，下等者颁发铜、铁粉汁书写的奖状；大公伦授大松石粉汁书写的奖状，二公论和大内臣授小松石粉汁书写的奖状，小公论、二内臣和大噶伦授大金字奖状，小内臣和二噶伦授小金字奖状，小噶伦授猫眼石粉汁书写的奖状，赞普咒师授大银字奖

---

　　* 摘自《西藏文史资料选辑》（十三），西藏自治区政协文史资料研究委员会编，民族出版社，1991。

状，诵经师、王宫卫官、边卡哨官等人授小银字奖状。当时，因战争频仍，凡立战功者，不分等级均授头等奖。

公元 8、9 世纪，赞普赤松德赞时期，在原来的基础上，光大佛教，修建桑耶寺等庙宇殿堂，遣使赴天竺，邀天竺佛教大师，学梵文，译佛经，给寺庙分封土地、百姓，一僧赐三户仆役；王室库每年拨出粮、油、衣、墨、纸等，以供堪布、僧人所需。对堪布援大金字奖状，其位在所有大臣之首，僧人主政，自此开始。

赞普赤热巴坚时期，曾简化藏文字体；一个僧人赐七户仆役；赞普发髻上挂上长带，让僧侣坐其带上，以示敬仰；行十善法，仿印度新造衡器；扩展疆域。因唐蕃不睦，屡起战端，唐朝和尚与吐蕃僧侣居中调停，树立三碑。

公元 10 世纪，各地纷纷起而反抗，一统蕃地之赞普王朝分崩瓦解。此后三百九十余载，群雄割据，各霸一方。藏历第三绕迥火虎年（公元 1206 年），成吉思汗出兵西藏，萨迦教派遂与彼王族取得联系。藏历第四绕迥水牛年（公元 1253 年），忽必烈以武力统一全藏，以蒙古法律为基础，把西藏划分为十三个万户，并将其赐予八思巴，后又赐青、康、藏三区，封八思巴为帝师。

当时设的行政官职务有：基巧本勤（最高行政官）一人，每万户设万户长一人，下设千户长、百户长、宗本、庄头等。内侍人员的职务有：司膳、司寝、司祭、卓尼（接待宾客的官员）、秘书、管家、厨师、奉茶人员、管坐垫人员、仪仗人员、厩吏、牲畜管理人员、守门人员等十三种。

藏历第五绕迥水猴年（公元 1272 年），元朝在藏新设了吐蕃宣武司元帅府。除重大事务需禀报萨迦法王外，一般的可由基巧本勤处理。基巧本勤由元朝皇帝任免。从藏历第四绕迥木牛年（公元 1264 年）开始，直至第六绕迥木马年（公元 1354 年），由八思巴至大元洛追坚赞共九代法王和二十余任基巧本勤，执掌全藏政教大权。

公元 14 世纪，萨迦王室内讧，政权落入帕木主巴·绛曲坚赞之手。元朝将绛曲坚赞册封为大司徒。大司徒绛曲坚赞先后在日喀则、柳吾、贡嘎、茶嘎、琼吉、隆子、仁布、哲古、沃喀等地修建了十三个大宗堡，并设置宗本，任期三年，制定《法典十六条》。

藏历水鼠年（公元 1372 年），明朝在藏设置了乌思藏都指挥使司。

第司帕木主巴统治全藏直至藏历第九绕迥木牛年（公元 1564年），后被噶玛噶举政权所灭亡。

噶玛噶举政权藏巴汗三代人统治西藏达 70 余年，在此期间，除保留原有的十三大宗堡外，其余尽净拆除，以防变乱。在帕木主巴时期的《法典十六条》上增加"异族边区律"一条，成为《法典十六条》。另外，还制定了标准秤、斗。

17 世纪 40 年代初，固始汗推翻了噶玛噶举政权，并将政权交给五世达赖喇嘛。

藏历第十一绕迥水马年（公元 1642 年），建立政教合一的噶丹颇章政权。噶丹颇章为一房名，意为兜率宫。该房原名"多康恩波"（兰石房），为第司帕木主巴在哲蚌寺的官邸。藏历第九绕迥土虎年（公元 1518 年），帕主第司阿旺扎西札巴坚赞将其献予二世达赖喇嘛根敦嘉措。为使众生结下法缘，早日转生兜率宫，达赖喇嘛将该房名改为噶丹颇章。二、三、四世达赖喇嘛均住于此。五世达赖在此建立政权，故该政权称"噶丹颇章"。首任第司（行政官，代表达赖喇嘛管理政务）为索南绕登（又名索南群培或嘉乐群则）。

噶丹颇章政权建立后，对原来的《法典十六条》进行了修改，删去了第一条英雄猛虎律、第二条懦夫狐狸律和第十六条异族边区律，定为十三条。官职以萨迦王朝时期的设置办法为基础。第六任第司桑杰嘉措所著的《法典清明晶鉴》云："职务类别凡十三种，司祭官在此不宜论说，牲畜管理人、守门人乃微不足道。为社稷大业计，大臣、军队司令、法官、工匠管理、大小管家、内室传达官、市民监、宗本、谿本、寺庙扎仓的物资管理人员、商业人员、北方蒙民头人、庙祝、达赖喇嘛的信使、收粮官等缺一不可，故新设以上诸多职务。"设置了摄政、噶伦、军队司令、代本、审判官、卓尼（接待宾客的）、秘书、物资管理员、计算员、厩吏、雪尼（布达拉宫下雪勒空的主事人）、市民监、司膳、司寝、厨师、工匠管理人员、达赖喇嘛的信使、收粮官、宗本、谿本、寺庙司库等。

藏历第十三绕迥铁羊年（公元 1751 年），在原设置的基础上增设噶准（噶厦传达官）、噶仲（噶厦秘书）、待卫等。

噶厦

在噶厦机关设置之前只有噶伦。藏历第十三绕迥铁马年（公元 1750 年），即发生珠尔默特那木札勒事件的次年，七世达赖喇嘛格桑嘉措亲政后，上奏乾隆皇帝，正式设置了噶厦机关，并任命多仁·贡布欧珠热旦、多卡夏仲·次仁旺杰、顿巴·斯却次旦和孜准达汗尼玛杰布四人为噶伦。噶厦成立之时，达赖喇嘛亲临祝愿，赐新制"斯西德吉"印，宣布由此始，噶厦正式行使职权，负责办理西藏地方政府的政治、经济、文化和军事等内外事务。其中，重大政务和重要官员的任免，由达赖喇嘛和驻藏大臣共同处理。对所属各机关、各总管和各县、庄园的正常收支、执法等情况，依照权限范围，由主管人员共同商定，加印办理。官员任免、驮骑证明、杀人抢劫和其他未决悬案的处理、粮款支出、物资管理、建设项目的开工等，凡涉及政府的内外文武事务，均须经噶厦批准。有关边界和军事等重大事务，由噶伦和基巧堪布（高级僧官职务）共同商酌后，交八位仲译钦莫（秘书长）、孜本（孜康负责人）联席会议商定办理。如该联席会议仍不能决断，则须提交西藏官员大会，即三大寺堪布、执事、扎萨和台吉代表、八位孜仲、总司令、孜大堪卓

（礼宾僧官）、南卓堪穷（藏王礼宾僧官）、警卫团长、僧俗官员（含较高一级和普通官员）代表研究决定，或提交全藏大会决定，即让全体僧俗官员、驻拉萨的扎什伦布寺所属百姓头人、各代本（相当于团长）、丁本（相当于排长）以上官司、领政府薪饷的僧俗职员、各寺喇嘛、大小执事、康村师傅、普通僧人代表、前后藏各大部落和康区（即芒康、左贡、桑昂曲宗、察隅、三区）的头人及藏北代表等研究，制定实施方案，禀报达赖喇嘛批准。

噶厦雪。设三名七品秘书，其职责是转发因公外出人员所需驮马证明；签发各县、各庄园所辖寺庙每逢冬至、夏至为达赖喇嘛消灾、祝福等兴办佛事活动的通知；登记各种庆典中的盘碟、器皿、供品、仪仗人员名单和布施贡果等，草拟宗谿官员任免文书和路途证明，由噶厦呈报达赖喇嘛盖印；代表噶厦处理一些零星事务，如帐篷出入库、赤热巴坚时所创建的乌香多寺的供施、抗霜祈雨的巡视以及工作手册中规定的各项工作。另外，在噶厦的工作人员中，设有藏汉翻译人员一人和由哲蚌寺吉索（总管寺庙公共财物收支的机构）指派的负责维修噶厦房屋的管理人员一人。

基巧堪布

基巧堪布为达赖喇嘛的近侍，三品僧官，为八世达赖喇嘛强白嘉措所设，其主要职责是统管达赖喇嘛全体近侍人员、为达赖喇嘛日常生活服务；接转臣民向达赖喇嘛的禀奏。在日常政务中，其权力与噶伦相同。遇重大问题，与噶伦共同商议，并在总管各教派寺庙的布达拉宫译仓列空任职，办理堪布、铁棒喇嘛、执事和僧官的升迁任免事宜，与噶厦共同负责管理布达拉宫内达赖喇嘛储存金银绸缎等的仓库的工作。按惯例，每年十二月份入库，接受布达拉宫山下雪列空主事人、负责边远宗谿重大诉讼案件的检察长、维持拉萨市区治安和行使法律职权的朗子厦等交来的贵重物品；各地信教群众呈献给达赖喇嘛和摄政的供品（除去拉恰、孜恰列空之所需）；

每两年由噶厦指派一人（名多嘎本），将负责传昭法会开支和收入的拉章强佐（即拉恰）及负责发放贷款和为达赖喇嘛收支财物的孜恰两机构中收入的氆氇、药材、藏香等康区所需物品，率驮马员工、持通行证、运往康定交换上等茶叶、绸缎、白银等物品（除去达赖喇嘛之日常所需）；基巧堪布管辖的公房房租收入，十五绕迥木虎年（公元1914年）建立的机械厂、亚东造币厂和此后的造币部门回收的造币基金及盈余的金银；土马年（公元1918年）建立的诺堆金币厂，在发行金币中所盈余的金银；农业机构所属公房房租收入及人头税，盐茶机构在盐、羊毛、牦牛尾、皮张等方面的税收；由那曲、嘉黎县、亚东、帕里等关口所收的茶叶等物。另外，基巧堪布和负责管理宗教事务、监督寺庙戒规、任免寺庙执事、升降僧官级品和任免等项工作的译仓列空共同管理历代各种贵重服饰34箱，存放于时轮经堂之下的神殿之内，供迎送达赖喇嘛和新年仪式时使用。

小库和内库

小库和内库负责管理达赖喇嘛的财物，储藏金、银、宝石、绸缎等贵重物品，发放贷款。每年由前后藏、康区、蒙古等地的信教群众敬献给达赖喇嘛的贡物中，除按规定由孜恰和拉恰收藏管理的以外，其余归小库和内库收藏管理。所敬献的庄园、牧场和百姓也由小库和内库管理。这两库还负责管理地方政府在前后藏所属林卡的采育和在布达拉宫和罗布林卡的内外马厩，供应传昭法会和会供法会所需的部分烧柴。罗布林卡的内外马厩有一名五品俗官和二十余名马夫，布达拉宫的内外马厩有两名六品俗官和三十余名马夫。这两库由三品僧官一名、四品僧官一名和五品官两名负责。在热振摄政王在位时，增设三品台吉一名。遇重大问题时请示基巧堪布。其中，内库的贷款由达赖喇嘛的侍卫负责。基巧堪布在这两库内设有一执事房，有一名强佐和一名普通官员，办理日常琐碎事务。

司膳、司寝、司祭三堪布

达赖喇嘛的司膳、司寝、司祭三堪布均为三品僧官。

司膳堪布负责管理膳食房和司膳堪穹（四品僧官）、管理人员、厨师等二十余人及其任免事宜。

司寝堪布负责管理达赖喇嘛的寝宫和禅室以及服饰、器具等。达赖喇嘛外出，其二十四名轿夫由一名四品僧官负责管理，但司寝堪布负主要管理之责。

司祭堪布负责管理达赖喇嘛禅室，寝宫的供品摆设；保管并随时提供达赖喇嘛常用的经书；掌管朗杰扎仓的法纪，并指导该扎仓的诵经和舞画唪三艺（舞，穿戴舞衣、面具跳神；画，画制坛场；唪，举腔唪经。该三艺是亲教师、轨范师、悦众师和供祀师等所必须娴熟掌握的）。

孜译仓列空

孜译仓列空始建于藏历第十三绕迥水猴年（公元 1752 年），当时系为七世达赖喇嘛保管经书和文书的机构。工作人员有一名四品僧官、两名五品僧官和若干一般僧官。此后，由于僧官学校毕业人员逐年增多和根据各个机构不仅应设僧官，还应设俗官的规定，该机构改为总管各级僧官的孜译仓列空，由三名四品僧官（热振摄政王时期增设一名四品僧官秘书长）负责。机构内有五品僧官一名，一般僧官十五名，回画一名，学员四名。

该机构的职责是总管达赖喇嘛所属的寺庙和各级僧官和寺庙堪布、执事的任免事项；呈禀达赖喇嘛的旨意，草拟向各宗、谿百姓颁布的训令，各寺庙的戒规等。有时遇有重大事件，受噶厦委托，由该机构四位负责人会同孜康的四位负责人负责调查，呈报噶厦批准执行。这八名负责人主持全藏大会，并根据大会决定，草拟报告，在加盖僧俗官印和甘丹、哲蚌、色拉寺的印章后，经噶厦呈禀达赖喇嘛批准，该机构还负责僧官学校的管理及摄政、司伦下发文件的草拟工作；达赖喇嘛和摄政的印章也由该机构管理。

孜森穹嘎

孜森穹嘎是达赖喇嘛的传达机构，由四品僧官大卓尼负责。该机构内有五品僧官十六名，达尔罕职位的侍卫一名、六品官三名。其主要职责是传达达赖喇嘛的各项政教指令和对各级僧俗官员的任免令；任免的摄政王、各大活佛、噶伦、公爵、各级僧俗官员等，因事外出，均须经该机构向达赖喇嘛禀报或辞行。外国人参拜达赖喇嘛等政教活动也由该机构负责记录有关情况，以备撰写达赖喇嘛传记所用。各机构、各地总管、宗本、谿本等经摄政、噶厦、译仓列空呈禀达赖喇嘛的呈文，以及边境问题和臣民呈禀达赖喇嘛的呈文，在经摄政、噶厦审阅后转呈达赖喇嘛时，经该机构大卓尼呈禀达赖喇嘛。大卓尼还负责检查噶厦及其所属机构官员遵守工作制度的情况，并直接呈禀达赖喇嘛。遇重大政教事务，在摄政王和噶厦商讨后经大卓尼向达赖喇嘛禀报。

雪嘎

雪嘎是摄政的传达机构，于藏历第十三绕迥火牛年（公元1757年）七世达赖喇嘛圆寂后，由第穆德勒嘉措活佛任摄政时创建。由四品僧官南卓负责。机构内设五品俗官八名，侍卫二名、联络员（一般僧官）一名。其主要职责是各级的呈报，除必须呈禀达赖喇嘛的外，均由该机构呈摄政王批示，再由南卓向噶厦下达执行。对罪犯的判处和各机构对奴婢的役用，由摄政王审批后，也经南卓下达噶厦执行。各级僧俗官员、各寺堪布、执事等在上任前或离任后以及外出、返回时，须经该机构向摄政王禀报或辞行，并做记录。

彻德列空（又称孜恰列空）

该机构是管理收支物资的较大的机构之一，由四品僧官二名、四品俗官一名负责。内有普通俗官孜恰仲一名、管理小吏的头人一名，共有二十余人。其主要职责是管理达赖喇嘛日常所需的金、银、铜、铁、绸缎、珠宝、象牙和牛黄、木香等珍贵药材以及颜料、茶叶、米面、海菜、糖果等。其物资来源，一是每年派一名官员赴阿里地区的札仁、达巴卡、布让、日土等黄金产地征收黄金税千余两；二是派一名经商官员赴康区采购茶叶、绸缎等物资，运往阿里地区交换各种糖果；三是在金沙江流域征收的黄金税和在帕里地区采购的大米；四是由阿坝地区采购的铜；五是由山南地区的拉索等谿卡征收的粮食；六是在藏南、藏北各牧区征收的牧业税；七是传昭法会期间施主恭请达赖喇嘛主持法会时敬献的物品和平时信教群众祈祷达赖喇嘛保佑时敬献的物品，应交孜朗赛库保管外的物品除外。

按照有关规定，地方政府日常支出中的三分之一由该机构担负，该机构还负责管理布达拉宫各经堂的司祭人员、各神殿、角楼出入口的门卫、房管人员和清洁人员等。每晚九时许，由一名堪穷、两名一般工作人员手持宫灯在各处巡视，如发现失职人员，给以严厉处罚。禁止督察宫内和朝佛人员身着异服、佩带腰刀、脱袖赤身、饮酒吸烟，严禁妇女留宿。

尼仓列空

按照规定，该机构每年从政府糌粑库内收取部分粮款，负责支付布达拉宫各经堂的供品和一些临时佛事活动所需的物品，支付依例邀请三大寺共百余人在布达拉宫、大昭寺诵经时所需饮食等项开支，以及每天早茶时所需物品和房管人员、清洁人员等所需粮饷。该机构有五品僧官两名、文书一名、奴婢二十余人。

僧官学校

僧官学校于藏历第十三绕迥木狗年（公元 1754 年）由七世达赖喇嘛格桑嘉措创建。有一名教授书法的僧官老师和从敏珠林寺挑选的教授梵文、乌尔都文、恰译师新形藏文字体、郭译师新形藏文字体、语言学、诗词、声律、三十字颂、音势论、阴阳历算等科目的老师一人。学生主要由哲蚌寺、色拉寺、甘丹寺、木如寺、喜德寺及其各分寺以及在职僧官徒弟中选送，并由老师挑选品德优良和聪慧者五十余名，报孜译仓列空批准录取。学生毕业后，根据其在校的时间和学习成绩等情况，由孜译仓列空任命职务。

拉恰列空

藏历第六绕迥土牛年（公元 1409 年）由宗喀巴大师创立。每年藏历一月三日在拉萨大昭寺举行为期二十一天的传昭大法会。在这一佛事活动期间所需的粮、油、茶等物品，由宗喀巴大师拉章管理。此后，因施主逐年增多，办事地点由旧拉章迁至大昭寺，称拉章强佐。当时除施主敬献的财物外，无其他收入，且仅在传昭法会时期一个月余办公。藏历第十一绕迥水马年（1642），五世达赖喇嘛亲政，拉章强佐改为政府机构。起初，仅有若干名办事人员，后因收支范围和数量不断扩大，设四品僧官两名、四品俗官一名。热振摄政王在位时增设四品官一名、一般办事员等三十余人。另有一名僧官管理达赖喇嘛在大昭寺的寝宫、拉旺殿和该机构的房产，还有一名僧官管理裁缝。该机构的职责是供应色拉寺、哲蚌寺、甘丹寺日常所需的酥油、茶叶；供应大昭寺、小昭寺、布达拉宫、罗布林卡、上密院、下密院、朗杰扎仓、嘎东寺、木如寺、喜德寺和在拉萨的策墨林寺、功德林寺、丹杰林寺、慈觉林寺以及拉萨四方的三怙主经堂全体人员的生活所需和供奉物品。藏历每月初八、十五、三十，在大、小昭寺摆设盛大的供品和佛灯千盏。传昭法会和会供法会期间，供应哲蚌寺、色拉寺、甘丹寺两万余名僧众斋饭和发放布施现金，供应噶厦等各机关厨房所需的肉、酥油、茶、糌粑、盐碱等物品；并同孜恰列空共同提供达赖喇嘛、摄政接见贵宾和前来朝拜的重要人士时回赠的金、银、氆氇、皮革、药材等，以及绸缎、茶叶等物品。供应新建或维修公房所需的木、石料及工匠等所食用的茶、酥油、肉、奶渣等。供应藏医院和各军营所需的药品。此后，军饷机构和糌粑事务机构相继建立，故拉恰列空原承担的粮食和糌粑的供应任务，大部分改由新建机构承担。

随着施主向拉恰列空敬献的款项越来越多，于藏历第十六绕迴水马年（1942）建立了基金机构，由僧俗扎萨各一名轮流负责，另有秘书和孜本各一名、四品僧俗官员各一名、普通工作人员二十余名。凡1931年以后敬献的款项均交由基金机构管理。基金机构贷款收入的利息，仍需交拉恰列空。

该机构的收入是根据第巴桑杰嘉措时所规定的征收项目和数量而定，是每年向噶厦所属各宗、谿征收粮食、肉、酥油、羊毛、皮张、金、银、铜、铁、药材、清油、木材等约数百种实物得来的。

协康

该机构主要审判人命案件。由两名五品俗官负责，每位负责人各自雇用秘书一人，另有房管、清洁人员共十余人。各地发生的人命案件均须呈报噶厦。噶厦将案件交由该机构审理。该机构派员赴犯人所在地将犯人押解到拉萨，在审明案情后，依法草拟判决书，呈摄政或噶厦核准后执行。

大昭寺内释迦牟尼等佛像的头饰、耳饰、项链、胸饰和金钵盂、金银供灯、金曼扎、珍珠曼扎以及依照《圣物登记》记载的各种珍贵器物，均由该机构清查登记，并将平时不佩带的饰品等装入箱内，由噶厦盖印后交大昭寺香灯师保管。

孜康

藏历第十一绕迴水马年（公元1642年）噶丹颇章成立后，即组织人员对全藏的土地、牲畜、人口进行普查，并分别按政府、寺庙、贵族三大系统登记入册。大约于1946年成立孜康，再次对全藏各系统的土地、牲畜、人口做了较深入的调查，规定每隔五六年调查一次，根据每次调查的结果，确定各自应缴纳的赋税。政府根据各宗谿完税情况的好坏，分别给予奖惩。政府在各宗谿存放的粮物，在支付包括军饷在内的各项需用时，必须经该机构核准后方能动用。

俗官任职前，必须在粗通文化后，于 10～15 岁期间经考核进入该机构深造，学习有关业务知识，再经过考试始能任职。

贵族中如有绝嗣或继承人年幼不能掌管家务，由该机构根据土地、牲畜情况，确定在两三年内每年必须向译仓列空缴纳 125～175 两藏银。如系绝嗣，务须在两三年后寻人登门过继或入赘。

全藏的度量衡，由该机构统一确定，并监督执行。

藏历第十四绕迥铁虎年（1830），鉴于有些贵族、俗官因立功而得到政府奖赏的土地、牲畜，有些由于土地无水源或被流沙覆盖，均由该机构重新勘察确定各自应缴纳的赋税，名为"铁虎年规定"。

朗审库、希康列空、扎谿造币厂、跋希列空、德细列空、基金列空等机构，均须由该机构一孜本兼职负责。

该机构原由三名四品孜本负责。热振活佛任摄政时，增设了一名四品孜本。还有管理账目、文件和学生的一般官员四人。

细康列空

地方政府和派驻各地的总管、各宗谿及建设部门等，凡有收支的机构，其收支账目每年必须呈报噶厦。噶厦转该机构审计清查后，将审计结果呈报噶厦。另外，除拉萨各机关案件和人命案件以外，各地的大小案件，在由各地呈报噶厦后，由噶厦批转该机构审理，并向噶厦提出判决意见。该机构由三品僧官一名和四品孜本一名负责，还有普通官员四名。

藏军司令部

五世达赖喇嘛时，第司桑结嘉措创建警卫步兵营，规定兵员为二千一百名左右。兵源来自耕种森岗土地的差民。一岗地可种 120 余克种籽。后因土地沙化、水源枯竭和政府封赐给寺庙、贵族的土地日渐增多，森岗土地相对减少，所以军队定额减少为四百五十余人。

公元 1720 年驱除准噶尔蒙古军队后，为防止准噶尔再次入境骚扰，特征兵八百六十余人，驻扎在从安多至改则一线作警戒。其所需军饷由军队驻地所在的宗谿负担。军队在战争中缴获的物品，可作为奖品，发给兵士。以后，除沿线仅设若干哨卡外，大部兵士返回各自家园。但是，原军队驻地各宗谿应向军队缴纳的物资，仍按原规定如数缴纳。

八世达赖喇嘛和摄政达擦·旦白贡布时期，曾先后发生廓尔喀入侵西藏事件。福康安在《钦定西藏章程》中规定，应组建和加强西藏军队，因此，于藏历第十三绕迥铁狗年（公元 1790 年）建立了一支有三千人、按照清朝军队的训练方式训练的军队。当时，将全藏的实有土地分为马岗（出兵役的土地）、堵（政府、寺庙、贵族的土地）两种，并根据土质情况，规定每马岗地和每堵地为 50~70 克种籽。凡耕种一马岗土地者，出一兵役，并负担其常年的供给。如该兵士将所发武器等军用品丢失，也由种马岗土地者负责赔偿。兵源分布为前藏一千名、日喀则一千名、江孜五百名、定日五百名。每五百名设代本一人，如本二人，甲本五人，丁本二十人，久本五十人。前藏驻两个代本，日喀则驻两个代本，江孜、定日各驻一个代本。任代本期间，由政府给一谿卡。如本每月五份军饷（每份军饷包括 2.5 克粮、茶叶、酥油若干、肉钱 2.5 钱），甲本每月 3 份军饷，丁本、久本每月各两份军饷，士兵一份军饷。

在建立了一支三千人的军队的同时，政府成立了一军饷机构，由四品僧俗官员各一名负责，有普通工作人员四人。该机构成立时，内政府拨给一部分资金用作贷款的资本，每年所收利息作为军饷的一部分，由负责军饷机构的四品僧俗官员轮流赴各地驻军处发放。军饷的大部分则由中波拉豁卡（现白朗县）、甲辖旦那豁卡（现日喀则县）、江孜诺林豁卡、尼木门卡豁卡、堆龙年更吉豁卡、通门曲廓豁卡、吉雄下觉豁卡和乃东班扎豁卡等从其收入中提供。入不敷出时，经噶厦批准，从军队驻地附近各宗豁的储备粮中拨付。

藏历第十五绕迥水鼠年（公元1912年）驱逐川军，次年，十三世达赖喇嘛由印度返回拉萨：封拉萨军务总管堪仲强巴丹达为噶伦喇嘛，以嘉奖其战功，旋调任昌都总管。封近侍朗嘎达桑占堆为扎萨兼任军队副司令，封赤门·罗布旺杰为台吉兼任副司令，并正式成立了军事司令部。司令部设于布达拉宫前武器仓库的楼上。起初，司令部有文书二名、一般僧官二名和从各军营中抽调的工本数名。此后，又增设四品俗官和五品僧官各一名。司令部的主要职责是统率全部军队，经噶厦批准后，向各地驻军配发武器、弹药等军事装备；如本的任免由司令部报请噶厦批准，甲本、丁本的任免由司令部决定。

公元1912年以后，由于康区设防、拉萨治安和警卫达赖喇嘛的需要，将原来的六个代本扩充为十六个代本。兵源在原来每马岗地出一个兵役的基础上，每两马岗地再出一个兵役。另外，政府、寺庙、贵族所经营的堵地中，每四顿地（一顿地等于两岗）出一兵役，在此基础上，每六顿地再出一兵役。军队的训练方式也改为按英国军队的方式进行，口令也为英语，后改为藏语。警卫代本所有军官士兵一律身着英式军装。

藏历第十五绕迥土羊年（公元1919年），在司令部内再设一军饷机构，由四品僧俗官员各一名负责，有一般工作人员十余人。其主要职责是将藏北、山南等地储备库中的粮食调运到拉萨，以供给驻拉萨的军队。供给所需的现金按规定从拉萨造币厂提取。

拉萨尼仓列空

该机构的职责是在洛扎森噶宗、多瓦宗、拉萨谿卡、贡木觉木宗、孜拉宗、雪卡谿卡等地征收木料，在墨竹宗征收陶瓷花盆、茅草、瞿麦等，供应布达拉宫和罗布林卡；负责拉萨市街道阴沟的维修和修建厕所；防止修建的私房影响街边、小巷通行；管理仓空尼姑寺和拉萨回民事务；每年举行传昭法会时，派一名五品官员参加传昭工作；负责大昭寺内各处的防火、防盗和清扫工作，并派人在每晚十时许进行巡查。该机构由五品僧官一名和五品俗官二名负责，另有一般官员一名、奴婢二十余名。

朗孜厦

该机构的职责是管理拉萨市区的社会治安，派人在各处巡逻。派一名警察在人口集中的地方昼夜巡逻，如有杀人、盗窃等重大案件，呈报噶厦批准后进行处理，一般案件可自行处置；负责征收拉萨90家青稞酒店铺的营业税（按规定，拉萨青稞酒店铺不得超过90家），该机构由五品俗官二名负责，另有文书一名、管理人员二名、房管员一名、警察连长一名、负责将停于市区的尸体送往葬地的头人一名、巡逻员二十余名（兼管对犯人用刑和监守）、看守员一名，此外，还有刑满后因无处安身，留在该机构由负责搬运尸体的头人役使的人员（此类人员靠乞讨维持生活）。

索朗列空

该机构的职责是登记全藏人口的出生和死亡情况，征收人头税；凡新开垦土地者，需经该机构批准，发给征明，三年内不征收土地税，三年后由该机构派员测量土地面积，并确定征收一般年景收获量的十分之一作赋税，由土地经营者向所在宗谿缴纳；负责督促在大路两旁和村庄周围的植树工作，树木由各所在宗谿管理；凡不属于政府、寺庙、贵族的游民百姓，由该机构登记后交宗谿管理；负责拉萨市区公、私房屋的税收工作。人头、房屋税款交朗赛库。

该机构由四品僧俗官员各一名负责。另有五品僧俗官员各一名、一般工作人员六人。

盐茶机构

该机构的职责是在那曲、加里宗、直贡和帕里等地设立关卡，征收从川、康、滇，以及印度贩运进藏的茶税。其中，除帕里的由当地宗本兼收外，其余各地的均由该机构派出僧俗人员收取。税率为十二分之一。同时，在阿里、日喀则、拉萨、林芝等地设关卡，征收盐税，税率为每一牛驮征收六钱藏银。以上两项税收所得均上缴朗赛库。如发现偷漏税者，将实物尽行没收，并视情节轻重予以其他处罚。除此，还负责从康定等地引进茶树种，在贡布、恰隅、波密、墨脱、察隅等温暖湿润的地方试种茶树。该机构由扎萨一名、四品僧官一名负责。另有五品的俗官员各一名、一般工作人员六名。

洛康列空

该机构的职责是铸造银币、铜币，印制纸币。需领用钱币的各机构必须持盖有噶厦印章的批示。该机构由公和一名三品僧官负责，另有僧俗工作人员六名。

雪列空

该机构于藏历第十一绕迥木兔年（公元 1675 年）由第司洛桑金巴创立，当时只管理雪围墙内外的治安。此后逐步成为负责雪区和近郊的哲布林、扎西、朗如、洛门、仲堆、蔡、德庆、曲龙、柳武、朗岗、希仲、扎、陈果、龙巴、朗、姜、尼塘和东嘎等 18 个谿卡的社会治安，除杀人、盗窃等重大案件须呈报噶厦批准外，一般案件可自行处置；同一名增准（达赖喇嘛接待官）共同负责从拉萨以东山口至罗堆林卡河堤的维修管理，具体维修任务责成上述 18 个谿卡出劳役分段进行。如有的任务未能完成，则由雪区出劳役完成。每隔一年，请噶厦派员视查一次堤坝。每年从曲水宗、白地、色谿卡、朗、姜等地征收小麦5700余克，从尼门宗门卡谿卡的普地区征收上等青稞370余克，从日喀则地区征收上等青稞，从墨竹色布、江雄、仁庆林、如妥、尼塘等牧场征收酥油、奶渣，从塔布、贡布地区的贵族、寺庙、各林寺、文曲丁寺、洛森巴、楚布寺等各大拉章征收酥油，从拉萨附近18个谿卡征收小麦、青稞、豌豆、肉、糌粑、酥油、清油，供达赖喇嘛、摄政王和布达拉宫所用。该机构由三名五品僧俗官员负责，有一般工作人员二十余名。设一雍康（官员），负责该机构的房屋和所辖监狱、囚犯伙食等管理工作。

廓西列空

该机构的职责是查办在拉萨的尼泊尔侨民与藏族之间发生的纠纷；管理尼泊尔侨民在拉萨的房屋；会同尼泊尔政府官员共同处理尼藏接壤地的民事纠纷。该机构由达赖喇嘛的接待官和朗孜辖的一名官员负责，另有一般工作人员一名。

策墨林管理机构

藏历第十四绕迥木龙年（公元1844年），在策墨林的降白楚臣被免除摄政王的职位后，政府设立了策墨林管理机构，负责管理没收的策墨林降白楚臣在任摄政时封赐给他的谿卡、牧场和在拉萨近郊的土地收入；支付罗布林卡、布达拉宫清洁工的粮饷。有时还要向一些建筑施工人员供应粮油。该机构由达赖喇嘛传达官总管，设有一般僧官一名，文书一名和数名清洁工。

拉萨藏医历算院

藏医历算院建于藏历第十五绕迥火蛇年（公元1917年），后逐步建起了医院、药厂等，并从前、后藏的各寺院中招收有文化的年轻喇嘛学习藏医和历算，所需费用均从朗赛库领取。该机构由一名僧官负责，另有历算老师和医务人员数十名。

巴希列空

该机构建于藏历第十六绕迥土羊年（1920），其职责是会同各地宗谿核查寺庙、贵族所经营土地的实有数，并根据实有土地重新确定应缴纳的赋税数量。同时，核查自《铁虎年规定》实施以来，新开垦荒地的实有数，并重新确定应缴纳的赋税数量。该机构由译仓列空的秘书长和孜康列空的一名孜本负责，另有一般官员数名。

朗希列空

该机构建于藏历第十六绕迥铁羊年（1931），在此之前，各地运送公用物资均须持有噶厦和摄政、昌都总管签署的证明。但后来由于制度松弛，各宗谿假借噶厦等名义，运送私人物资，加重了百姓的乌拉差役负担。为克服并防止此类事情的发生，特成立该机构。其职责是检查各类运输是否确有噶厦等签署的证明，是否按规定付给了运费。各宗谿每半年要向噶厦呈报运输的详细情况。该机构负责调查呈报的虚实。如有虚报，给以惩罚。该机构由译仓列空的秘书长和孜康的一名孜本负责，有一般工作人员三名。

雪堆白

雪堆白系手工技艺部门。主管官员有六品僧官二人，并有根据技艺水平而被规定享有官员待遇的正副师傅。手工技艺主要包括金、银、铜、铁的铸造和木器车削等。匠人们具有在金属器皿上雕制立体花饰，用模子打制凸起的花纹和刻制浅线花纹，镶嵌金、银细丝等手艺。各种藏式器皿一般均能制作。共有工匠数百人。

布达拉山前马匹管理部门

布达拉山前马匹管理部门有六品俗官二人，另有朗生秘书二人，内外马厩管马员三人及达赖喇嘛专用骡管理人员及赛马用马匹管理人员等。以上人员平时负责饲养政府骡马，夏季将骡马赶至羊卓雍湖的嘎漠林去放牧。该部门负责日常支差马匹，每年从各宗、谿卡收取达赖喇嘛专用骑骡所需的鞍鞴等物，并依据分配给工布地区四个宗的母马数量，每年从该地收取骡驹。

草料管理部门

该部门由僧俗官员各一人担任主管，另有主管官员私人任用的管理人员。

草塘总管僧官与草料管理部门主管官员每年均须共同向噶厦呈递报告，申请下达命令，以便从前后藏各宗、谿卡征用割草、运草人伕。每日均须将所割之草供应罗布林卡马厩及布达拉山前之内外马厩管理部门。此外，尚须向总管堪布等处供应草料。

每年夏季开镰割草之前，草塘总管僧官与草料管理部门官员需共同巡视草塘，并将采得的长短草样呈送堪布府邸，请总管堪布过目，定夺收割与否。

因草塘所产饲草不敷全年所需，故需按照地方传统价格，支付银两，收购大量饲草。因而草料管理部门的主管官员需自己出资弥补巨大亏空。因此，当草料管理部门人员任职届满后，地方政府习惯上皆要委任其主管富庶的宗或谿卡，使他从额外收入中补偿所失。

糌粑管理部门

该部门由一名僧官及一名俗官负责。其主要职责是发放"传昭糌粑"，即于每年藏历一月十三日向参加传大昭的僧人各发一斗糌粑（十升）；传小昭时，于藏历二月二十五日向每十名僧人发放一斗糌粑。于传大、小昭期间，循惯例每日早晨向僧人发放油炸食代金及糌粑代金；供应燃灯节等佛事活动所需之供品油脂、各手工作坊所需之物品；向官员、职员及工匠发放薪俸。根据下达的命令及常设的发放册籍规定，给外出人员发放旅途口粮；负责制作藏历新年初一、初二于布达拉宫大殿堂内举行的仪式上和各种大型祭祀仪式上、常例或增额仪式上以及达赖喇嘛宴请宾客时所需的油炸食品。

在该部门负责的僧、俗二官员尚需自行雇用内糌粑管理员二人和外糌粑管理员二人，平时还设有过斗员一人及助手约十五人。

以上各项布施支出的来源主要取自各宗及谿卡，依据岗、顿差地数量平均摊派。自古以来被称为"大差"的钦差俸禄、传昭柴薪、传昭糌粑等三项中属于糌粑管理部门分内的传昭糌粑收入，依照登录册籍，令拉萨附近各宗和谿卡上缴粗糌粑、面粉、清油、饲料等，令远地各宗和谿卡折银上缴。该部门每年持征税单据向噶厦申请下发征缴命令，于藏历十月二十五日以前收缴。

依定例，传昭糌粑每斗折银三钱，面粉每斗折银四钱，饲料每斗折银二钱，清油每铜斗折银五钱。以上折价皆为往昔太平盛世时所定，故后世之糌粑管理部门皆入不敷出，每年均需申请增拨数千斗粮食。

该部门尚需附带支应一种名为"机动马拉"的差务，即与拉萨部族共同支应人伕、驮畜等，为传大昭、小昭驮运木柴，为罗布林卡马厩驮运割自草塘的青草，从鲁布柴场为达赖喇嘛膳房和摄政王膳房运送木柴。为此两项差事，需长年分别配置四帮、二帮毛驴（每帮十一匹）及相应的驮伕。

该部门亦入不敷出，故主管人员私人财物损失较重，任满之后，亦按惯例令其去掌管物产较为丰饶之宗或谿卡，以资补偿。

柴薪管理部门

该部门由一名僧官负责，依照定例，负责从扎称地区（今山南地区札囊县境内）收取柴薪赋，每日向达赖喇嘛膳房供应二十驴驮木柴，为各项仪式供应额外所需木柴，并需常年向摄政王膳房、噶厦厨房供应木柴。

该部门亦入不敷出，其支出亏空部分需由负责人垫补，故财产有所亏损。待任满后，任命其担任一项可以得到补偿的职务。

增额仪式管理部门

位于布达拉山前的增额仪式管理部门由各堪穹秘书长轮流掌管，工作人员包括僧官二人，布达拉宫仓廪朗生二人。其职责主要是司理为达赖喇嘛祈福仪式、为政教宁泰举行法事所需的钱粮。银钱取自政府铸币厂，粮食则向地方政府申请取粮证书，从拉萨附近各宗、谿卡及被地方政府没收的丹吉林寺拉章的谿卡领取。粮食及银钱两项皆载入收入账簿，每年结清支出和节余账目，上呈噶厦。

制造厂

藏历第十五绕迥木虎年（公元 1914 年）创立了制造厂，堪仲大喇嘛及仲巴之子二人被任命为厂长。工作人员有布达拉宫知宾（僧官）及俗官各一人、普通僧俗官员各一人、布达拉宫仓廪朗生及大昭寺仓廪朗生共六人。此外，尚有以铁匠及木工正、副师傅为首的能工巧匠八十多人（前文中的手工技艺部门的正、副师傅不在此例）。该厂制造步枪、带轮子的小炮、炮弹、藏式火药、斧头、长短刺刀、长矛等。

此后，又于铁猴年（公元 1920 年）在上亚东的诺布措吉地方运进机器，建立了一座铸造厂，铸造面值为一钱、七厘半、五厘、二厘半的铜币。此外，该厂还浇铸各种金属器具，由制造厂装配、打印鉴、刻花等。

布达拉宫前制香厂

该厂由一名僧官负责，工作人员有布达拉宫仓库的朗生一人和布达拉宫仓廪朗生二人。其主要任务是从布达拉宫仓库领取以红、白檀香木为主的制香原料。制香工则从羊卓林谿卡按照岗、顿差地面积征召，人数三十名左右。从每年藏历十二月至翌年十月，在布达拉山前城墙的东门楼上制香。该厂主要制作达赖喇嘛寝室的用香、仿达赖喇嘛寝室用香及普通香三种。其质量、数量均不得低于布达拉宫仓库入库册籍中的规定标准，于每年藏历的十二月二十五日上缴布达拉宫仓库。

金币铸造厂

藏历土羊年（公元 1919 年）创建诺堆金币铸造厂，由札萨擦绒及知宾平热巴负责。工作人员包括僧俗官员四人和负责管理拉萨市郊的秘书二人。其任务为铸造纯色金币（每枚金币折合铜币或纸币二十两），并投放市场流通。此外，该厂还使用机器制造褐色和草绿色等各种厚度不同的氆氇、各种颜色的毛毯等。

查希制造厂

查希制造厂建于藏历第十六绕迥铁羊年（公元 1931 年），其主管官员为达赖喇嘛的近侍土登贡培、札萨、译仓的秘书长、孜本等人，下辖十五名僧俗工作人员。该厂不仅吸收了原来的制造厂、造币厂、金币厂等处的工匠，并从拉萨各宗、谿卡征召技艺精湛的匠人。在多底山沟内修建了一座水电站，用电力铸造三两及一两五钱的银币。还铸造铜币，印刷纸币，仿制英式步枪、刺刀及子弹。沿用金币厂的技术，纺织各种氆氇。此外，该厂还制作金属器皿，在罗布林卡、布达拉宫、大昭寺、拉萨市内等处架设电灯。当时，查希制造厂实际上已成为地方政府经费来源的财政金融机构。

发电厂

藏历木鼠年（公元 1924 年）从印度引进整套发电机械设备时，西藏仅有强欧巴·仁增多吉熟悉电气知识，故地方政府遣其前往接收。设备运回之后，在多底山沟新建了一座电站。首先向罗布林卡和布达拉宫供电。此后，又进一步在拉萨吉绷岗建起了电站，使拉萨市区及查希制造厂也用上了电。当时，电站的首任主管是大昭寺仓库主管四品官强欧巴·仁增多吉，后由大昭寺仓库管理员唐麦巴·顿堆次仁继任。

建设部门

该部门通常由札萨、堪穷各一人及五品僧俗官员各一人主管，有僧俗工作人员四人，外出办事人员仓库朗生八人。其主要任务是每年负责维修以布达拉宫为主的达赖喇嘛冬、夏宫殿、大昭寺、小昭寺等佛堂，以及军营、藏医历算院等各处公房，或从事新建项目。每年根据建设面积，向噶厦呈报告，讲明所需钱粮，并于收到拨给的钱粮之后，记在收入册籍上。所需银钱从查希制造厂领取，所需粮食则视前、后藏各宗或谿卡的情况，向地方政府申请下发取粮命令，从该宗或谿卡领取。每两三年向地方政府呈递收支账部一次。地方政府核查以后，加注清账批文，向该部门主管官员发给清账凭据。

社会调查部门

该部门成立于藏历土虎年（公元 1938 年），其主管官员由译仓秘书长和孜本各一人担任，工作人员有僧俗官员四人；其主要任务是管理社会治安，此外还兼管在拉萨和各宗、谿卡建立的学校，招收农牧民子弟读书，命令宗、谿卡的工作人员中的秘书、房管员、士绅或贵族、寺庙中的适当人选担任教师，教师薪饷由地方政府发给。每六个月，由宗本或谿堆考查教学成绩，并将考查结果上报该部门。该部门尚需按照规定，经常检查、维修学校教室。此外，还负责维持拉萨社会秩序，禁止因崇洋而穿着不男不女的服装，禁止暗中出售及吸食鸦片、烟叶，禁止推牌九、打麻将下注赌博。除按规定允许开设的酒店外，不准任何人随意出售令人迷醉的饮料等。若有违反者，该部门可随时采取措施，执法禁止。此外，还要为地方发展计划，向上级提出某些建议。

外事局

外事局建于藏历铁鸡年（公元 1921 年），由札萨巴康·坚赞平措及札萨凯墨·仁钦旺杰任主管，工作人员包括僧俗官员各一人，翻译一人。其任务是接待外国人员等，除遇有重大事务需通过噶厦上报达赖喇嘛或摄政之外，其余事务概由该局自行定夺。

上述两位僧俗札萨去世后，一般情况下，该局无主管官员。

藏历第十六绕迥水马年（公元 1942 年）始任命雍和宫札萨贡觉炯奈和札萨索苏·旺钦次旦二人主管。

邮电局

邮电局创建于藏历第十五绕迥土马年（公元 1918 年），由五品僧俗官员各一人主管。在拉萨设两名邮站站长，于邮路所经各宗及重要地方设一名邮站站长。各个邮站均视距离远近，为邮差盖建馆舍，于邮站所在地区寻觅做事稳妥之人充任邮差。

邮政局主管人员的职责是管理拉萨至亚东总管府、日喀则总管宗及工布江达之间的邮政。

每年，当邮政局僧俗主管官员分别考核各邮差的工作及发放薪饷时，各地的邮站站长须将邮票存根及所得邮费上缴主管人员。

电报局最初的主管官员是由通晓外国语及电报收发业务的僧官荣白伦·群丹丹达担任。

无线电台

无线电台创建于藏历火猪年（公元 1947 年），其负责人是英人福格，工作人员有僧、俗官员四人。下属支台分设于阿里、昌都、那曲、亚东四地。昌都支台的工作人员是英国人福特。其余各地支台的工作人员由收发电报技术合格及通晓尼泊尔文的大约十五名藏族学员和回族人员担任。

筹饷局

筹饷局建于藏历土鼠年（公元 1948 年），由噶伦索康·旺清格勒、译仓秘书长和一名孜本主管，工作人员有僧、俗官员各一人，僧、俗职员四人。

当时，藏军在原有的基础上又增征兵员，增设了巴当富家子弟兵营、帕当纠尼楚纳兵营、拔当工布兵营和玛当后藏富家子弟兵营。因而不得不扩大军饷征收范围，其主要措施是将前后藏、山南、塔布等地各宗及豁卡的政府粮食部门、地粮调查部门、军饷部门、农业部门等机关所管理的政府粮食全部合并，统筹分配。同时，为了筹集经费，使用内地白银铸造"十两"的钱币，钱币正面铸有"筹饷机关"的字样，将钱币作为军饷来开支。

改革局

改革局创建于藏历木马年（公元 1954 年），主管官员由一名噶伦、一名札萨、一名大堪布、译仓的四名秘书长及孜康的四名孜本担任。此外，尚有僧俗官员及一般职员约二十人及三大寺堪布会议及各扎仓的代表。以上各类人员共六十人左右。该局的主要任务是根据形势的需要，逐步改进当时地方政府的各项工作。

首先是从藏历木马年（公元 1954 年）开始，根据宗与豁卡的大小，向各宗头人、豁堆、驻寺官等地方政府属员发放薪俸，各地方官员则须依照收入册籍中的规定，将所收得的一切赋税上缴地方政府，改革局即负责审核其收支账目。此外，该局还负责对小型机关的合并；依据交通运输发展的情况，成立汽车队，接送因公出差人员，运输物资等。

法院

法院成立于藏历火猴年（公元 1956 年），由一名札萨、一名堪穹（四品僧官）、一名四品俗官以及合并过来的审判机构细康列空的五品俗官二人主管，工作人员约有十名僧、俗官员。

以往的诉讼案件由各机关附带审理，后将各有关机构合并为法院，专门负责审理诉讼案件。除重大案件须将处理意见经噶厦呈禀达赖喇嘛外，其余各种案件法院均有权自行处理。

公粮总库

公粮总库建立于藏历火鸡年（公元 1957 年），由卸任司伦朗顿公爵和一名札萨、一名台吉、一名堪穹和一名四品俗官任主管。工作人员包括僧俗官员二十人和秘书三人。孜康及巴希列空所保存的各宗、豀卡的缴粮册籍全部移交给公粮总库，并将索朗列空、孜译仓列空、拉萨尼仓列空等粮食收发机构合并，其中仅保留了孜恰列空中为达赖喇嘛膳房供应面粉及普嘎糌粑的部门。公粮总库依照惯例负责供应寺庙各项用度，向公职僧俗人员、布达拉宫及地方政府的朗生、清扫夫、房屋管理员等发放薪金、军饷。此外，还负责常年供应建筑部门用粮及增额用粮。

外地各总管

西藏地方政府向来有在各处边界、商路、重要地方等设置总管行政机构的立制。

阿里总管

藏历第十一绕迴火龙年（1664），拉达克王僧格朗杰因怀有教派偏见，对该地日土宗的格鲁派托林寺和普兰宗的格鲁派信培林寺视为眼中钉，搅扰众僧不得安宁；对百姓则征税征兵，肆意荼毒。故而，该地区的百姓及寺庙僧众纷纷禀请五世达赖喇嘛庇护。五世达赖喇嘛派出以扎什伦布寺的掌堂师甘丹次旺为首的藏、蒙大军远征阿里，击败了拉达克王的军队，将阿里收为治下，并由甘丹次旺亲自统治阿里，在南与印度、西与拉达克、北与新疆等交界之处，都设立了斥候。在内部则根据日土宗、达巴宗、札兰宗、普兰宗、东西改则、南北仲巴等所属的南北农牧区域物产情况，制定详细的税收册籍，建立了对金矿、盐湖、集市的管理制度。又因阿里各宗和牧民部落都有质量与产量不同的金矿，故彻德列空每年皆差遣名为"黄金官员"的政府商人前往阿里，按照地方政府视各宗及部落产金数量所制定的《大宝库赋税册》载明的数额收取黄金税。

后来，阿里总管改由地方政府派遣的四品俗官担任。

藏历第十四绕迴木羊年（公元1835年），又形成给予两名五品俗官以"外台吉"的职位、令其分别担任东西"噶尔本"（营官）的制度。

阿里在西藏的边境地区，为不使境外可疑人员从南、西、北等方偷越边境进入西藏，各有关宗本、头人均负有阻截之责。若遇无法决断之事，则须向总管报告；有关边务的重大问题无法决断时，则须向地方政府请示。此外，噶尔本还要负责收税、执法，管理各处金矿、盐池、集市。每逢马年，该地区都要举行"马年大转经"的朝山拜佛活动。届时来自前后藏、康区、印度、拉达克等地的信徒们围绕冈底斯山和玛法木湖转经，人数众多，亦需加以管理。每年的"萨噶月"（即藏历四月）的十五日，东西噶尔本、阿里地区各宗的宗本、各寺庙的上师、执事，被称为"军官"的各宗及牧部的士绅等均须按照甘丹次旺所创立的规矩，参加环绕冈底斯山转经路上的竖立大经幡杆的活动。

　　藏历木兔年（公元 1915 年），盐茶机构成立以后，前后藏广大地区建立了派遣官员收取盐税、羊毛税的制度，并依该制度向阿里地区的日土、达巴卡、普兰、甲尼玛、延确登卡等地各派一名僧官征收盐税、羊毛税。

　　门隅地区达旺寺驻寺官

　　自松赞干布赞普时期起，门隅地区便是祖国不可分割的一部分。文成公主指示在勒布地区修建了一座佛堂，作为镇肢寺庙。在藏历第十六绕迥土猪年（公元 1959 年）之前，西藏地方政府每年都依照对其他所有镇肢、镇节寺庙的祭祀标准，向门隅地区的夏雾达廓佛堂祭献供品。这种活动具有悠久的历史。藏历第十一绕迥铁猴年（公元 1680 年），五世达赖喇嘛派遣他的弟子梅热上师洛珠嘉措和措纳地方的定本南喀珠扎二人前往门隅，宣示政、教二道的道理，逐步筹建了达旺甘丹纳木杰林寺。梅热上师生前一直担任该寺的住持及当地百姓的长官。此后，逐渐改为任命一名五品僧官担任"达旺驻寺官"，主管以达旺甘丹纳木杰拉孜寺为代表的整个门隅地区的僧众和部落的税收、执法等项事务。除遇有关边界事务等特殊重大问题需请示地方政府外，其余事务均须由达旺驻寺官、措纳二宗本、寺庙执事、各部落首长、头人、甲长等依照惯例，以"四方联席会议"或"六方联席会议"的形式进行处理，达旺驻寺官不得擅自决断。

新龙总管

藏历第十四绕迥的水牛年（公元1853年），新龙地区的贡布朗杰率其党羽进犯卢霍、东谷、德格、巴塘、理塘，并将这些地区占领，将当地的一些坏人任命为头人，且企图对藏用兵。其时，德格土司年纪尚幼，他与众僚属、地方及寺庙头人聚议后，认为据地抵御，已是无望之举。于是一面奉承，一面暗中派遣萨木康拉达日夜兼程，赶赴拉萨，向地方政府报告新龙敌人的倒行逆施及其阴谋。

地方政府了解到这一情况后，便由摄政、地方政府、西藏会议共同议诀，驱逐来自新龙的敌人。下令以噶伦普龙巴·次旺多吉为总指挥，派出前藏代本赤门巴、多卡瓦·次旺诺布，调遣前后藏驻军一千八百名士兵，以僧官格塔及俗官苏吉瓦为粮员，即刻起程；还命令从康区的"类、昌"（即类吾齐与昌都）和"硕、达、洛"（即硕般多、达尔宗、洛隆宗）及"芒、左、三"（即芒康、左贡、三岩）等处征召自带武器的民兵。民兵头领由各地方或寺庙择优委任，兵饷从该民兵所在各宗、谿卡的政府粮库内支取。派遣僧官强其姆巴及俗官奈萨瓦先行，令大队人马及总指挥、随员等随后开拔。

总指挥及随员抵达后，与当地官员一起大造声势，宣称总指挥噶伦、随员及大队人马已经向康区出发，尚有一部分即将出发。

一个时期以来，德格以下的地方及寺院饱受新龙匪徒的蹂躏，因而德格、东谷、卢霍、霍尔等地百姓、寺院无不起而对其进行直接、间接的反抗；被新龙匪徒强征的兵丁纷纷逃散，削弱了贡布朗杰军队的力量。但是，其军队仍然渡过金沙江，抵达西岸。地方政府的军队则兵分南北两路进行夹击。

南路军的指挥是八宿寺副司库阿朗、其弟玛顿及洛隆宗的定本翟热。他们侦知敌军已进抵江达宗，便暂时按兵不动，与江达宗头人仓拉秘密议定对敌包围夜袭时间，接着进行了一场激烈的战斗，歼灭了大量敌军，并处死了全部俘虏。新龙军的残部被迫东渡金沙江，逃回德格。由于再次传来地方政府军已分路向德格挺进的消息，而新龙军队已无力抵抗，不得不再行后撤，因而地方政府军没有再进行重大战斗。进至新龙地区后，贡布朗杰、康萨拉达及一些坏头头率军死守临河悬崖险路及堡垒，致使地方军队无法顺利前进，且人员损失较严重。但是，卢霍的喇嘛拉介等一些熟悉地形、路线的当地人为地方政府军作向导，从两条秘密道路进军，终于速战速决，彻底击溃了据守堡垒之敌，剿灭了贡布朗杰及其帮凶。

战斗胜利后，开始着手设置新龙总管。赏给查期平热巴以台吉衔，任命他为新龙总管，并任命俗官二人为办事员。除遇到边界问题等重大事务外，其余的收税、执法等项事务，均由新龙总管及办事人员处理。卫成官兵另行设置。

新龙总管霍尔康卸任之后，便不再专设新龙总管，而由卫成代本兼任，并成为定制。

昌都总管

藏历第十五绕迥水牛年（公元 1913 年），驻藏清军被逐出西藏后，噶伦喇嘛强巴丹达被任命为昌都总管，由他和助理人员统理昌都地区的政治、军事等事务。从此，在昌都正式建立了噶厦机构。该机构包括四品僧、俗官员各一人，四品僧、俗粮员各一人，五品僧官知宾及俗官各一人，噶厦秘书长一人，噶厦知宾一人，侍卫官一人，普通僧、俗办事人员约十人。昌都地区的卫成代本、宗本、头人、谿堆等人选虽由地方政府委任，但是卫成官兵应当前往何处驻守，却须由昌都总管决定。各宗及谿卡的收税、执法措施，定额或增额的徭役、实物赋税等差役若有负担不均者，则由总管对土地、人口进行核查。此外，还负责征收和发放军饷、任命各关卡的收税官员，以征收茶税、盐税、牛毛税、山羊毛税、绵羊毛税、皮张税、药材税等。总之，该地区的政治、军事事务中，除去边境归属的纠纷争端须请示地方政府外，其余诸项事务，昌都总管均有权处置。

索地方粮台

藏历火龙年（公元1916年），昌都总管噶伦喇嘛强巴丹达向第十三世达赖喇嘛禀告："昌都地区的堪穷（四品僧官）及四品俗官二粮员无暇统筹，故需于霍尔三十九族、索、那曲以下地区增设同等级别之粮台。"其后，便为三十九族地区、索、那曲、纳木茹、那仓以下地区的戍守军队设立了粮台，任命僧官知宾一人及五品俗官一人共同管理。其发放的薪饷，主要来自三十九族地区的丁青、色札、比如等地的政府产量登记册内所载首批收成中的政府所得部分；所需增拨之饷粮，则须申请从塔布、工布各宗及谿卡出仓发运。

霍尔总管

藏历火龙年（公元1916年），任命堪穷扎巴朗杰为霍尔三十九族总管，其属下有孜仲二人，戍守军官连长一人、排长四人。总管府设在丁青。以往，霍尔三十九族中的各族均自立排长、连长、伦布、根保等，在本族内执法，并未设置总管统理执法事务。故而各族之间，或对过往商族，或在本族内部啸聚骚扰，互为寇仇，杀人越货，为害不已。

霍尔总管扎巴朗杰到任伊始，便以处死罪魁、割剐器官等酷刑对百姓进行管束，并反复晓谕众人知悉。这样，当地人便逐渐变得恭顺知礼，不仅杀人越货者愈来愈少，且能遵守为保护山原水陆的动物而颁布的"山野禁令"。琼布地区狩猎人数大为减少。

无论是行政总管在任期间，还是宗本、头人、谿堆等人在任期间，琼布地区的人长期以来顽梗不驯，相互效尤。故而霍尔总管扎巴朗杰上任之初便得到了便宜行事的命令，令他为了公众的安全，可以宽严相挤，妥为处置。他便依此下令各土官、甲本、丁本、根保以及各教派的大小寺院，其驻牧场圈、牛羊等仍归原主所有，官员品级、职务、待遇等依旧不变。但某个时期以来用狡诈手段占有的牛羊、草场，于半农半牧区所占据之耕地等，则须按律登录入《畜牧税册籍》、《土地册籍》。至霍尔总管堪穷扎巴嘉措时期，始全部登录完毕。

按惯例三十九族地区设有一千名民兵，并令各部落长官、头人选拔其中意者任代本、如本、丁本。依照藏军制度，定立军规军法，并编入藏军的"杂当军营"。

江孜商务总管

藏历木兔年（公元 1915 年），藏英建立联系，地方政府便相应地任命了一名堪穷为驻江孜商务总管。当时，英国在江孜建立了一座电报总局，在江孜至亚东之间建立了分局。英国商务总管、工作人员、学校正、副教师及士兵等驻于江孜宗的江洛地方。江孜商务总管的任务就是为这些英国人供应饲草、木柴以及土产、日用食品，招收、安置学习英语的藏族子弟，管理商业口岸事务等。

亚东总管

藏历火蛇年（公元 1917 年），任命四品俗官米介巴为亚东总管，于上亚东的嘎灵岗新建总管府，所需办事、文秘人员，从上、下亚东地区百姓的世袭头人中选精明干练者充任。

亚东总管的职责是统管上、下亚东地区执法等事务。尤其是藏历木兔年（公元 1915 年），藏英通商口岸开放以后，尚需管理口岸的一切事务，仅允许从藏内出口羊毛、牦牛尾、皮张等一般物资；

禁止直接或间接出口麝香、鹿茸、熊胆等珍贵药材。严禁进口烟叶、卷烟、鸦片以及其他麻醉品。禁止未得到地方政府批准的人入境。关于与锡金、不丹、印度接壤处的有关边界的重大问题，须向地方政府请示。至于边界双方百姓的牲畜越界食草、饮水或关于人口问题的争端之类的事务，可由亚东总管全权处理。

日喀则总管

以往的日喀则桑珠孜宗是一个由五品宗本掌管的宗。藏历木兔年（公元1915年）设立了"日喀则总管宗"，任命堪穷一人和四品俗官一人统管地方政府所辖后藏地区各宗、牧部及谿卡，按照惯例管理日喀则宗的征税、执法等事务。各宗宗本无法处理的诉讼案件、征调差役等事宜，须上报总管宗；若总管宗亦无法解决，则须转呈地方政府处理。

根据地方政府与班禅堪厅之间的协议，藏历木马年（公元1954年），日喀则总管宗仍恢复为一般的宗，另外任命四品俗官敏林巴为"后藏总管"，统理地方政府所辖后藏各宗及谿卡。

山南总管

自藏历火蛇年（公元1917年）开始，任命堪钦一人为山南总管，其职责如日喀则总管。

藏北总管

以前，霍尔三十九族分为六个宗，地方政府向每个宗委派五品僧、俗官员各一人任宗本。同样，那曲宗本亦是五品官，但那曲宗属于大宗之列。藏历水马年（公元1942年），向那曲派堪穷一人和四品俗官一人就任藏北总管，管理那仓申扎宗、那木茹等四翼、六部的官长、头人及三十九族的六个宗。除重大问题外，其余事务均由藏北总管僧、俗二官员处理。

塔工总管

自藏历木马年（公元1954年）始，任命四品俗官一人为塔工总管，其职权与上述藏北总管相同。

拉堆总管

于藏历木马年（公元 1954 年）成立后，由协噶的僧、俗二宗本负责，管辖地区有：协噶宗、卡边宗、绒辖宗、宗嘎宗、吉隆宗、聂拉木宗、萨噶宗、仲巴宗等。其职权与上述各总管相同。

各地区的宗和谿卡

阿里地区：有日土宗、札让宗、达卡宗、普兰宗、宗嘎宗、吉隆宗、聂囊祝卡、绒辖税卡、仲巴洛强总管（系译仓秘书长的食邑）、萨噶地方、协嘎宗本、卡达谿卡。后藏地区：有日喀则宗、江孜宗、江孜白居寺、定结二宗、赛仁钦孜宗、帕里宗、堆炯谿卡、白朗宗、旺丹谿卡、仁布宗、灵嘎谿卡、拉布谿卡、甲措谿卡、南木林宗、向甘丹群廓林寺（系达赖喇嘛起居堪布的食邑）、纽群廓林寺（此处系达赖喇嘛侍卫长的食邑）、边甲根谿卡、普冬扎西岗谿卡、达那仁群谿卡（系噶伦喇嘛的食邑）、丘瓦达东谿卡、甲夏底纳谿卡、绒加桑谿卡、白朗恰仓谿卡、江孜龙玛谿卡。

前藏地区：有堆龙德庆宗、尼木曼卡宗、麻江、羊巴井宗、百仓、澎波那烂陀寺驻寺（系布达拉宫大知宾的食邑）、澎波林周宗、萨达木谿卡、达孜宗、墨竹工卡宗、曲水宗、色谿卡、甲民玛林牧区、曲水拉雄谿卡、墨竹工卡纳木林谿卡、伦布谿卡、宗欧谿卡、强仲谿卡、凯霍谿卡。

山南地区：有贡嘎宗、乃东宗、札期谿卡、札囊谿卡、堆吉汤谿卡、桑耶宗、琼结宗、沃卡谿卡、文谿卡、桑日谿卡、塔玛谿卡、拉康宗、托宗宗、申隔宗、茄玉谿卡、赤古通门宗、隆子宗、角拉谿卡、措纳宗、羊卓林宗、纳孜宗、白第宗、卡日加邦谿卡、格巴谿卡、拉维谿卡、贡嘎奈萨谿卡、吉雄谿卡、颇章谿卡。

塔工地区：有塔堆群廓杰寺、朗谿卡、金东宗、古纳木宗、孜拉岗宗、嘎热寺、第穆羌纳寺、森浦谿卡、觉木宗、雪卡谿卡、江达宗、拉里、杰廓谿卡。

藏北地区：有申扎宗、纳木茹、三十九族地区巴青、聂荣宗、那雪比如宗、丁青宗、色卡宗、洛南赤多。

昌都地区：有芒康、三岩、桑阿曲宗、贡觉谿卡、左贡宗、类吾齐寺、杰顿谿卡、洛隆宗、达尔宗、硕般多谿卡、孜托寺、邓玛、廓沃寺、塔寺、波堆琼多宗、波沃却宗、波麦隅工宗。

上述农牧区各大小宗、谿卡的宗本、谿堆、驻寺官等所辖范围、"岗"、"顿"数量以及牧民帐篷户数，各农、牧地区每年应缴差赋种类等情况无法一一详述。现以大、中、小宗本、头人及僧、俗官员出任的各小谿堆等为例说明。

例一：

各大宗本、头人

属于五品的大宗本、谿堆，如江孜宗。其地特有地方政府差地四百零一点五又二十四分之一岗；寺庙谿卡土地二百二十六点五又一百二十分之二十顿；贵族土地四百二十四点一又八十分之一顿，牧民五十三户；扎什伦布寺谿卡土地四十点五又六分之一岗。

江孜宗本及收税官的征收项目计有：优质粮三万七千零三十三克四升二点五合（《水兔年文告》规定每克粮折银七分半或从易于取运之处征收净粮一万一千零一克二升五分之一合）、"交易粮"五十九克九升四合、糌粑二百五十五克十三升二点五合、菜油二百一十八克三升五合、饲料十四克十六升、盐五十一克三升四合、虫胶染料七十克三升、千圆根十七克十升四合、黄金十七钱、白银九两五钱五分、阿杭茶叶净重十三克二藏两、揉净酥油八百九十五克十四藏斤二点五藏两、新制酥油团一百一十二克一藏斤、绵羊肉一万五千九百九十克十六藏斤二点五藏两、牦牛肉一百一十克十九藏斤、山羊肉二百三十五克九藏斤二藏两、板油十二克十六藏斤二藏两、黑、白牦牛尾三百三十三克、上等绵羊毛五百零一克二藏斤二藏两、普通绵羊毛二千五百五十六克十二藏斤一点五藏两、山羊毛一百三十三克十四藏斤三藏两、上等红染料三十八克十四藏斤一藏两、土制铁二百二十一克十八藏斤半藏两、缝草袋用中等氆氇六十六庹、制茶叶袋用中等氆氇一百八十一庹．二肘八指、本地产中等氆氇五十三庹、后藏白氆氇十六庹、交易用中等氆氇三百零八庹、政府用中等氆氇一百二十庹、次等氆氇二十四庹、骆驼羊氆氇七庹二肘、牦牛绒氆氇二十七庹二肘、较次之牦牛绒氆氇六十六庹、帐篷氆氇六十九庹、山羊毛绳十六庹三肘、马蔺草绳四百四十九庹三肘、嵌花缎二匹、吉塔缎三匹、老式薄绫四方、上等布三十六匹、中等布一匹、班德布七十二匹、尼泊尔花布二匹、不丹中等布十五匹、刻花铁十六件、合格箭镞一千三百对、一小拃长的刀子三十五把、锥子三把、大针三枚、铁件下脚料三十五件、帕里纸三令（每令一百六十张）、方毡十块、南江七又六分之一件、中等氆氇七又六分之一捆、整羊毛片一捆、口袋八十条、马鞍一个、牛皮二十三又四分之一张、大竹篓五个、小竹篓十个、酿酒青稞一点五份（即十五升）、酒勺三十八把、陶粥罐六十个、酥油茶陶壶一对、名叫"软皮"的剪短毛绵羊皮二百零六张、整头牛肉一腔、绵羊肉二十三腔、无胸带脖羊肉十四腔、绵羊头一百零五个、山羊头一个、绵羊胸肉五块、鸭蛋一千二百五十个、鸡蛋七百一十七个、二肘长的鱼二千六百五十条、每捆有四十头的大蒜四十一捆、每捆有三十头的大蒜十九捆、全毛绵羊二只、三岁山羊五十八只、六齿龄牦牛三头、三岁绵羊一百四十五只、两岁母山羊四十只、干青草（以征收秤计）二百五十三斤、干青草四千一百三十五克、干青苗六十八克、干野燕麦草四千六百三十九克、麦草二万三千一百八十七克二藏斤、干柴九千二百十一克、干牛粪二千二百九十一克三藏斤二藏两、煨桑树枝一百三十三克、湿煨桑树枝七十五斤、湿醋栗木二千四百三十二克二藏斤、湿刺柴九百克、干马粪四百三十五克、木柴六十五驮、湿骆驼粪一千二百九十五克、草三十背、大黄叶三十口袋、草坯一万五千七百四十五块。

例二：

中等宗及谿卡

六品的中等宗及谿卡，如仁布宗。辖有地方政府差地二百二十七点五又四分之一岗，寺庙谿卡地二十三点五又三十分之一顿，贵族田地九十点五又五分之一点五顿，又八十分之一顿，扎什伦布寺谿卡田产一百一十九点又八分之一顿，牧民三户。宗本及政府收税官征收的项目计有：上等粮一万一千五百六十克二升三合，荞麦七十五克八升五合（《水兔年文告》规定每克粮折银七分半或从易于取运之处收取净粮三千七百零二克十一升）、糌粑十克一升三合、大蒜头一克一升二合、菜油若干升、白银五十四两九钱五分、欧日五十二两、茶叶十克零一藏两、揉净酥油二百零七又八分之一克、新制酥油团一百九十克十九藏斤、羊肉一千一百二十六克二藏斤二又四分之一藏两、牛肉一百一十六克九藏斤二藏两、绵羊毛一百二十一克十九藏斤、山羊毛八十三克一藏斤、铁二十三克二藏斤、上等红色氆氇五庹一肘、白氆氇七十五庹三肘二指、骆驼毛次质窄氆氇三十四庹二肘八指、赤甸五十九庹、杭州白绫十九点五方、哈达三条、不丹布二匹、制帽用氆氇五匹、白色制衣毡一捆、酿酒青稞十三份、马蔺草拴马绳八条、扁形青稞酒曲二十四块、新制酥油六团、昌都折铁腰刀八把、梳子二对、整张纸三百六十一张、带毛山羊皮三张、鸡蛋一百二十个、羊肉八十二点五又六分之二点五腔、被称为"苏"的四肢俱全的牛肉三十二腔、上半身羊肉一整块、小肉（即绵羊肉）一腿（前后腿均可）、带脖的山、绵羊头二百四十九个、饲草和木柴四万九千三百六十四克六藏斤一点五藏两、牛粪（或木柴）一万四千三百五十七克十二藏斤一藏两、草坯一千三百六十九块。

例三：

各小宗及谿卡

七品的宗及谿堆，如甲措谿堆。辖有地方政府差地四十二又六分之一岗，寺庙谿卡田地十六又四分之一点五顿，贵族田地二十七又八分之一顿。宗本及政府收税官全年征收项目计有：上等粮五千零八十五克十七升二合（《水兔年文告规定》每克粮折银七分半或从易于取运之处收取净粮九百四十一克零半合）、盐一百六十九克九升三合、菜油三十五升、上等茶叶十八克、揉净酥油一百九十七克四藏斤半藏两、奶渣十二克一点五升、羊肉二千零八十九克四藏斤三藏两、牛肉三百六十二克九藏斤三藏两、绵羊头三个、绵羊胸脯肉一副、七岁公牦牛一头、四岁绵羊三只、四岁山羊二只、干青草一千零七克十藏斤、麦草一万五千七百五十三克二藏斤、牛粪一万七千六百五十一克一藏斤二藏两、木炭四百八十五克、草坯八百三十八块。

由僧俗官员担任的小谿卡内的中等谿堆，如江孜宗所辖龙马谿卡，除去谿堆主仆四人、男女朗生的薪资及牲畜饲草费用外，每年自谿卡收缴粮赋二千六百十七克十二升二点五合。以前是将该项粮食运至江孜入库，自藏历土马年（公元 1954 年）始，该项粮食转为江孜至帕里间邮局职员的薪饷。

上述各大、中宗每年有僧、俗粮库官、收税官二人前往那里，小宗则仅有一名官员前往。依照惯例，这些官员从布达拉宫及噶厦内无具体工作的僧俗官员中轮流派遣，前往征收地方政府直接收取税赋入库，封存谿卡粮。收税、封库时，当地宗本二人和收税官、粮库官、宗府秘书、士绅、根保等当地负责人与临时来的官员共同参加，除按常例将征收的财物向布达拉宫及噶厦仓库分别上缴外，尚须按照供应册籍中所载，向各宗、谿卡供应法事供品所需物品。

粮库官将粮入库收存、加印后，交给宗本、士绅管理。粮库官及收税官任职期间的薪俸从税收中支取。

各盐务官

一切盐税、羊毛税、皮张税、茶叶税的收税官员皆由僧、俗官员出任。计有：日土盐税官、普兰盐税官、延却顶嘎（此处系译仓秘书长的食邑）盐税官、仲巴洛强盐税官、"拉、昂、彭"（拉孜、昂仁、彭措林）三宗盐税官、谢达盐税官、"拉、甲、南"（拉布、甲措、南木林）三宗盐税官、乌佑林嘎盐税官、帕里茶税官、康纳盐税官、麻尼盐税官、羊八井盐税官、百仓盐税官、直工盐税官，昌都地区的芒康擦卡洛盐税官、邓柯盐税官、德格岗托盐税官、洛隆宗盐税官、措堆盐税官、措美盐税官、类乌齐铁桥盐税官、波沃堆麦盐税官。

上述昌都地区各宗、谿卡盐税官所收税金上缴昌都总管；前藏、后藏、阿里、噶尔等地盐税官所收税金上缴盐茶局，每年与茶税一并储入布达拉宫朗赛仓库。

参考文献

一　藏文文献

萨迦·索南坚赞:《西藏王统记》（deb ther gsal bavi rgyal rabs），民族出版社，1981。

布顿·仁青珠:《布顿佛教史》（bu ston chos vbyung），中国藏学出版社，1988。

巴沃·祖拉成瓦:《贤者喜宴》（mkhas pavi dgav ston），民族出版社，1981。

格罗·宣努拜:《青史》（deb ther sngon po），四川民族出版社，1984。

蔡巴·贡噶多杰:《红史》（deb ther dmar po），东噶·洛桑赤列校注，民族出版社，1981年藏文版。

大司徒·绛曲坚赞:《朗氏家族·灵犀宝卷》（rlangs kyi po ti bse ru rgyas pa），西藏人民出版社，1986。

阿旺·贡嘎索南:《萨迦世系史》（sa skyavi gdung rabs ngo mtshar bang mdzod），民族出版社，1986年藏文版。

第司·桑结嘉措:《格鲁派教法史——黄琉璃宝鉴》（dgav ldan chos vbyung beetvurya ser po），中国藏学出版社，1989。

第五世达赖喇嘛:《西藏王臣记》（deb thar dpyid kyi rgyal movi

glu dbyangs），民族出版社，1981。

永增·益西坚赞：《道次师承传》（lam rim bla ma brgyud pavi rnam thar bzhugs），西藏人民出版社，1990。

达仓宗巴·班觉桑布：《汉藏史集》（rgya bod yig tshang），中央民族学院古籍整理规划小组影印本。

松巴·益西班觉：《佛教如意宝树史》（dpag bsam ljon bzang），甘肃民族出版社，1992。

土观·洛桑却吉尼玛：《土观宗派源流》（thuvu dkan grub mthav），甘肃民族出版社，1984 年藏文版。

智贡巴·官却丹巴热杰：《安多政教史》（mdo smad chos vbyung），甘肃民族出版社，1982。

色朵·洛桑慈臣嘉措：《塔尔寺志》（sku vbum gdan rabs），青海民族出版社，1982。

郭若扎西：《郭扎佛教史》（gu bkravi chos vbyung），中国藏学出版社，1990。

杜钧·益西多杰：《杜钧教史》（bdud vjoms chos vbyung），四川民族出版社，1996。

东噶·洛桑赤列：《论西藏政教合一制度》（chos srid zung vbrel），民族出版社，1981 年藏文版。

东噶·洛桑赤列：《东噶洛桑赤列选集》（dung dkar gsung rtsom phyogs sgrigs），中国藏学出版社，1997。

东噶·洛桑赤列：《东噶藏学大辞典》（dung dkar tshig mzdod chen mo），中国藏学出版社，2002。

二　汉文文献

《西藏研究》编辑部编《清实录藏族史料》第一集至第十集，西藏人民出版社，1982。

《西藏研究》编辑部编《明实录藏族史料》（二），西藏人民出版社，1982。

《元以来西藏地方与中央政府关系档案史料汇编》第一册至第七册，中国藏学出版社，1994。

张其勤原稿，吴丰培增辑《清代藏事辑要》，西藏人民出版社，1983。

松筠等编著《西藏志》、《卫藏通志》（合刊），西藏人民出版社，1982。

张其勤等：《西藏宗教源流考》、《番僧源流考》（合刊），西藏人民出版社，1982。

《西藏研究》编辑部编《清史稿藏族史料》（西藏研究丛刊之九），西藏人民出版社，1982。

（清）会典馆编《钦定大清会典事例·理藩院》卷九七四，中国藏学出版社，2006。

中国第一历史档案馆、中国藏学研究中心合编《清末十三世达赖喇嘛档案史料选编》，中国藏学出版社，2002。

格罗·宣努拜：《青史》，郭和卿译，西藏人民出版社，1985。

蔡巴·贡噶多杰：《红史》，东噶·洛桑赤列校注，陈庆英、周润年译，西藏人民出版社，1988年汉文版。

班钦·索南札巴：《新红史》，黄颢译，西藏人民出版社，1984。

萨迦·索南坚赞：《西藏王统记》，刘立千译注，西藏人民出版社，1987。

达仓宗巴·班觉桑布：《汉藏史集》，陈庆英译，西藏人民出版社，1986。

第五世达赖喇嘛：《五世达赖喇嘛传》（上、中、下），陈庆英等译，中国藏学出版社，1997。

松巴·益西班觉：《如意宝树史》，蒲文成、才让译，甘肃民族出版社，1994。

智贡巴·官却丹巴热杰：《安多政教史》，吴均等译，甘肃民族出版社，1989。

土观·洛桑却吉尼玛：《土观宗派源流》，刘立千译，民族出版社，2000。

土观·洛桑却吉尼玛：《章嘉国师若必多吉传》，陈庆英、马连龙译，民族出版社，1988。

固始噶居巴·罗桑泽培：《蒙古佛教史》，陈庆英、乌力吉译注，台湾，全佛文化事业有限公司，2004。

大司徒·绛曲坚赞：《朗氏家族史》，赞拉阿旺、佘万治译，陈庆英校，西藏人民出版社，1989。

多喀尔·策仁旺杰：《噶伦传》，周秋有译，常风玄校，西藏人民出版社，1986。

东噶·洛桑赤列：《论西藏政教合一制度》，陈庆英译，民族出版社，1985。

东噶·洛桑赤列：《论西藏政教合一制度/藏文文献目录学》，陈庆英译，中国藏学出版社，2001。

恰白·次旦平措等编著《西藏通史·松石宝串》（上下册），陈庆英等译，西藏古籍出版社，2004。

刘立千藏学著译文集编委会编《噶厦印谱》《刘立千藏学著译文集·杂集》，民族出版社，2000。

西藏政协文史资料研究委员会编《西藏文史资料选辑》（十三），民族出版社，1991。

牙含章：《达赖喇嘛传》，人民出版社，1984。

释妙舟：《蒙藏佛教史》，广陵书社，2009。

牙含章：《班禅额尔德尼传》，人民出版社，1984。

多杰才旦主编《西藏封建农奴制社会形态》，中国藏学出版社，2005。

王森：《西藏佛教发展史略》，中国社会科学出版社，1997。

中国佛教协会编《中国佛教》第一辑至第四辑（共四册），知识出版社，1980。

于本源：《清王朝的宗教政策》，中国社会科学出版社，1999。

张声作主编《宗教与民族》，中国社会科学出版社，1997。

张羽新：《清政府与喇嘛教》，西藏人民出版社，1988。

张羽新：《清代四大活佛》，中国人民大学出版社，1989。

陈庆英：《元朝帝师八思巴》，中国藏学出版社，1992。

陈庆英：《蒙藏关系史大系·政治卷》，西藏人民出版社、外语教学与研究出版社，2002。

陈庆英等编著《历辈达赖喇嘛生平形象历史》，中国藏学出版社，2006。

陈庆英、陈立健：《活佛转世及其历史定制》，中国藏学出版社，2010。

乌力吉巴雅尔：《蒙藏关系史大系·宗教卷》，西藏人民出版社、外语教学与研究出版社，2001。

乔吉：《蒙古佛教史——北元时期（1368～1634）》，内蒙古人民出版社，2008。

蒲文成：《青海佛教史》，青海人民出版社，2001。

德勒格：《内蒙古喇嘛教史》，内蒙古人民出版社，1998。

樊保良：《蒙藏关系史研究》，青海人民出版社，1992。

周叔迦：《佛教基本知识》，中华书局，2002。

谢铁群编著《历代中央政府的治藏方略》，中国藏学出版社，2005。

〔美〕约翰斯通：《社会中的宗教》，尹今黎、张蕾译，四川人民出版社，1991。

〔日〕池田大作、〔英〕威尔逊：《社会与宗教》，梁鸿飞等译，四川人民出版社，1991。

〔英〕渥德尔：《印度佛教史》，王世安译，商务印书馆，1987。

〔美〕斯特伦：《人与神——宗教生活的理解》，金泽译，上海人民出版社，1991。

董明辉等主编《人文地理学》，湖南地图出版社，1992。

〔美〕蒂洛：《哲学——理论与实践》，古平译，中国人民大学出版社，1989。

〔美〕巴林顿·摩尔：《民主和专制的社会起源》，拓夫等译，华夏出版社，1987。

《迪庆藏族自治州概况》，云南民族出版社，1986。

《当代中国西藏人口》，中国藏学出版社，1992。

格勒等编著《藏北牧民——西藏那曲地区社会历史调查》，中国藏学出版社，1993。

黄万论编著《西藏经济概论》，西藏人民出版社，1986。

〔美〕麦克斯·缪勒：《宗教的起源与发展》，金泽译，上海人民出版社，1989。

〔意〕图齐、〔西德〕海西希：《西藏和蒙古宗教》，耿升译，王尧校订，天津古籍出版社，1989。

〔法〕涂尔干：《宗教生活的基本形式》，渠东等译，上海人民出版社，2006。

〔美〕本尼迪克特：《文化的模式》，张燕等译，浙江人民出版社，1987。

汤用彤：《隋唐佛教史稿》，江苏教育出版社，2007。

吕大吉主编《宗教学通论》，中国社会科学出版社，1989。

卓新平:《宗教理解》,社会科学文献出版社,1999。

庄孔韶主编《人类学通论》,山西教育出版社,2003。

〔美〕罗德尼等:《信仰的法则》,杨凤岗译,中国人民大学出版社,2004。

卓新平:《"全球化"的宗教与当代中国》,社会科学文献出版社,2008。

吴均:《藏传佛教面面观》,中国藏学出版社,2010。

蔡志纯、黄颢:《藏传佛教中的活佛转世》,华文出版社,2000。

星全成、陈柏萍:《藏传佛教四大活佛系统与清代治理蒙藏方略》,青海人民出版社,2010。

〔韩〕金成修:《明清之际藏传佛教在蒙古地区的影响力》,社会科学文献出版社,2006。

黄颢:《在北京的藏族文物》,民族出版社,1990。

李德成:《藏传佛教与北京》,华文出版社,2009。

丹曲:《卓尼藏传佛教历史文化》,甘肃民族出版社,2007。

王磊义、姚桂轩、郭建中:《藏传佛教寺院美岱召五当召调查研究》(上下册),中国藏学出版社,2009。

牛颂主编《雍和宫——中国藏传佛教著名古寺》,当代中国出版社,2002。

陈楠:《明代大慈法王研究》,中央民族大学出版社,2005。

拉科·益西多吉:《藏传佛教高僧传略》,青海人民出版社,2007。

藏族简史编写组编撰《藏族简史》,西藏人民出版社,1985。

黄奋生:《藏族史略》,民族出版社,1985。

王辅仁编著《西藏佛教史略》,青海人民出版社,1982。

王辅仁、索文清编著《藏族史要》,四川民族出版社,1981。

张羽新：《清朝治藏典章研究》（上、中、下），中国藏学出版社，2004。

张羽新：《清代治藏要论》，中国藏学出版社，2004。

张羽新、刘丽楣、王红：《藏族文化在北京》，中国藏学出版社，2008。

王俊中：《五世达赖教政权利的崛起》，台湾，新文丰出版公司，2001。

杨贵明、马吉祥编著《藏传佛教高僧传略》，青海出版社，1992。

扎扎：《拉卜楞寺的社会政教关系——拉卜楞寺发展策略研究》，青海民族出版社，2002。

扎扎编著《嘉木样呼图克图世系》，甘肃民族出版社，1998。

杨贵明编著《塔尔寺文化》，青海人民出版社，1997。

图书在版编目（CIP）数据

西藏政教合一制度史略 / 尕藏加著. -- 北京：社
会科学文献出版社，2020.1
西藏历史与现状综合研究项目
ISBN 978 - 7 - 5201 - 4794 - 1

Ⅰ.①西… Ⅱ.①尕… Ⅲ.①政教合一 - 政治制度史
- 研究 - 西藏 Ⅳ.①D677.5

中国版本图书馆 CIP 数据核字（2019）第 152691 号

· 西藏历史与现状综合研究项目 ·

西藏政教合一制度史略

著　　者／尕藏加

出 版 人／谢寿光
组稿编辑／宋月华　周志静
责任编辑／袁卫华　周志静

出　　版／社会科学文献出版社·人文分社（010）59367215
　　　　　　地址：北京市北三环中路甲 29 号院华龙大厦　邮编：100029
　　　　　　网址：www. ssap. com. cn
发　　行／市场营销中心（010）59367081　59367083
印　　装／三河市尚艺印装有限公司

规　　格／开　本：787mm × 1092mm　1/16
　　　　　　印　张：19.5　字　数：250 千字
版　　次／2020 年 1 月第 1 版　2020 年 1 月第 1 次印刷
书　　号／ISBN 978 - 7 - 5201 - 4794 - 1
定　　价／168.00 元